관리자본주의:
소유, 관리, 미래의 새로운 생산양식

Managerial Capitalism:
Ownership, Management and the Coming New Mode of Production.

관리자본주의: 소유, 관리, 미래의 새로운 생산양식

지은이 제라르 뒤메닐, 도미니크 레비
옮긴이 김덕민

1판 1쇄 발행 2023년 9월 20일

펴낸곳 두번째테제 | 펴낸이 장원 | 등록 2017년 3월 2일 제2017-000034호
주소 (13290) 경기도 성남시 수정구 수정북로 92, 태평동락커뮤니티 301호
전화 031-754-8804 | 팩스 0303-3441-7392
전자우편 secondthesis@gmail.com | 페이스북 facebook.com/thesis2
블로그 blog.naver.com/secondthesis

ISBN 979-11-90186-32-2 93300

이 저서는 2021년 대한민국 교육부와 한국연구재단의 지원을 받아 수행된 연구임(NRF-
2021S1A3A2A02096299).
This work was supported by the Ministry of Education of the Republic of Korea and the
National Research Foundation of Korea(NRF-2021S1A3A2A02096299).

관리자본주의

Managerial Capitalism

소유, 관리, 미래의 새로운 생산양식

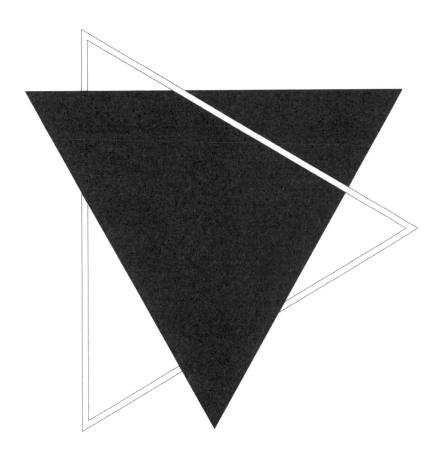

제라르 뒤메닐, 도미니크 레비 지음
김덕민 옮김

일러두기

1. 이 책은 Gérard Duménil and Dominique Lévy, *Managerial Capitalism: Ownership, Management and the Coming New Mode of Production*, Pluto, 2018을 우리말로 옮긴 것이다.

2. 본문 중에는 영어판과 일부 차이가 있는 부분이 있다. 옮긴이는 저자들의 도움을 받아 영어판에 존재했던 몇몇 오류 및 불명확하거나 부정확한 부분을 수정했으며, 어떤 부분은 저자들이 다시 서술한 부분을 반영했다.

3. 지은이들의 주석 및 옮긴이 주석은 모두 각주로 처리했으며, 옮긴이 주는 [옮긴이]라고 표시해 구분했다. 본문의 이탤릭체는 굵은 글씨체로 표기했다. 도서, 저널, 보고서명의 경우 겹화살괄호로, 언론사 및 논문명은 홑화살괄호로 표기했다.

3. 인명 및 단체명 등의 고유명사는 외래어 표기법을 따르되 널리 사용되는 표현이 있는 경우 그에 따랐다. 이해에 필요한 경우 원어나 한자를 병기했다. 원어 병기는 영어판을 기초로 했지만 불가피하게 프랑스어를 사용한 부분도 있다.

한국어판 서문

2018~2023년, 이 책의 영어판이 플루토 출판사로부터 출간되고 5년의 세월이 흘렀다. 한국어판의 출간은 우리가 썼던 이전 책의 번역판들을 연장하는 것이기도 한데, 우리는 이에 대해 매우 기쁘게 생각한다. 이는 우리의 논의를 재점검할 수 있는 기회이기도 하다.

가장 높은 일반성의 수준에서 우리는 이 책의 주요 테제들을 다시 확인한다. 1) 자본주의 구조에서 관리주의적 구조로의 현대사회 생산관계의 역사적 변화modification. 2) 지배계급인 관리자들과 자본가들의 혼종성hybridité과 이중성. 3) 세계적 차원의 제국주의적 위계관계 및 주요 강대국들 사이의 경쟁. 4) 신자유주의 내 지배계급들의 두 분파 사이의 긴장 및 동맹을 둘러싼 움직임.

"신자유주의적 관리자본주의"를 관장하는 경향들과 주요 제도 장치들 내의 변형과 연속성 속에서 우리는 무엇을 할 수 있는가?

이 책 11장에서 우리는 고위 관리자와 주요 자본가들의 공동 지배가 집중되는 세계 주요 금융기관에 내재한 권력구조를 포착했다고 판단할 수 있는 그림을 제시하였다. 이 기관들은 주요 자본가들과 그들보다는 하위 지위position subalterne이기는 하지만 중소 규모의 주식 보유자 다수의 자본을 관리하고 있기도 하다. 이러한 금융 권력의 집중화가 어떤 식으로든 줄어들 것이라 생각되지 않는다. 국제적 차원에서 여전히 세계경제를 지배하는 미국과 영국은 이러한 네트워크를 근본적으로 통제하고 있다. 우리가 지적한 바와 같이 주요 금융 관리자들의 국적 다양화는 진행 중이며, 이 사람들이 큰 오류의 가능성 없이 발전해 나갈 것이라고 추측할 수 있다.

우리는 이 책에서 이러한 국제 권력구조에서 중국 및 러시아의 지위와 관련한 질문을 공개적으로 제기하고 있으며, 이는 그 어느 때보다도 중요한 현실적인 문제다.

많은 이들이 소련과 중국(소련보다는 이차적 지위에 있는)을 중심으로 한 소비에트 세계와 미국을 중심으로 한 자본주의 세계 간의 양극적 체제가 소련이 해체된 이후 완화될 것이라 생각한 적이 있었다. 사실상 중국의 증대된 역할의 표현으로서, 새로운 극이 나타나 자리를 잡고 있다. 이러한 두 극을 마주하고 있는 새로운 "제3세계"에 대해서도 말할 수 있다. 전체적으로 2개의 머리를 단 세계에 대해서 질문이 점점 뚜렷해지고 있다. 중국이 자신 주위에 새로운 제국의 네트워크를 구축하고 있는지? 중국의 정치 및 경제 엘리트들이 어느 정도까지 사람들이 말하는 자본주의-관리주의적 금융구조 내에 통합되어 있는지 또는 독자적인 국제 네트워크를 만들어 내고 있는 것인지?

이 책은 특히 미국 경제에 초점을 맞추고 있으며, 미국의 신자유주의적 관리자본주의의 주요 경향들이 지속될 수 없다고 이야기한다. 이러한 경향은 2007~2009년 위기를 벗어나는 과정에서 부분적 수정이 이루어졌음에도 불구하고, 더 두드러졌다. 어떤 반전이 일어나리라 예상할 수는 없다. 책에서 우리는 계급동맹 및 계급 위계관계의 재구조화로 이해하고 있는 2007~2009년 이후 새로운 사회질서의 출현과 관련한 질문을 신중하게 제기하였다. 하지만 "포스트 신자유주의"가 구체화될 조짐은 거의 보이지 않는다. 여기에는 경제와 정치 그리고 생태적 차원의 주요 문제들이 관련되어 있다.

재정적자, 대외무역적자 그리고 탈산업화 및 사회 불평등과 같은, 이 책에서 묘사한 모든 것들이 그 어느 때보다 더 미국의 경제 및 사회적 궤적을 규정하고 있다. "탈세계화"로 보이는 어떤 것도 없다.

2007~2009년 위기 직후 미국과 다른 국가들 사이의 투자 흐름이 즉시 감소하였지만, 이후 회복되었다. 전체 생산에서 제조업이 차지하고 있는 비중은 계속 감소하고 있다. 소득불평등은 여전히 심각하다.

변화한 것은 바로 경제정책이다. 금지되었던 양적완화QE, 즉 중앙은행이 주택저당증권MBS을 대량으로 매입하는 것이 일반적이고 정상적인 규칙이 되었다. 선택의 여지가 없었다. 중국은 미국 국채 보유량을 유지했지만 더 이상 늘리지는 않았다. 사실 이런 궤적은 이전의 규칙들 아래서는 지속 불가능한 것이었지만, 규칙의 심각한 변화 덕택에 가능했다. 새로운 정책 지향에 반대하는 사람들은 이 정책의 인플레이션적 성격을 비난했다. 그들은 공공 적자와 신용의 무분별한 증가로 인해 물가가 상승할 것이라고 주장했다. 이제 인플레이션이 되돌아왔지만, 양적완화가 그 원인은 아니다.

대기업이 중간계급과 생산직 노동자들로부터 거둬들인 "잉여"는 최고 경영진에게 천문학적인 연봉을 지급하고, 막대한 배당금 지급 및 자사주 매입을 통한 주가 상승을 가능케 한다. 최상위계층 소득의 역사적 증가는 상위계급 분파 사이의 융합/동맹을 표현한다. 하지만 수익 분배와 관련된 이들 집단 사이의 갈등이 없었다는 의미는 아니다. 초고소득 임금의 증가는 1990년대에 정점을 찍었고, 자본소득의 증가 과정이 그것을 따라잡고 있다. 이러한 경쟁이 끝났다고 말할 수는 없지만, 최상위의 동맹이 흔들리고 있다는 증거도 없다.

상위계급들의 과소비와 사회적 잉여 전유에도 불구하고 자본축적이 어떻게 가능했을까? 기업을 위한 막대한 신용 투입과 효과적인 거시경제정책으로 경기후퇴 직후의 효과적인 회복이 가능했기 때문이다. 이러한 사적 탐욕의 충족과 중앙기관의 경제통제 사이의 일치가 이 책에서 예상했던 것 이상으로 계속되고 있다.

이는 중앙기관(연방준비제도이사회, 국제적 차원에서는 IMF와 국제결제은행 등)의 발전과 관련한 한 측면을 다루고 있는데, 관리자 계급의 이중적 구성 요소인, 우리에게는 익숙한 "민간" 기업 관리자라는 측면과 또 다른 한편에서 과소평가되기도 하는 "국가" 경제를 구성하는 관리자 계급의 역할을 떠오르게 한다(이 책의 6장). 이러한 활동은 지속적이며 사회 및 경제 시스템의 생존을 위해 결정적이다. 1929년 대공황은 재정적자를 정당화했고, 처음에 이것은 일시적인 치유책으로 도입되었지만 제2차 세계대전 이후 기본적인 수단으로 변화하였다. 2007~2009년 위기 때 일시적인 해결책으로 양적완화를 도입했지만, 이제 이것은 표준적인 수단으로 변화하였다. 이 책에서 주장하고 있듯이 관리주의는 다국적기업의 관리에 대한 질문일 뿐 아니라 주요 금융 및 국가 기관 각각의 두 중심으로 존재한다.

18장에서는 진보적 유토피아의 죽음을 인정하면서도 상위계급들 사이의 신자유주의적 타협을 대체할 수도 있는 새로운 사회동맹의 내용을 설명하는 몇 가지 정책적 대안을 제시한다. 중간 관리자 계급이 상위계급들의 선거 기반을 빼앗을 수 있을까? 미국에서 민주당의 집권이 그러한 전환의 전조가 될 수도 있었지만, 아주 온건한 것일 뿐 어떤 변화의 기미도 없다. 세계경제를 관리하는 거대 금융기관들의 고유한 힘은 줄어들지 않았다.

도널드 트럼프가 대표하는 포퓰리즘 이데올로기가 부상하고 있고 유럽에서도 마찬가지이다. 포퓰리즘 이데올로기는 대다수 사람이 정부와 행정부가 자신들을 대표하지 않는다고 확신한다는 점을 표현할 뿐이다. 상위계급들은 포퓰리즘의 부상을 쉽게 수용하고, 필요하다면 더 많이 수용할 것이다.

이 책에서는 가장 큰 비관주의의 뿌리를 건드리고 있음에도 불구하고 전문가들의 영역 밖에 있는 생태의 장을 다루지 않았다. 하지만 모든 것은 맞물려 있다. 계급 및 제국적 동역학과 지구온난화를 떼어놓고 이야기할 수 있을까?

차례

서문

　　우리는 마르크스 탄생 200주년(1818년 5월 5일 출생)을 기념하여 이 책의 집필을 부탁받았다. 우리는 책에서 두 가지 양면적인 테제를 제시하려 한다. 첫째, 분석틀로서 마르크스의 역사이론은 여전히 유효하다. 둘째, 자본주의 생산관계를 지양하는 프롤레타리아 계급의 역량에 관한 기대가 달성되지는 않았지만, 민중 계급의 투쟁은 사회가 진보하는 방향으로 역사를 구부릴 수 있는 유일한 힘이다.

　　하지만, "그러나", 한 세기 전에 마르크스가 수행했던 역사 분석을 어떤 가장 중요한 측면에서 근본적으로 수정할 필요가 있다. 우리는 현재의 생산관계들이 어떤 계급 없는 사회를 성취하는 쪽으로 이어지기보다는 관리자 계급을 상위계급으로 하는 새로운 생산관계인 "관리주의"로 이행하고 있다고 주장한다.

　　여러 문헌에서 관리주의를 현대 자본주의의 특징으로 설명해 왔다. 그러한 문헌들은 "관리자본주의"를 다루기는 하지만, 완전히 마르크스주의적인 의미에서 이야기할 수 있는 각 생산관계 사이의 혼합적 성격hybrid character을 고찰하려 하지는 않는다. 역사 동역학에 대한 이러한 몰이해는 심각한 결과로 이어진다. 우리는 마르크스 분석틀의 갱신—노골적인 기각에 대한 유일한 대안—이 과거와 현재의 경제·사회·정치적 추세에 대한 해석의 전제조건이라 보고 있다.

　　우리는 이러한 변화로부터 발생할 수 있는 주요한 정치적 결과들을 제안해 보려고 했다. 아이디어를 제시하는 것만으로 세계를 변화시킬 수는 없을 것이다. 하지만 마르크스가 그랬던 것처럼, 우리는 그러한 아이디어가 도움을 줄 수는 있다고 믿는다. 이렇게 분석틀을 혁명적으로 개선하는 데 힘쓰는 것이 이번 작업의 목표다.

1
개관

우리는 이 책에서 다소 색다르고 난해한 방식으로 광범위하고 다양한 서로 다른 접근을 결합하려고 했다. 여러 장에 걸쳐 소득분배 및 기술변화와 관련한 광범위한 데이터를 활용하기도 했으며, 또 다른 한편에서는 무엇보다도 마르크스의 역사이론과 같은 이론적 틀을 이야기했다. 그 밖에 제1차 세계대전 이후의 경제·정치적 사건들의 결과들을 검토하고, 장기적인 사회적 변화와 이데올로기를 분석하기 위해 역사학자들의 작업 또한 상당히 활용했다.

서론에서 이야기하기도 했지만, 우리가 제시하는 테제와 마르크스적 분석틀 사이의 관계를 근본주의fundamentalism와 수정주의revisionism의 드문 결합mix이라 할 수 있겠다. 한편으로 우리는 이러한 분석을 마르크스의 생산력 및 생산관계, 계급, 계급투쟁에 대한 이론 원리에 기초하여 전개하고, 동시에 계급의 정형화된 패턴에 대해 관리자들이 새로운 계급을 형성하고 있다는 점을 고려했다.

우리는 자본주의를 지금까지 이어져 온 계급적대에 기초한 생산양식들 중 최후의 생산양식이라 보지 않는다. 상위계급으로서 자본가계급이 존재하는 생산양식인 자본주의와 마찬가지로, 관리주의는 관리자계급이 상위계급인 새로운 생산양식이다. 자본주의는 잉여가치를 통해 잉여노동을 추출하지만, 관리주의에서는 임금 불평등 위계관계를 통해 잉여노동을 추출한다. 현대사회에서, 자본주의에서 관리주의로의 이행은 여전히 진행 중이며, 아직 완성되지 않았다. 이로부터 비롯되는 혼합적 사회구성체를 관리자본주의라고 부른다.

이 책 1부에서는 근본적 원리들로 돌아간다. 면밀한 검토를 거쳐 마르크스 역사 동역학 이론의 이중적 본질을 드러낸다. 생산양식의 연쇄 속에서의 연속적인 고리로서 계급지배의 지속적 재생산을 다루는 "계급사회 이론"은 매우 익숙하다. 이 순서에 따르면 자본주의라는 마지막 국면의 모순이 모든 적대적 사회구조를 소멸시키고, 마르크스와 엥겔스가 사회주의 또는 공산주의(19세기 중반에 사용된 용어법에 따라)라고 부른 것의 수립으로 이어진다. 이러한 역사과정과 관련된 또 다른 측면에 대해서는 그다지 익숙하지 않다. 그것은 인류가 사회적 상호작용을 정교화하는 점진적인 역사적 과정(우리가 "사회성sociality"이라 부르는)을 어떻게 쟁취해 왔는지 살펴보는 문제와 관련되어 있다. 이러한 사회의 역사적 과정이 보여주는 근본적 특징에 대해서는 잘 알려져 있다. 국내외적인 계열사 네트워크를 포함하는 대기업에서 생산이 이루어진다. 기업 간 분업이 극적으로 증대하고, 구체적으로는 국가와 같은 중앙기관이 교통, 교육, 복지 등과 관련한 광범위한 네트워크의 핵심에 위치한다. 마르크스와 엥겔스는 정치 궤도가 적절한 방향으로 나아간다는 조건하에서, 사회화의 진전이 더 진보된 수준의 인간 존엄성과 결합한 사회주의의 새로운 조직 형태로 이어진다는 역사적 관점을 가지고 있었다.

계급사회에 대한 이론과 독립적으로 사회성 이론에 대해서만 언급하는 것은 순수한 이데올로기일 뿐이며, 마르크스와 엥겔스는 사회성의 역사적 진보가 인간 사회에 혼란한 과정에 따른 계급지배와 계급구조의 계열 속에 "삽입embedded/enchâssé"되어 있음을 증명하려고 했다.

관리주의 내에서 관리자들은 계급지배와 사회성이라는 두 가지 측면에서 중요한 역할을 하며, 사회화를 이룩하는 주요 행위자이자 사회계급이다. 관리자들은 관리자본주의에 고유한 혼합적 성격을 넘어서는 새로운 생산양식인 관리주의의 상위계급이 될 것이다. 그들의 높은 조직적 역량 덕분에 더 높은 수준의 일반적 사회화 과정에 도달할 수 있게 되며, 자본주의 생산관계의 내재적 한계를 넘어서게 될 것이다.

이 책에서는 사회화의 역사 동역학과 계급사회들 사이의 상호작용을 연구 목표로 삼고 이를 위해 광범위한 분석 영역을 정의했다. 하지만 우리는 이 연구에서 사회관계의 모든 측면을 다룰 수 없었으며 오직 두 가지 이론의 접합, 즉 근본적으로 경제 및 국가 관계 이론의 접합만을 이야기한다. 예를 들어 마르크스와 엥겔스가 《독일 이데올로기》에서 했던 것처럼, "물질적 삶의 생산"과 계급관계에 대한 관리와 경제에 대한 지휘·감독conduct에서 국가가 맡는 기능이 이 연구의 중심에 있다. 성적 지배gender domination와 같은 지배 및 소외의 또 다른 주요 원천들을 포함하는 사회적 삶의 다양한 다른 요소들은 계급 동역학에 종속되어 있지는 않지만 이차적 형태secondairement와 관계를 맺는다. 여기서 그러한 문제들을 다루지는 않았다.

이러한 분석의 혁신을 통해 관리자본주의의 과정을 해석할 수 있는 역량의 회복을 기대할 수 있을 것이다. 중간 집단들을 제외하고, 관리자본주의의 계급구조를 자본가, 관리자, 민중 계급(생산 노동자 및 또 다른 범주의 하위 종업원)의 삼중 체계로 볼 수 있다. 관리자본주의의 첫 단계는 19세기 말에 달성되었다. 그 이후 120년 동안 거대한 위기들이 나타났고, 우리가 사회질서들이라고 부르는 수십 년에 걸친 세 기간을 식별할 수 있다. 사회질서란 계급 헤게모니, 그에 상응하는 계급지배 그리고 계급들 사이의 잠재적 동맹으로 정의되는 권력구조configuration des pouvoirs라고 할 수 있다. 우리는 1930년대 대공황 이후 타협과 전후 타협 또는 "사회-민주적 타협" 내에 있는 1929년 위기 이후의 관리자들과 민중 계급의 동맹과 1970년대 위기 이후 자본가계급 및 관리자들의 신자유주의적인 상위 동맹을 대조하기도 한다. 사회질서들 속에서 발현되는 이러한 관리자본주의의 정치학을 기술 및 분배의 역사적 경향, 관리자 계급의 장기적 부상과의 관계, 즉 생산력과 생산관계의 동역학 및 그 역사적 경향들을 접합시키는 마르크스의 분석틀 속에서 이해해야만 한다. 2부에서는 관리자본주의에 대한 새로운 마르크스주의적 해석에 대해서 살펴본다.

3부에서는 역사의 흐름을 변화시키는 민중 계급의 역량에 관한 마르크스 분석의 장기적 측면을 설명한다. 과거를 돌아보면, 고집스럽고도 절망스러운 성격의 계급사회 동역학을 확인할 수 있다. 17세기와 18세기 영국과 프랑스의 혁명기처럼, 자본주의 생산관계 발전의 초기 단계에서 현대성의 이데올로기를 반영한 진보된 민주주의 형태를 수립하려는 시도들은 끊임없는 축적과 집중 과정 속에서 좌절하고 말았다. 유토피아적이든 마르크스와 엥겔스가 말하는 "과학적"이든, 그 성격과 관계없이 사회 진보의 방향으로 역사의 흐름을 변화시키려는 급진적 시도들은 실패하였다. 역사의 흐름을 단번에 변화métamorphose시키려는 야망이 표출된 유토피아적 시도들은 권위에 대한 일정 정도의 중앙집중화가 필요한 사회화의 진전과는 완전히 모순되는 단순하고 순수한 권위에 대한 거부, 즉 애초부터 무정부주의적인 거부라는 유혹을 뿌리칠 수 없었다. 또 다른 한편으로 그리고 대칭적으로, 아주 소수 또는 유일한 지도의 수중으로 권력의 집중이라고 비난받기도 하였다. "자칭 사회주의self-proclaimed socialism" 국가들 속에서 관리주의의 어떤 진전된 형태들로의 새로운 도정이 시작되었다. 그러나 이러한 시도들은 20세기 말 관리자본주의로의 갑작스러운 이행으로 끝을 맺게 되었다. 21세기 초의 시각에서 보면, 어떤 대안적 길도 보이지 않는 듯싶다. 이것이 바로 인류 역사의 어두운 부분이다.

4부에서 더 긍정적인 측면에 대해 논의하기도 하겠지만, 계급해방으로의 길은 멀고도 험하다.

    1. 경제·정치적인 이유에서 새로운 생산양식인 관리주의로부터 계급 없는 사회로의 도약은 일어나지 않을 것이다. 민중 계급과 관리자들을 대립시키는 주요 계급모순이 있을 것이며, 두 계급 사이의 상호작용(다소 첨예

하거나 타협적인)으로 근본적인 정치적 조건이 정의되는 데까지는 상당한 시간이 소요될 것이다.

2. 관리주의는 상위계급으로서 관리자들의 지배를 표현하지만, 우리는 역사의 진보-퇴보 운동에 따라 광범위한 정치·경제적 환경들을 구별할 수 있다.

3. 산업혁명 또는 신자유주의와 같은 수십 년 동안의 강력한 사회적 퇴보 기간으로 인해 일시적으로 사회의 진보가 가로막힌다. 이는 계급해방으로 가는 도정의 주요한 장애물이다.

4. 이러한 기간은 최종적으로 경제·정치적인 내적 모순뿐만 아니라 민중 계급의 투쟁, 즉 민중 계급의 힘으로 끝내 "왼쪽으로 구부려진" 역사적 궤도들의 결과로 극복된다.

5. 현대사회에서, 민중 계급에 우호적인 해결책으로 이어질 수 있는 주요한 정치적 요소는 i) 다양한 분파의 상위계급 사이의 응집력 약화, ii) 제2차 세계대전과 1929년 대공황에 뒤이어 나타났던 타협 기간과 같이 관리자 계급 특정 분파와 민중 계급 사이에 맺어질 수도 있는 동맹의 공존이다.

지난 수십 년간, 열악한 상황에도 불구하고 사회 진보의 지층들이 축적되었다. 최소한 중세시대까지 거슬러 올라가 보면, 민중 계급은 어떤 생산양식에서 다음 생산양식으로의 역사적인 진행의 모든 단계에서 기회를 얻어 왔다. 부르주아 혁명 기간에는 과거의 귀족적 가치들이 쇠퇴하였고, 자본주의 생산관계의 출현과 공존하고 있던 현대성의 이데올로기(자유와 평등의 선언)라는 새로운 관점이 생겨났다. 자본주의 내부로부터 관리주의의 등장 또한 부르주아 혁명 기간의 사례와 유사하다. (상속을 통한 재생산과 분리할 수 없는) 생산수단의 사적소유라는 낡은 가치가 능력주의라는 새로운 이데올로기로 대체되면서 민중 계급이 쟁취할 수 있는 새로운 영역을 열어 놓고 있다. 그러한 상황에서 사회관계 및 특히 교육 방식의 일반적인 진전을 고려할 때, 관리주의 그 자체의 진보를 통해 그 생산양식의 점증하는 내적 모순이 드러날 것이며, 의사결정과 관련한 독점권을 유지하기 점점 어려워질 것이다. 계급해방을 향한 새로운 단계에 도달할 수 있을지도 모른다. 우리가 남발하고 있기는 하지만, "사회주의"라고 부르기로 정할 수도 있는 것으로 말이다.

관리자본주의: 소유, 관리, 미래의 새로운 생산양식

1부
생산양식과 계급

1부에서는 역사 동역학을 이야기한다. 생산력, 생산관계, 계급구조, 계급투쟁을 주요 개념으로 제시할 것이다.

우리는 제2차 세계대전 이후 기간 미국의 소득분배 관련 데이터를 이용하여 1) 계급구조의 영속성과 2) 관리주의 테제의 기초에 있는 상위 계급 소득 중 임금 부분이 점점 중요해지고 있다는 두 가지 측면을 묘사하려는 이중적 목표로부터 출발한다(2장).

3장과 4장에서는 기본적 원리의 확실한 설명력을 강조하면서 마르크스의 분석틀로 돌아간다. 하지만 관리자 계급의 출현과 관련하여 마르크스 이론의 고유한 한계를 논의하기도 할 것이다.

5장에서는 사회성 및 사회화에 대한 기본적 개념을 소개한다. 마르크스가 행한 노동과정에 대한 분석을 정교화하면서 관련 개념들을 일반적 수준의 사회관계에 대한 분석으로 확장할 것이다.

6장에서 우리는 혼합적 사회구성체로서 관리자본주의와 새로운 생산양식으로서 전형적인 관리주의 생산관계를 다룬다.

7장과 8장에서 우리는 1) 현대사회 내 관리자 계급의 지위에 대한 여러 해석과 2) 혼합적 사회구성체의 비밀을 파악하기 위해 봉건제로부터 출발하여 자본주의 생산양식의 출현 과정에서 얻어 낼 수 있는 교훈들이라는 두 가지 별개의 관점에서 위의 분석을 보충할 것이다. 8장은 "묘사적인" 방식으로, 역사학자들의 작업에 광범위하게 의존하여 역사 발전을 다루는 4개 장(14장, 15장, 16장을 포함하는) 중 첫 번째 장이다.

2
소득분배의 구조

1장에서 전개한 광범위한 역사적 관점에서 보면, 소득 위계에 대한 경험적 분석만으로는 계급구조를 식별하고 그 역사적 변화 과정transformation을 파악하기 위한 야심 찬 과제를 완성하기에는 부족하다. 하지만 이번 장에서 우리는 기술적인 소개 훨씬 그 이상을 시도한다. 이는 사회관계의 본질에 대한 이중적 질문과 관련이 있으며, 여기서는 경험적 분석을 시도하고 다음 두 장에서는 이론에 초점을 맞출 것이다.

소득분배의 두 가지 법칙

이번 장에서 이용하는 다양한 국가들의 소득분배에 관한 경험 분석은 경제물리학자econophysicists라고 불리는 물리학자 및 경제학자들의 집단작업에 기초하고 있다(특히 빅터 야코벤코Victor M. Yakovenko가 연구를 주도하고 있다). 여기서 그 기본적 방법론과 주요 결과를 설명하려고 한다. 먼저 그 방법론적 원리를 설명하고 미국 경제를 대상으로 한 결과를 보여줄 것이다(방법과 관련한 자세한 설명은 이 장 부록에서 확인할 수 있다).

우리가 인용할 연구의 원래 목표는 계급구조를 식별하는 것이라기보다는 최근에 큰 관심을 끌고 있는 소득과 관련하여 관찰되는 추세 및 불평등을 측정하기 위한 것이었다.[1] 하지만 이러한 연구를 통해 불평등

---

1   Silva, A. and Yakovenko, V. "Temporal evolution of the 'thermal' and 'superthermal' income classes in the USA during 1983-2001." *Europhys. Lett.*, 69(2), pp. 304-310, 2005.

측면에서 사회집단 중 상위범주를 명확하게 확인할 수 있다. 저자들은 소득불평등이 사회구조에 가지는 의미를 설명하기 위해 그 이론적 토대와는 상관없이 그 결과를 통해 계급구조를 명확하게 확인한다.

미국 국세청Internal Revenue Service, IRS은 소득수준별로 분류된 가구household의 연간 과세소득(즉, 세전 소득) 관련 통계를 발표하고 있다.[2] 소득 피라미드에서 백분위로 정의된 계층에 따른 소득 집단을 분위라고 부른다. 예를 들어 90~100분위는 전체 가구소득 10%의 상위 소득을 취득하는 소득 집단을 말한다. IRS는 각 집단 내의 가구평균소득과 함께 15 또는 30분위의 불균등한 규모로 분위를 구별하고 있다. 평균소득과 분위들만이 연구에서 고려되는 변수다.

그림 2.1에서 그 결과를 확인할 수 있다. 여기서 사용한 방법에 대해서는 아래에서 설명하겠다. 추가 설명을 이 장 부록에서 확인할 수 있다.

1. 이 연구의 저자들이 계급이라 일컫는 서로 다른 두 집단 사이의 구별이 중요하다(선을 가로막는 공백은 두 집단 사이의 추세선이 존재하지 않는다는 것을 의미한다). 그러한 경계점은 더 낮은 평균임금 범주의 3배 또는 5배 소득 부분에서 굴절되는 부분에 존재한다. 따라서 분리되는 건 가구 중 1~3% 사이다. 그리고 거의 전체 가구 중 97~99%가 하위집단에 속하고, 1~3%가 상위집단이다. 여기서 1%는 120만 가구라는 점을 강조할 필요가 있다("우리는 99%이다"라는 구호는 부정적인 의미에서 이 상위집단을 일컫는 말이다). 따라서 3%는 360만 가구이며, 작은 공동체라고 할 수는 없지만 소수에 불과하다.

2. 이미 이야기한 바와 같이 각 계급 내에서 나타나는 별개의 두 가지 분배 구조가 그러한 구별의 기준이다. 하위범주를 묘사하는 좌측으로부터 시

---

2 우리는 야코벤코뿐만 아니라 토마 피케티와 에마뉘엘 사에즈가 했듯이 과세단위로서 IRS의 정의를 활용한다. 미국 인구통계국the US Census Bureau의 경우, 한 가구는 같은 집에 사는 사람들을 의미한다. 2010년 미국의 총가구수를 IRS는 1억 5천 5백만, 인구통계국은 1억 1천 7백만 가구라고 발표하였다.

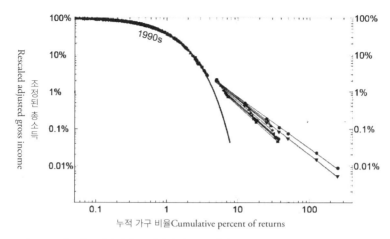

누적 가구 비율Cumulative percent of returns

그림 2.1 두 계급의 소득분배의 두 가지 법칙, 1990년대

그림의 각 점은 1년 단위로 어떤 소득분위의 소득분배 상태를 설명한다. 수평축의 변수는 각 소득분위의 평균소득이다(가계의 대다수를 차지하고 있는 하위계급의 평균소득에 대한 비율이며, 이 평균소득은 수평축에서 1로 고정되어 있다). 수직축에는 더 큰 소득을 올리는 소득분위와 각 분위에 속해 있는 가계들의 비율을 보여준다. 따라서 가장 낮은 소득분위의 평균소득과 같거나 더 큰 소득을 가진 소득분위는 가계의 100%이다. 비율은 더 큰 평균소득의 소득분위로 갈수록 감소한다. 이렇게 평균소득의 약 250배 소득을 올리는 소득분위까지 감소한다(0.01%, 즉 만 분의 1의 가계만이 가장 상위 소득분위에 속한다).

출처: Silva, A. and Yakovenko, V. "Temporal evolution of the 'thermal' and 'superthermal' income classes in the USA during 1983–2001." *Europhys. Lett.*, 69 (2): 304–310, 2005, Figure 2.

작하는 구부러진 선은 원점에 대해 오목하다.[3] 그에 비해 상위범주는 그림 오른쪽에 표현되어 있으며 직선으로 관찰된다. 오목함이 깊으면 깊을수록 불평등의 정도가 낮다. 저자들은 대다수 가구의 소득분배가 자신들이 관찰 기간으로 삼고 있는 기간(1983~2001년, 그중에서 1990년대를 그림 2.1에서 확인할 수 있다)에 걸친 상당히 안정적인 "지수법칙 exponential law"에 의해 좌우된다고 주장한다. 지수법칙이라 함은 같은 지위에 있는 분위들을 고려할 때, 어떤 두 연속적인 분위들의 평균소득 사이의 차이가 같다는 것을 의미한다.[4]

---

3 [옮긴이] 원점에 대해 오목함은 그림에서 계곡이 아니라 언덕 모양이 관찰된다는 의미다.

4 [옮긴이] 하위범주에 속한 분위들 사이의 소득격차는 크지 않다.

3. 상위집단의 구조가 선형임을 확인할 수 있고, 두 축이 로그 스케일로 표현되어 있기 때문에, 이러한 분포에 대해서 "멱법칙"이라고 부른다. 만약 같은 지위에 있는 분위들을 고려할 때, 한 분위에서 다른 분위로 간다면 소득은 일정한 계수에 의해 배가된다. 따라서 하위범주들보다 상위범주들에서 불평등이 더 확대되고 있다.[5]

불평등을 연구할 때 1) 두 계급 사이의 불평등 정도, 2) 각 계급 내부의 불평등 정도 사이의 차이를 세밀하게 처리할 필요가 있다. 하위계급의 안정적 분배 법칙이란 그 하위집단 내부의 불평등 정도가 안정적임을 관찰하는 것과 같다(각 연도에 따른 분위들을 표시하고 있는 모든 점이 같은 곡선 위에 위치한다). 반대로 상위계급에 해당하는 법칙은 크게 다르다. 따라서 개별 연도를 설명하는 각 부분이 시각적으로도 크게 다르다. 상위계급 내의 불평등은 증가하였다.

이러한 계산을 수행해 보면, 소득분포 통계의 분석 단위가 개인이 아니라 (재정적 단위로서의) 가족family이기 때문에 발생하는 어려움이 있다. 같은 가족 내 구성원들 사이의 지위가 다를 수 있다. 따라서 상위집단과 하위집단 사이의 관계를 통해서는 사회적 지위의 차이와 관련된 명확한 그림을 확인할 수 없다. 하지만 이러한 모호성에도 불구하고, 이 연구를 통해 계급 간 대립을 명확하게 확인할 수 있다. 경제물리학자들이 행한 연구의 장점 중 하나는 끊임없는 논쟁의 대상이 될 수 있는 어떤 이분법의 임의적 성격에 대한 객관적 기준을 제공한다는 것이다.

미국에서 "생산 노동자"와 그 밖의 임금 소득자 사이에 구별이 존재한다는 점에 주의하자. 생산 노동자는 일반 임금 소득자 인구의 약 80%를 차지한다. 이러한 기준은 여기서 설정된 분리 기준에 상응하지 않으며, 이 연구에서는 가구의 97% 또는 99% 분위 같은 기준만을 고려한다.

---

5 [옮긴이] 상위범주일수록 보다 상위계급에 소득이 집중되어 있음을 뜻한다.

비슷한 결과를 다른 나라들에서도 관찰할 수 있다.[6]

보다 일반적 수준의 해석에서 불평등에 대한 관찰을 통해 계급구조를 드러내는 근본적인 탐험으로 이어져야 한다. 그림 2.1에서 우리는 자본주의 경제의 이중적 성격을 직접적으로 연상하며 관찰할 수 있다. 그것은 한편으로 자본가계급이 가장 상위에서 고소득을 향유한다는 점과 대립하는, 그 계급 내 불평등의 정도가 상당히 높다는 관찰이다. 다른 한편으로 그러한 위계관계 하위에 있는 저소득을 올리고 있는 임금 소득자들과 그들의 소득 스펙트럼을 보면 그 불평등의 정도가 덜하다는 사실도 확인할 수 있다. 두 집단(1~3%와 97~99%)으로 나타나는 가구들의 상대적 비율은 "표준적 해석"에 잘 조응하거나 적어도 모순되지 않는다.

마르크스주의 학자들은 분명 위에서 보여준 소득불평등 구조에 대한 묘사가 자신들의 사회구조에 대한 관점과 잘 일치하고 있다고 보았다. 소득 위계관계의 상위와 하위 소득 사이의 명백한 구분이 나타난다는 점 외에도, 이 묘사는 인구 대다수의 소득분배 및 상위 소수의 소득 위계관계를 관장하는 별개의 사회적 동역학이 존재한다는 점을 보여준다. 우리는 명백히 이러한 점에 대해 같이 집중하고 있지만, 이 책에서 다룰 더 긴 역사의 첫 번째 에피소드를 묘사하고 있을 뿐이다. 다음 절에서 심도 있는 경험적 분석을 통해 위에서 이야기한 이중 구조가 이러한 구조configuration의 유일한 측면이 아님을 이야기할 것이다.

임금과 자본소득

앞 절에서 살펴본 결과들을 좀 더 확실히 하기 위해서 이번 절에서는 임금과 자본소득을 구별하면서 소득의 구성을 검토하려고 한다.

---

6 Banerjee, A. and Yakovenko, V. "Universal patterns of inequality." *New Journal of Physics*, 12, pp. 1-35; Tao, Y., Wu, X., Zhou, T., Yan, W., Huang, Y., Yu, H., Mondal, B. and Yakovenko. V. "Universal exponential structural of income inequality: Evidence from 60 countries," 2016. http://arxiv.org/abs/1612.01624

앞으로의 분석에서 우리는 (토마 피케티와 에마뉘엘 사에즈의 데이터를 기초로 하여) 가계의 전체 자본소득 및 임금 대비 임금의 비율 변수를 새로운 분석에 사용할 것이다. 임금은 연금, 보너스, 스톡옵션 등을 포함한다. 자본소득은 배당, 이자, 지대의 총합이다. 자본소득을 고려할 때, 그 일반적인 구조를 근본적으로 수정하지 않는, 추세를 읽는 데 방해가 되는 과도한 변동분이 존재한다는 점을 고려할 필요가 있다(제2차 세계대전 이후로는 가계소득에서 거의 일정한 비중만을 차지하고 있는 자영업 소득 또한 제외했다).

앞 절에서 확인한 상위집단이 전체 가구에서 1~3% 정도 되는데, 우리는 해당 기간에 일관적으로 상위집단에 존재했을 것이라 여겨지는 상위 1%의 연구에 집중할 것이다. 그리고 그것을 90~95분위와 비교할 것인데, 해당 분위 또한 그 기간 내내 하위집단(하위집단 중 최상층)이었다.

그림 2.2에서 임금 및 자본소득(자영업 소득을 제외한 소득) 대비 임금의 비율을 통해 분위 각각의 소득 구성을 확인할 수 있다.

그림 2.2는 각 두 분위의 소득 구성을 보여준다. 이는 자본소득과 임금 총합에 대한 임금 비중을 의미한다(자영업 소득 제외).

1. 앞 절에서 살펴본 1983~2001년 동안(그림 2.2에서는 수직 점선으로 표시했다), 상위범주 중 최상위에 속하는 소득 중 임금 몫은 78%(1983~2001년 평균)에 도달하였으며, 자본소득은 총소득 중 22%만을 설명하고 있다. 소득의 5분의 1(22%)인 자본소득을 결코 무시할 수 없다. 그러나 그 상위집단 소득의 대부분은 분명 임금이다. 소득 위계관계의 하위로 갈수록 자본소득은 급격히 감소한다. 1983~2001년을 보자면 90~95분위에서 자본소득의 비중은 6%에 불과하다.

2. 제1차 세계대전 이후 두 비율의 역사적 흐름에서 특히 여러 가지를 읽어낼 수 있다. 1920년대에 상위 1%의 소득 중 40%만이 임금이었고, 60%는 자본소득이었다. 1920년대 말부터 자본소득의 비중이 감소하여 2000년

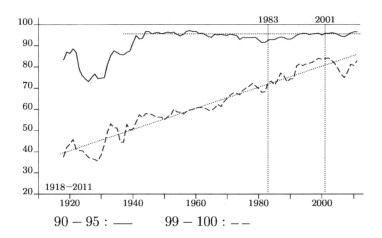

$$90 - 95 : \text{——} \qquad 99 - 100 : \text{– –}$$

그림 2.2 90~95 및 99~100(%) 소득분위의 임금 및 자본소득 총합에 대한 임금 비율
우리는 이 분석을 위해 피케티와 사에즈의 데이터를 사용했다(다만 그림을 새로 그렸으며
새로운 해석을 추가했다).
출처: Piketty, T. and Saez, E. "Income inequality in the United States, 1913–1998." *The Quarterly Journal of Economics*, CXVIII (1): 1–39, 2003, Table A7. Tables and figures, http://eml.berkeley. edu/saez/TabFig2015prel.xls

이후에는 평균 20% 이하로 최소화되기도 한다. 이는 90~95분위 소득 구성의 역사적 변화 과정과는 아주 대조적이다. 해당 분위 집단의 경우, 대공황 이후 제2차 세계대전 동안 자본소득이 상당히 줄어들게 된다. 이는 (자영업자들을 제외하고) 낮은 자본소득을 올리고 있던 가구 중 많은 가구가 사라졌다는 것을 의미한다. 제2차 세계대전 이후 그 분위 집단의 비율은 일정하다.

이러한 분석으로부터 두 가지 결론을 내릴 수 있다. 1) 상위계급 소득의 대부분은 임금이며, 자본소득은 부수적 구성 요소일 뿐이다. 2) 이러한 소득분배 구조는 최근의 현상이 아니라 적어도 대공황 이후 점진적으로 수립되어 온 것이다. 어떤 극적인 역사적 추세를 명확하게 확인할 수 있다.

임금과 자본소득 사이를 구분한다는 것은 앞 절에서처럼 경제물리학자들이 두 계급으로 가구를 분리했던 문제를 반성하게 한다는 의미에서 중요하다. 그들은 총소득(임금, 자본소득, 자영업 소득 전체)을 기준으로 분석하였다. 그림 2.2에서 묘사되고 있는 데이터는 임금 부분을 기준으로 삼고 있으며, 높은 정도의 불평등을 갖는 상위계급으로 자본가를 위치시키고, 낮은 정도의 불평등 수준을 갖는 하위계급으로 임금 소득자를 이야기하는 표준적 해석과는 다르다.

임금으로 분석을 집중하면 앞 절에서 보여준 두 계급으로의 분할이 여전히 나타날 수 있는가? 그러한 계산을 직접 할 수는 없지만, 피케티와 사에즈의 데이터에 근거하여 추정해 볼 수는 있다. 일단 긍정적으로 이야기할 수 있는데, 임금만을 고려한다면 가구들을 두 범주로 구분할 수 있다. 따라서 그림 2.1과 같은 두 집단으로의 분할을 단지 상위 분위로 자본소득이 집중한 결과로 보는 것이 아니라 상위계급에 유리한 임금 소득분배의 강력한 편의가 나타나고 있다고 주장해야만 한다.

소득 위계관계 내 관리자들

1장에서 이미 밝힌 바와 같이, 소득 위계관계의 상위 분위로 나타나는 임금 소득자를 "관리자managers" 또는 프랑스에서는 관리직cadre이라고 부른다. 현재 이러한 용어가 광범위한 맥락(소득 위계관계 중 더 낮은 계층으로)에서 사용되고 있기에 이 용어를 사용하는 것이 적절한지 의문이 제기될 수 있다. 하지만 "관리management"와 형용사 "관리주의적managerial" 또한 특히 "관리주의적 자본주의"라는 표현에서 사회 위계관계 내의 [관리자들의] 상위 분파가 존재한다는 점을 암시connotation하고 있다.

우리는 확실히 법적 또는 행정적 틀, 예를 들어 프랑스 같은 경우 연금 지급 관련 기관에서 쓰고 있는 식의 틀에 기초하여 구분하고 있지 않다. 그러한 맥락에서 개인들은 일반적으로 교섭의 결과인 행정적 규칙에 따라 다양하게 분류된다. 이러한 의미에서 "관리자들"은 훨씬 광범위한 집단이라고 할 수 있다. 그러한 범주화와 관련된 어떤 사회학적 타당성에 대한 논의가 있을 수 있겠지만, 여기서 다루지는 않겠다. 우리는 "상층 관리자들"을 지칭하는 것으로 "관리자"라는 용어를 사용할 것이다.

이러한 관찰은 현대사회의 특징적인 삼중적 사회구조로 이어진다. 즉, 둘이 아니라 세 가지 사회 범주가 식별되는데, 이는 각각 높은 자본소득의 수혜자, 관리자들(고임금), 그 나머지 인구를 관찰할 수 있다. 세 가지 준거를 마련했다고 해서 중간자이거나 혼합적 지위, 특히 중소 기업가 또는 상위 관리 분야에서 활동하면서 상당한 정도의 자본을 소유하기도 한 사회 위계관계 상층에 있는 개인들을 배제하는 것은 아니다.

그림 2.1에서 확인할 수 있는 두 가지 사회 범주로의 구별을 소득위계관계로부터 직접 유래하는 사회구조에 대한 일차적 이해로서 해석해야만 한다. 따라서 이러한 결과를 통해 인구 대다수와 상위 소득자들의 소득 구성이 별개의 동역학을 갖는다는 직관을 확인할 수 있다. 최상위계층과 하위계층 사이의 대립이 인간해방이라는 과제를 달성하지 못하는 한, (이 대립은) 사회구조의 근본적 성격을 구성하고 지속될 것이다.

하지만 자본소득과 임금 사이의 구별을 통해, 두 가지 소득 원천의 구별과 상위범주 내에서 이러한 두 가지 소득의 흐름 사이 "뒤섞임(비율과 형태)"의 극적인 역사적 전환의 중요성에 대해 강조할 수 있다. 무엇보다도 우리는 인구 중 가장 상위 분파들이 점차 꾸준히 임금 소득자 집단이 되어 가고 있다는 점을 확인할 수 있다. 소득 위계관계 상위의 혼합 소득을 고려해 보면 위의 정의에 따라 300만에서 450만 사이의 관리자들이 존재하며, 이는 임금 소득자들 중에서도 2~3% 정도 된다.

이제는 좀 더 완전한 의미에서의 계급구조에 준거할 것이다. 이는 용어법상의 문제만은 아니다. 이제 다음 장에서 이루어질 이론적 분석으로의 "도약bond en avant"과 함께 계급구조에 준거하여 광범위한 함의들을 살펴보자.

부록. 그림 2.1에 적용된 방법론

좀 더 상세한 설명을 위해 이 부록을 마련했다. 각 분위를 임의로
선정했으며, 그럴듯한 값들을 부여했지만, 평균소득은 가공의 값[7]이다.

소득분위	0~70	70~95	95~99	99~99.9	99.9~100
(1)	33	117	235	376	705
(2)	0.53	1.88	3.77	6.03	11.3
(3)	70%	25%	4%	0.9%	0.1%
(4)	100%	30%	5%	1%	0.1%
계급	하위계급		상위계급		
(5)	62		409		

표 2.1. 그림 2.3에 사용된 데이터

1. 각 소득분위를 표 2.1의 맨 윗줄에서 확인할 수 있다.
2. 표 2.1의 (1)에서 각 분위의 가구당 연간 평균소득(단위: 천 달러)을 확인
   할 수 있으며, 데이터가 입력되면 다른 모든 값이 계산된다.
3. (5)에서는 왼편 세 분위의 평균소득을 "하위계급"으로, 오른편 두 상위 분
   위의 평균소득을 "상위계급"으로 표시하고 있다(단위: 천 달러).
4. (2)는 하위계급의 평균소득(62)으로 (1)에 나와 있는 분위 소득을 나누
   어 준 것이다. 이 값은 모든 분위의 연간 평균소득에 대한 척도 단위로
   쓰인다.
5. (3)에서 총가구 대비 각 분위의 비율을 확인할 수 있다.
6. (4)에서 각 분위에 속한 가구들의 비율과 더 큰 평균소득을 가진 모든
   분위에 속한 가구들의 비율을 확인할 수 있다. 예를 들어 70~95분위
   에 있는 30을 이 분위 소득보다 같거나 큰 소득을 가진 분위에 속한 가구
   가 30%(30=25+4+0.9+0.1)라고 해석하면 된다. 이 비율 30%를 "누적분포

---

7 [옮긴이] 표 2.1의 숫자가 영어판과 다르다. 영어판의 오류를 수정하였다.

cumulative probability"라고 부른다. 이는 주어진 소득과 같거나 큰 소득을
받을 확률이다.

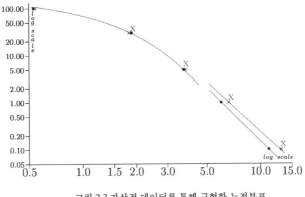

그림 2.3 가상적 데이터를 통해 구현한 누적분포

표 2.1에 근거하여 그림 2.3을 그렸다. 수평축의 소득분위 2의 소득
을 재조정한rescale 변수를 표시했다. 수직축은 소득분위 (4)의 값들의 누
적 확률이다(로그 스케일이 양쪽 축에 활용되었다). 각 5개의 분위를 점으
로 표시했는데, 표 2.1의 소득분위 (2)의 소득을 재조정한 것이다. 그림
에서 X 표시는 다음해의 동일 분위를 의미하는데, 표에는 데이터가 없다.
누적분포는 변화하지 않는데, 그것은 분위 정의에 내재적 특징이다. 따
라서 점과 X의 좌표는 변화하지 않는다. 가장 낮은 소득분위의 좌표는
100인데, 100% 모든 가구의 평균소득이 그 집단의 평균소득과 같거나
크기 때문이다. 더 큰 소득분위로 올라갈수록 누적 분위는 더 낮다(표 2.1
의 소득분위 (4)를 참고하라).

점선으로 두 가지 소득분배 법칙이 표현된다. 낮은 3개의 소득분위
에 있는 가구들(가구 중 99%)에 대한 분석틀을 지수법칙으로 표현할 수
있다. 따라서 상위 가구들에는 멱법칙을 적용할 수 있으며, 이는 그림에
서는 직선으로 표시된다(로그 스케일이기 때문이다). 더 낮은 음의 기울기

는 불평등의 수준이 크다는 것을 의미한다. 따라서 두 해 동안 벌어지는 변동은 낮은 분위 내에서 안정적인 양상으로 표현되며 상위계급에서는 더 크다.

3
마르크스의 역사이론

마르크스의 인류 사회 역사에 대한 분석을 1970년대 알튀세르적 전통에서 하듯 "독보적인(정관사, la)" 역사이론 또는 "역사과학"이라고 해야 할까?[1] 우리는 마르크스의 분석틀로만 역사 동역학을 해석할 수 있다고 보지 않는다. 따라서 마르크스를 사회의 역사에 대한 하나의 이론, 더 정확하게는 바로 계급사회 이론의 저자로 보는 것이 보다 적절하겠다.

이번 장에서는 이후 사용될 용어법과 개념들을 소개하고, 마르크스 이론 중 몇몇 논쟁적인 측면들을 소개한다. 5장 초반부에서 국가이론을 순차적으로 논의하기에, 우리는 국제적인 경쟁 단위로서의 국가를 연구하는 데까지는 들어가지 않을 것이다.

역사에 대한 유물론적 해석

마르크스의 계급사회에 대한 이론은 역사유물론으로 알려져 있다. 사람들은 이 유물론을 루트비히 포이어바흐의 유물론에서처럼 감각적 대상을 재료로 삼는 대신에 인간 실천을 대상으로 하는, "과정적 유물론matérialisme processuel"으로 이해하고 있다. 마르크스는 이를 〈포이어바흐에 대한 테제〉 중 첫 번째 테제에서 중요하게 다루고 있다.

---

[1] 예를 들어 《마르크스를 위하여》에서 알튀세르는 "역사과학"과 마르크스의 "철학"을 비교하기도 했다. Althusser, L. (1996). *Pour Marx*, Maspero, Paris. "특히 우리는 역사과학(역사유물론)으로서만이 아니라 동시에 철학으로서 변증법적으로 정의된 어떤 이론을 말할 수 있다"(Althusser, 1966: 31).

지금까지의 모든 유물론(포이어바흐의 유물론을 포함하여)의 주요한 결함은, 감각적 인간의 활동sensuous human activity 및 실천으로서, 주체적subjectively으로가 아니라, 관조contemplation[직관l'intuituion] 또는 대상의 형태로만 현실, 감성sensuousness, 구체적 사물la chose concréte[외적 대상l'objet extérieur]을 파악하였다는 것이다. 포이어바흐는 사고된 대상과는 현실적으로 별개인 감각적 대상을 원한다. 그러나 그는 대상적 활동objective activity으로서 인간의 활동 자체를 파악하지 못했다.[2]

마르크스는 "주체적으로가 아니라"라는 말을 통해 자신의 유물론적 개념화, 즉 행동하는 주체의 활동 결과로서 역사를 파악해야 한다고 강조한다. 이러한 의미에서 마르크스의 역사이론은 역사유물론이며, 그 대상은 인간 실천에 대한 분석이다.

마르크스는 역사에 대한 관념론적 해석과 생산 및 그로부터 얻은 생산물의 분배를 관장하는 메커니즘을 중심으로 하여 인간들이 상호작용하는 사회관계 체계에 준거한 해석을 대립시켰다. 이는 "포이어바흐"라는 제목을 붙인 《독일 이데올로기》 1장에서 이루어진다.[3] 이러한 맥락에서 마르크스와 엥겔스는 필수재의 생산에서 시작하는, 몇 가지 단순한 명제로 역사유물론의 원리를 요약한다. "필요를 만족시킬 수 있는 수단의 생산, 즉 물질적 삶의 생산이 역사로부터 얻을 수 있는 최우선적 사실이다."[4] 마르크스와 엥겔스는 이러한 방식으로 시작하면서, 이로부터 몇 페이지 앞에서 연구의 "보다 일반적인 결과"로서 묘사했던 것에 상응하여 계급 또는 생산양식과 같은 근본적 개념들을 도출한다. 그들은 역사 동역학에 대한 분석과 관련한 주요 개념들을 그러한 방식으로

---

2   Marx, K. (1965). *Philosophie*, Notes et Thèse (1845), Ad Feuerbach, Thèse sur Feurbach, Folios Essais, Gallimard, Paris, pp. 232-235. [ ]은 저자 삽입.

3   Marx, K. et Engels, F. (2012). *L'idéologie allemande* (1845). Éditions sociales, Paris, pp. 13-79.

4   Marx, K. et Engels, F. (2012), p. 26.

식별하고 있다(마르크스와 엥겔스에 따르면, 그러한 일반적 명제들의 정식화를 "최선의" 철학으로 가는 야망의 최대치로 정의할 수 있다).[5]

이러한 메커니즘을 관장하는 주체적이며 객관적인 결정들 사이의 불안정한 균형이 마르크스의 후기 작업에서도 지속됐다는 점을 이해할 필요가 있다. 이는 주체적인 자각이 어느 정도 영향을 미칠 수 있는지 질문한다. 마르크스는《루이 보나파르트의 브뤼메르 18일》(이하《브뤼메르 18일》)에서 다음과 같이 썼다.

> 인간은 그들의 고유한 역사를 만들지만, 그들이 자유롭게 선택한 환경에서 스스로의 의지로 만드는 것이 아니다. 이와는 반대로 과거로부터의 유산과 조건들 속에서 만들어 가는 것이다.[6]

이 책에서 우리는 계급구조 또는 기술변화의 경향과 같은 역사적 결정 요소들과 이에 동반하는 계급 전략들을 고려하는 마르크스의 관점을 엄격하게 따른다.

생산양식: 착취구조

1859년에 출간된 《정치경제학 비판 서문》(종종 "비판을 위하여"라고 불리는)은 마르크스가 전개한 역사이론에 관한 가장 완전하고 밀도 높은 텍스트로 볼 수 있으며, 그 10년 전에 출간된 《공산당 선언》을 연장한 것이었다.[7] 《정치경제학 비판을 위하여》를 마르크스 저작 중에서도 경제학과 관련된 연구를 매우 진전시킨 것이라고 볼 수는 있겠지만, 여전히

---

5 Marx, K. et Engels, F. (2012), p. 21.

6 Marx, K. (1994). Le 18 Brumaire de Louis Bonaparte (1852). In *Œuvres IV, Politique I*, La Pléiade, pp. 431-544. Gallimard, Paris, Chapter I, p. 437.

7 Marx, K. (1963b). Critique de l'Économie politique (1859). In *Œuvres de Karl Marx, Économie I*, La Pléiade, Gallimard, Paris, pp. 269-452.

초기의 텍스트라고 말할 수 있다.[8] 서문에서 마르크스는 10년에서 15년 가량의 연구 결과를 요약한다. 그는 그동안 역사와 정치경제학, 특히 영국 고전학파 경제학자들의 작업(애덤 스미스가 발견한 정치경제학의 법칙에 강한 인상을 받은 헤겔이 그랬던 것처럼[9])을 연구하고 있었다.

마르크스는 《자본》에서 상품, 가치, 화폐자본 등을 주요 개념으로 삼았으며, 기술변화의 역사적 경향 및 위기와 같은 메커니즘을 논의하였다. 따라서 《자본》에서 그는, 정치경제학에 대한 비판(동시에 그것은 그 당시 부르주아 정치경제학에 대한 비판이었다)만 행한 것이 아니라 의심할 바 없이 정치경제학을 대상으로 작업하였다. 마르크스의 정치경제학을 이번 장에서 논의하는 역사이론과 혼동해서는 안 된다.[10] 마르크스 정치경제학의 대상은 자본주의를 분석하는 것이지만, 생산양식의 역사적 연쇄 내에 있는 생산양식으로서 자본주의는 마르크스 역사이론의 한 구성 요소이기도 하다. 봉건제의 정치경제학은 존재하지 않으며, 《자본》의 대상도 아니다. 상술한 바와 같이 마르크스는 《자본》의 마지막 부분에서 정치경제학 개념(말할 것도 없이, 자본주의를 대상으로 한 정치경제학)에 기초하여 자본주의의 계급구조를 정의한다. 하지만 우리는 정치경제학만을 기초로 삼아 자본주의 내 계급구조의 모든 측면을 설명할 수 없다는 점 또한 알아야 한다.

《정치경제학 비판을 위하여》 서문과 마르크스가 10년 전 엥겔스와 함께 썼던 《공산당 선언》의 분석과의 차이를, 《공산당 선언》에서 이루어진 자본주의의 위기와 계급투쟁에 대한 강한 주장에서 발견할 수 있다. 거기서는 자본주의 계급을 자신의 마법을 통해 나온 결과를 주체할 수

---

8   41세의 마르크스는 10년 전(1845년), 엥겔스가 출판한 《영국 노동자계급의 상태》를 읽었다 (Engels, F. (1975). *La situation de la classe laborieuse en Angleterre: d'après les observations de l'auteur et des sources authentiques.* Éditions sociales, Paris).

9   Ritter, J. (1970). *Hegel et la Révolution Française.* Éditions Beauchesne, Paris, Chapter 6, paragraphes 7 et 8.

10   Duménil, G. (2014). Entre "Théorie de l'histoire" et "Économie politique du capitalisme": Y a-t-il chez Marx une théorie générale de l'exploitation?, http://www.cepremap.fr/membres/dlevy/dge2014a.pdf

없는 "도제 마법사"로 묘사한다.

마르크스 역사이론의 주요 개념인 "생산관계", "물질적 생산력", "물질적 삶의 생산양식"은 잘 알려져 있다. 생산의 사회적 성격(마르크스가 항상 "사회적", 즉 "사회의"를 의미한다는 점에서)은 생산으로부터 생산관계로 가는 분석적 이행을 고려한 중요한 이론 개념이다. 마르크스는 "상부구조" 및 "의식의 형태("법적, 정치적, 종교적, 예술적 또는 철학적 형태"로 지칭되는)"와는 다른, 사회구조를 수립하는 현실적 기초로서 생산관계를 묘사했다. 경제적 기초로부터 상부구조가 규정되는 것이지 그 반대가 아니다.

불행하게도 마르크스는 이러한 정의들과 관련된 명확한 설명을 남기지 않았다. 예를 들어 오직 "소유관계"("법적 용어"로 표현된 생산관계)만이 언급되었고, 생산수단에 대한 소유권에 대한 문제는 명확하게 정의되지 않는다. 생산력이나 생산양식과 같은 개념에 대해서도 마찬가지인데, 생산양식 개념은 물질적 생산과 긴밀한 관계를 갖는다는 점에서 예외적이기는 하다. 마르크스는 결국 직접적으로 익숙한 사회구조들(아시아적, 고대, 봉건, 현대 부르주아적 양식들[11])과 관련한 생산양식들의 목록을 제시하였고, 이는 마르크스가 생산양식을 통해 이해하려 하는 것들을 좀 더 확실하게 해 주었다. 이러한 설명은 명백히 도식적이다. "전前자본주의 생산양식의 형태"에 대한 더 정교한 저술을 통해 더 풍부한 설명이 이루어진다.[12]

마르크스가 했던 것처럼, 개념이란 인간 두뇌의 생산물로서 이론적 도구이고, 특정한 과정에 대한 분석을 목표로 하여 결합적으로 동원되는 것이며, 이를 통해 개념이 가지는 설명력(개념의 유일한 기능)이 표현

---

11 Marx, K. (1963b). p. 273.

12 Marx, K. (1968). Principes d'une critique de l'Économie politique (1857-1858). Œuvres de Karl Marx, Economie II, La Pléiade, pp. 175-359. Gallimard, Paris(그룬트리세[정치경제학 비판 요강]라는 이름으로 알려져 있다), Section III, Formes précapitalistes de la production. Types de propriété, pp. 312-359.

된다.[13] 과학은 개념들의 체계인데, 개념들에 대한 정의는 어떤 체계로의 조합을 염두에 두고 이루어진다. 따라서 특정 과학 내의 여러 개념에 주어진 내용을 섬세하게 결합해야 한다. 마르크스의 분석에 적용해 본다면 특히 가치, 화폐, 가격, 자본, 잉여가치, 이윤 등의 정치경제학 개념들 속에서 이러한 지식의 속성이 잘 드러난다. 예를 들어 가격은 가치의 형태이며, 자본은 자기증식운동을 하는 가치다. 하지만 마르크스는 이러한 방식으로 역사이론을 정교화하지 않았다. 앞에서 제기했던 정의 definition와 관련된 문제들이 이와 관련한 어려움을 직접적으로 표현한다. 마르크스의 위대한 저작의 제목은 《자본》이지 자본주의가 아니다. 거기에는 생산양식으로서 자본주의에 대한 어떤 명확한 정의도 없다. 마르크스는 항상 엄격한 정의 없이 "자본주의적 생산"이라는 말을 훨씬 더 자주 사용하곤 했다.

마르크스는 생산양식들의 연속을 지탱하는 역사 동역학을 묘사하는 것을 역사이론의 주제로 삼았다. "특정한 발전단계에서 사회의 물질적 생산력은 현존하는 생산관계와 충돌하게 된다."[14] 생산관계를 뒤집어엎을 수 있는 조건이 나타난다. "인류는 자신들이 달성할 수 있는 임무만을 부여받는다."[15] 한편으로 그러한 조건들이 확대되며, 다른 한편으로 인류는 사회혁명을 그들 스스로에게 주어진 과업으로 삼는다. 이 시점에서는 계급투쟁의 역량에 암묵적으로 준거한다.

역사적 변혁의 장으로 더 깊이 들어가면 생산력과 생산관계의 동역학으로 알려진 역사의 운동에 관련된 주제가 등장한다. 마르크스는 이러한 동역학적 과정을 변증법에 기대어 언급하고 있다. 어떤 광범위한 새로운 장이 열리게 되고, 마르크스와 헤겔 철학의 관계가 무대 중앙에

---

13 Duménil, G. (1978). *Le concept de loi économique dans Le Capital*, Avant-propos de L. Althusser. Maspero, Paris.

14 Marx, K. (1963b), p. 273.

15 Marx, K. (1963b).

등장한다. 변증법은 이 책에서 중요한 역할을 하지만, 여러 이유에서 그러한 주제를 직접적으로 다루지는 않을 것이며, 오직 몇 가지 원칙들만을 때때로 상기시킬 것이다.[16]

우선 변증법에서 마르크스의 분석에 항상 숨겨져 있는 정의적 차원 definitional dimension을 들여다볼 필요가 있다(이 첫 번째 측면에서 헤겔이 행한 오성understanding과 이성reason 범주의 구별을 떠올릴 수 있다).[17] 우리가 역사 동역학(또 다른 구성 요소로서 계급투쟁)이라 부른 것의 구성 요소 중 하나인, 생산력과 생산관계 사이 **차이**의 배후 또는 "위에서", "생산력/생산관계"에 대한 어떤 "명명되지 않은" 개념 내부의 상위 통일성unité supérieure을 확인할 수 있다. 예를 들어 한편으로 생산력을 현존하는 기술과 동일시하고, 다른 한편으로 생산관계를 재산권과 동일시하는 것은 불가능하다(마르크스는 이를 이해시키기 위해 때때로 필사적인 노력을 기울였다). 기술은 사회 및 조직 체계 내부에서 실행되어야 하며, 그에 대한 분석은 생산관계의 영역에 속한다. 대칭관계가 명확해지는데, 예를 들어 소유관계를 기술적으로 규정된 생산방법 또는 특정한 활동 범위와 독립적으로 생각할 수는 없다. 따라서 위의 종합적인 개념에 의존하여 그러한 규정들을 통일적으로 파악할 수 있다.

여기서 이루어지고 있는 분석에서 상당히 적절한 변증법의 두 번째 측면이 존재한다. 바로 내적 모순의 전개를 통해 지배되는 사회적 과정이다.[18] 이는 의심할 바 없이 마르크스가 "생산관계와 사회적 생산력 사이

---

16 Duménil, G. (1978).

17 Hegel, G. (1970). *Encyclopédie des sciences de la logique. I - La science de la logique(1817-1830)*. Librairie philosophique J. Vrin, Paris, pp. 7-112. 베르나르 부르주아의 설명을 참고하면 좋다.

18 마르크스의 변증법이 갖는 이러한 두 가지 측면에 대한 구별은 에마뉘엘 르노의 마르크스 변증법에 관한 연구에서 잘 드러난다. 르노는 마르크스의 분석과 칸트의 "부정적 가치negative values"에 대한 이론을 연결시킨다. "칸트의 부정적 가치론은 인식의 모순과 현실적인 대립이 이질적 적대의 두 범주를 정의하기 때문에" 마르크스의 접근법과 어떤 관계를 수립할 수 있다(Renault, E. (2013). *Marx et Philosophie*. Presses Universitaire France, Paris, pp. 43-44).

의 현실적 대립”에 준거하여 역사 동역학에 접근하는 방식의 한 측면이다. 하지만 개별적이거나 집합적으로 이루어지는 순수하고 단순한 “투쟁”과 변증법을 혼동하면 안 된다. 생산력 및 생산관계와 관련한 두 가지 측면(인식의 변증법과 현실적 모순의 변증법) 사이에 명확한 고리가 존재한다고 할 수 있지만, 항상 그런 것은 아니다.

생산양식은 일부 사람들이 노동자들이 행한 노동 일부를 몰수하는 제도적 틀을 이야기한다. 그렇게 일부가 전유하는 노동을 “잉여노동”이라고 부른다. 모든 생산양식은 이러한 잉여노동 추출의 주요 구조main channel of extraction of surplus-labor를 통해 정의된다. 봉건제와 자본주의에 한정하여 그러한 구조를 각각 다음과 같이 볼 수 있다. 1) 봉건제와 관련해서는 농노(특히 농업에서), 더 일반적으로 부역을 치르는 자로서 노동자들에게 강제 노역을 부과할 수 있는 영주의 역량 및 상당한 양의 “세금”을 징수할 수 있는 영주의 권력, 2) 자본주의에서 그것은 잉여가치이다.

이러한 정의에 따르면 “주된” 착취구조에 준거하는 것이 중요하다. 심지어 자본주의 내에서 그리고 그 근본적인 메커니즘에 집중해 보면, 특정한 임금으로 노동자의 노동력을 구매하고 특정한 가격으로 재화와 서비스를 판매하는 것은 다양한 착취 형태에 근원을 두고 있을 수 있는데, 그러한 가격과 임금이 결정되는 메커니즘은 상위계급에 유리한 쪽으로 편향되어 있다. 기업 내에서 “시장 메커니즘”이라 이야기하는 끊임없는 기만 행위가 일어나고 있다. 문화, 보건 또는 환경과 관련된 수많은 비시장 메커니즘들도 유사하게 비틀어져 있다.

착취는 언제나 집합적 차원에서 일어난다. 잉여노동이 어떤 사회적 공간에서 추출되어 다른 곳에서 실현되기 때문이다. 잉여노동의 열매를 할당하는 복잡한 과정을 이미 봉건제에서 관찰할 수 있다(특히 영주와 가신들 사이의 관계를 통해). 자본주의 생산관계의 수립은 이러한 메커니즘을 급격하게 변화시켰다. 자본주의 생산양식 내에서 사회적 착취 과정에 대한 이론(잉여가치의 추출과 실현)은 가치 분석에 기초한 자본의 가치증식 또는 잉여가치에 대한 이론이다. 가치는 상품론의 기초 개념이며, 그 설명력은 교환의 확장 및 생산물의 상품으로의 지속적인 전화에 달려 있다. 이러한 사실로부터 시장과 그 화폐 메커니즘이 충분히 성숙하지 않는 한 가치론을 충분히 전개할 수 없다. 반대로, 마르크스의 정식에 따르면, 자본주의가 상품관계를 일반화한다.

우리가 강조한 바와 같이, 마르크스 역사이론의 개념들은 결코 《자본》 안에 있는 정치경제학 개념처럼 세밀하게 정의되지 않는다. 우리는 이것이 "본질적"으로 불가능하다고 생각한다. 확실히, 마르크스가 항상 충실했던 과학적 지식의 근본 원칙에 입각하여 역사이론의 개념들이 구성되었으며, 체계적 이론 내부의 상호관계를 통해 기초 개념들의 정의에 부과되는 제약들이 존재한다는 점이 중요한 한 측면이다. 마르크스의 역사이론과 관련된 잉여노동의 추출 구조 및 생산양식 사이에 존재하는 어떤 엄격한 관계들이 있다. 이런 측면에는 어떤 "유연성"도 존재할 수 없다. 더 익숙한 정식화의 과정 속에서 우리는 그러한 관계들을 명확하게 확인할 수 있다. 이러한 기초 위에서 다른 다양한 속성들을 생산양식 분석에 첨가할 수 있다. 하지만 이러한 속성들은 생산양식, 즉 잉여노동의 착취구조에 대한 확실한 식별에 준거해서만 유도해낼 수 있는 것이다.

위에서 설명한 생산관계 및 잉여노동 추출 구조 사이의 관계가 마르크스 역사이론의 핵심에 있다. 어쨌든 이 책 나머지 부분에서 이러한 관계들을 분석하고, 마르크스 이론의 설명력을 현대사회로 확장하려고 한다.

경제이론과 경제주의

경제에 대한 최소주의적 접근 및 좁은 관점에 기초한 "생산"양식 이해에 대해서 제기되어 온 중요한 비판들이 있었으며, 이런 비판들은 마르크스의 역사이론 또한 "경제주의"와 관련된 것으로 보기도 한다.

여기서 관련 논쟁을 설명하기는 불가능하지만, 이러한 논쟁과 관련된 몇몇 사람의 이름을 이야기할 수 있다. 제일 먼저 떠오르는 이는 경제주의의 오류Economitic Fallacy라는 개념을 사용한 칼 폴라니이다.[19] 그는 《거대한 전환》에서 마르크스가 데이비드 리카도의 계승자로서, 경제관계에 기초하여 계급구조를 분석하고, 자본가계급의 다양한 분파들 사이의 사회적 긴장에 준거하여 정치적 논쟁을 해석했다고 주장했다.[20] 사람들은 마르크스를 경제주의자라고 비판한 코르넬리우스 카스토리아디스Cornelius Castriadis나 그 밖의 다른 사람들을 떠올리기도 한다. 우리는 이 문제와 관련하여 에드워드 P. 톰슨(이하 E. P. 톰슨)의 경우, 명확하게 판단하기 어렵다고 본다.

많은 연구자들이 어떤 시기의 구체적인 특징들을 바탕으로 삼아 주요 착취구조에만 준거할 수 없는 다양한 측면과 복잡한 성격이 존재한다고 주장하면서 마르크스를 경제주의자로 간주하곤 한다. 하지만 그것에는 자아도취적인 측면이 있다. 분석틀을 그저 단순하게 거부하는 경우도 있지만 마르크스가 상부구조로 분류한 것들까지 생산양식으로 포함하여, 어떤 시기의 주요 특징들을 망라하기 위해 그것의 개념적 경계 너머로까지 확장하는, 이해하기 힘든 경향도 존재한다. 이것이 1970년대 이루어진 중요한 논쟁의 출발점이었고, 마르크스의 틀을 불편하게 받아들이는 이들에게 널리 퍼져 있는 관점이다.

우리가 생산양식 이론을 통해 어떤 역사적 시기의 모든 측면을 이해할 수 있다고 주장하려는 것은 아니다. 어떤 상황과 사건들을 별개의 시기, 나라 또는 지역들 사이에서 비교해 보면 중요한 차이가 드러난다. 실제로 농노제를 동유럽 또는 서유럽에서 똑같이 발견할 수 없으며, 연대기적으로 봤을 때도 상당한 차이가 존재한다는 점을 또한 알 수 있다. 과거에도 그랬고, 현재에도 여전히 하나 이상의 자본주의 형태를 발견

---

19 Polanyi, K. (1977). "The Economistic Fallacy." *Review* (Fernand Braudel Center), 1(1), pp. 9-18.

20 Polanyi, K. (1944). *The Great Transformation*. Rhinehart, New York, p. 150.

할 수 있다. 마르크스의 분석을 통해 공통된 특성을 식별하고 더 높은 복잡성의 수준에서 원래 같은 줄기에 뻗어 나온 가지들을 유도해낼 수 있다면, 그 속에서 분석의 타당성을 확보할 수 있다.

많은 경우에 이른바 경제주의와 같은 모든 일원론적mono-causal 해석에 반하는 특징들을 다양한 생산양식에 공통적인, 인간 사회 역사의 일반적 성격들에서 찾을 수 있다. 우리가 마르크스를 통해 관리자들을 분석할 4장에서와 같이, 마르크스는 바로 이러한 방식을 통해 관료제에 접근하고 있다. 마르크스는 사회의 수많은 다른 측면들을 자명한 것으로 여기거나 이론적 일반화로 이어지기 힘든 것으로 보았다.

때때로 마르크스는 "경제구성체economic formation" 또는 "사회구성체social formation"라는 개념에 준거한다. 우리는 이를 생산양식 개념의 확장으로도 볼 수 있다.[21] 이러한 표현은 생산양식과 동의어로서《정치경제학 비판을 위하여》에서 한 번 그리고《자본》1권 31장 초반부에서도 사용된다.

생산양식의 발전 과정 속에 존재하는 "중첩overlap" 때문에 추가적인 어려움이 발생한다. 봉건제에서 자본주의로의 이행은 길고도 복잡한 과정이었으며, 주요 지리적 특성 및 다양한 종류의 제도적 조합을 통해 나누어진다. 한 가지 양식(특정 역사적 맥락 속에서 전형적으로 지배적인 양식)으로 정의될 수 있는 어떤 사회를 상상하기 어렵다는 게 정말 진실이다. 과거의 형태가 다양한 정도로 생존하고 훨씬 더 놀랍게도, 새로운 사회관계 집합의 씨앗이 새로운 양식의 첫 단계로부터 싹터 오며 이후를 예견하도록 한다.

앞에서 소개한 두 가지 의미에서, 변증법의 역할에 대한 새로운 표현 및 역사적 분석의 주요 열쇠 중 하나가 바로 그러한 혼합적 생산관계hybridization 구조에 대한 인식이다. 여기에는 이 과정의 이중성 및 그 내적

---

21 Balibar, É. (1970). "The Basic Concepts of Historical Materialism." In Althusser, L. and Balibar, É. (eds.), *Reading Capital (Part 3)*, pp. 199-325, New Left Book, London, p. 207.

모순들 모두가 연루되어 있다. 이 책의 나머지 부분에서 우리는 두 중첩된 생산양식이 갖는 특징적 사회관계들의 조합을 지칭하기 위해 "사회구성체"라는 용어를 사용할 것이다. 이는 우리가 마르크스가《자본》1권 31장에서 "경제적 사회구성체"라는 표현을 사용했던 것과 상응하는 것으로 판단하는 방법이다.

> 중세는 두 가지 서로 다른 형태의 자본을 남겨 놓았는데, 그것은 매우 다양한 경제적 사회구성체 가운데서 자라나 자본주의 생산양식의 시대 이전에 이미 자본 일반으로 인정받은 두 가지 형태, 즉 고리대자본과 상인자본이다.[22]

이 책에서 우리는, 관리자본주의 및 고리대자본과 상인/상업자본이 중요한 역할을 하는 8장에서, 자본주의와 봉건제 사이에서 일어난 생산관계의 변혁을 비교하는 과정에서 발현되는, 사회구성체 내에서 이루어지는 혼합적 생산관계를 주된 테마로 다룬다.

생산양식에 준거한다는 경제주의에 대한 비난은 1970년대 동안 이루어진 상부구조와 토대 사이의 구별에 관한 논쟁과 직접적으로 연결된다. 마르크스는 토대와 관련하여 생산양식을 엄격하게 정의하고 있다.

> 이러한 생산관계가 현실적 기초인, 사회의 경제적 구조를 형성하며, 그 위에 정치 및 법적 상부구조가 세워지고, 그에 특정한 형태의 사회적 의식형태가 조응한다. 물질적 생활의 생산양식이 지적, 정치적, 사회적 삶의 일반적 과정의 조건이다. 인간의 의식을 통해 그들의 존재가 결정되는 것이 아니라 그들의 사회적 존재가 의식을 결정짓는다.[23]

---

22 Marx, K. (1977). *Capital*, Volume I(1867). First Vintage Book Edition, New York, p. 914. [옮긴이] 강신준 옮김,《자본》I-2. 길, pp. 1005-1006에서 인용.

23 Marx, K. (1970). Preface, *A Contribution to the Critique of Political Economy* (1858). Lawrence and Wishart, London.

우리는 이러한 점에서 마르크스와 일치한다.

알튀세르는 상부구조와 토대 사이의 상호작용과 관련하여 《재생산에 대하여》에서 이 관계의 명백한 본질을 분석하였다.

토대와 상부구조가 맺는 구체적 관계를 통해 토대의 기능 조건이 재생산되기 때문에 이러한 "상호작용"(그것은 결코 상호작용이 아니다)에 대해서는 그다지 명료하게 설명하려고 하지 않았다.[24]

경제적 자유주의의 이데올로기적 토대를 자유시장에 대한 강박적인 호소로부터 찾을 수 있으며, 이것이 만들어 내는 사회적 기능을 생각해 볼 수 있다. 이를 통해 이러한 상호관계의 본질에 접근할 수 있다. 우리는 이 자유시장(자유무역) 이데올로기를 자본주의 생산관계에 준거해서만 이해할 수 있다. 자본주의를 통해서만 "시장"의 완전히 자유로운 작동, 즉 자본가들의 완전히 자유로운 활동이 달성될 수 있다. 하지만 대칭적으로, 자유무역 이데올로기가 자본주의 생산관계를 분석하는데 필요한 이론적 기초를 제공할 수는 없다. 왜냐하면 자본주의는 시장경제 그 이상이기 때문이다. 사실, 상위계급들은 자유시장을 통해 자본주의 계급구조를 식별할 수 없도록 하는 "이미지"를 부과한다. 그러나 자유시장 이데올로기는 자본주의 생산관계를 유지하는 데 영향을 주고 이데올로기는 이러한 목적으로 가공된다. 알튀세르는 이러한 점을 상기시킬 필요가 있다고 보았다.

우리는 자본주의 생산관계가 출현하던 시기인 15세기부터 18세기 사이의 역사적 전환의 복잡성과 관련한 여러 가지 것들을 이야기할 수 있다. 하지만 우리는 심지어 엄청난 규모의 정보 축적으로 봉건적 강제

---

24 Althusser, L. (2014). *On the Reproduction of Capitalism. Ideology and Ideological state Apparatuses.* Verso, London, New York, p. 163, http://libcom.org/library/reproduction-capitalism-louis-althusser

에 기초한 상위계급의 소득구조(그 임의적 성격 또는 관습 혹은 성문법 내에 기입된 것과는 독립적인)에서 자본주의적 생산 메커니즘에 기초한 계약적 구조channel로의 이행과 관련된 해석의 근본적인 설명력이 수정될 수는 없다고 생각한다. 생산관계의 변화는 부차적 역할을 수행하는 것이 아니라 이러한 이행에 대한 일반적 해석에서 근본적 역할을 한다. 이것이 마르크스 역사이론의 대상 그 자체다.

계급과 소득의 형성

계급 분석은 생산양식 이론의 완전한 보완재이다. 우리는 두 가지 목적으로 계급구조를 식별하려고 한다. 우선 이 장의 목표이기도 한 주어진 생산양식 내의 착취와 지배 메커니즘을 설명하는 것이다. 그리고 두 번째로는 사회적 투쟁의 복잡성을 설명하려고 한다. 이것은 다음 절의 대상이다.

자본주의 계급구조에 대한 더 세밀한 연구를 위해서는 잉여노동의 추출 구조에 계속 주목할 필요가 있다. 잉여가치의 전유는 두 가지 별개의 [소득] 플로우, 즉 이윤과 지대의 분할로 연결된다. 따라서 잉여노동의 전유와 "권력" 사이의 분리할 수 없는 관계들을 결합하는 세 가지 기준, 즉 1) 생산수단과 관련된 지위, 2) 잉여노동을 전유하는 주요 구조, 3) 다양한 상위계급 분파들 사이로의 잉여노동 성과의 배분과 계급 분석은 최종적으로 결합한다.

"계급들"이라는 제목을 달고 있는 《자본》 3권 52장을 보자. 첫 번째 단락에서 "현대사회의 3대 계급"을 언급하고 있다. 바로 이 장은 《자본》의 마지막 부분에 달려 있으며, 《자본》 전체 세 권에서 소개한 정치경제학의 근본 개념들과 계급들의 목록 사이의 관계, 특히 임금과 잉여가치의 두 부분으로의 분할을 그 기준으로 사용하고 있다.

임금, 이윤, 지대를 각각의 수입 원천으로 하는 단순한 노동력의 소유자, 자본의 소유자, 토지 소유자[즉, 임금노동자, 자본가, 토지 소유주]는 자본주의적 생산양식을 기초로 하는 현대사회의 3대 계급을 이룬다.[25]

상위계급들의 어떤 분파는 자본이 아니라 토지 또는 영유할 수 있는 자연 자원에 대한 소유권을 바탕으로 잉여가치의 일부분, 즉 지대를 받는다. 마르크스는 자신의 분석틀에 따라 토지가 가격을 가질지는 모르지만 자본은 아니라고 보았다. 따라서 만약 잉여가치와 관련한 유일한 기준이 선택되었다면 2개가 아니라 3개의 계급을 자본주의 내에서 확인할 수 있다. 이론적 정교화를 통해 획득될 수 있는 새로운 분해 과정이 있을 수 있다. 예를 들어 다양한 범주의 자본가들을 화폐자본가, 기능자본가로 분류할 수 있고, 각 집단이 전체 잉여가치 중 일부를 각각 이자(그리고 배당), 기업이윤으로 획득한다고 말할 수도 있다. 하지만 그 논리는 같다.

소득의 원천 모두를 다루고 있는 것은 아니다. 마르크스는 명확한 질문을 제기한다. "무엇이 계급을 형성하는가?" 그 대답은 "그것은 수입의 원천과 수입 사이의 동일성identity이다." 그러나 그는 다음과 같은 방식으로 분석을 더 진행한다.

그렇지만 이런 관점에서 보면, 가령 의사와 관리도 두 계급을 형성할 수 있다. 왜냐하면 그들은 서로 다른 두 사회적 집단에 속하고, 두 집단의 각 구성원의 수입은 각각 같은 원천에서 나오고 있기 때문이다[각 집단은 그들에게 고유한 원천으로부터 수입을 얻는다]. 마찬가지로 사회적 분업을 통해 노동자계급, 자본가계급, 토지 소유자 내부로도 여러 이해관계와 지위로 무한

25 Marx, K. (1981). *Capital*. Volume III (1894). First Vintage Book Edition. New York, p. 1025, www.marxist.org/archive/marx/works/download/pdf/Capital-Volume-III.pdf [옮긴이] 강신준 옮김, 《자본》 III-2, 길, p. 1172에서 인용했다. 단, 인용 과정에서 강신준이 사용한 근대사회라는 번역어를 현대사회로 바꿨다.

히 세분화될 수 있으며, 예를 들어 토지 소유자들은 포도밭 소유자, 경지 소유자, 삼림 소유자, 광산 소유자, 어장 소유자로 분할될 수 있다.[26]

이것이 바로 《자본》의 비극적인 마지막 문장이다. 마르크스가 이 문단을 위의 "관점"을 반박하기 위해 썼음은 명백하다. "수입의 동일성"에 대한 문제는 더 나아간 구체화 과정이 없다면, 계급을 정의하는 기준으로 적절하지 않다.

역사 동역학의 "객관적" 구성 요소인 계급투쟁

다소 엄격하거나 아니면 느슨하거나 상관없이, 마르크스주의 추종 집단 내부에서 계급구조 및 계급투쟁에 대한 정의는 생산양식에 대한 준거만큼 또는 그보다 더 논쟁적으로 남아 있다. 그러한 스펙트럼의 한 극단에서 우리는 경직된 또는 "전형적paradigmatic"인 접근을 볼 수 있다. 그러한 관점을 통해 계급 대립은 엄격하게 자본가계급에 대한 프롤레타리아의 혁명적 투쟁에 한정된다. 또 다른 극단에서는 생산관계 내로 계급을 고정하는 것을 경제주의라 여기고, 사회 문화적 결정 요소를 더 중요시한다. 그렇게 계급투쟁에 대한 준거를 더 넓은 사회적 대립 개념 속에 용해해 버린다. 우리는 이 두 접근 중 어느 것도 설득력이 없다고 본다.

"경직된" 접근이라고 지칭한 것부터 시작해 보자. 생산양식 분석에 기초한 기초적 계급적대를 언급하기 위해서는 계급투쟁을 좁게 정의할 필요가 있다. 이러한 관점에서 보면, 자본가와 프롤레타리아 계급 사이의 적대는 자본주의 내의 기초적인 계급적대이며 동시에 두 계급은 계급투쟁을 통해 서로 경쟁하고 있다. 《공산당 선언》과 마찬가지로 레닌

26　Marx, K. (1981). *Capital.* Volume III (1894). First Vintage Book Edition. New York, p. 1025, www.marxist.org/archive/marx/works/download/pdf/Capital-Volume-III.pdf [옮긴이] 강신준 옮김, 《자본》 III-2, 길, p. 1173에서 인용했다.

의 《국가와 혁명》[27]에서도 혁명과 사회주의의 건설을 일차적 과제로 삼고 있다. 프롤레타리아 계급은 투쟁의 힘과 확고한 조직을 전제로 승리할 수 있으며, 높은 수준의 계급의식을 가지고 있어야만 한다.

상위계급들이 항상 더 높은 정치적 의식을 갖는 만큼 자연스럽게 계급의식이 강조되곤 했다. 아래로부터의 투쟁이 상층부의 특권을 위협하거나 더 급진적으로 동시에 상위계급의 실존을 위태롭게 할 때 인구 중 더 나은 형편에 있는 분파들 사이에서 연대가 급격히 나타나며, 역습에 대비하여 국가라는 요새로 퇴각하라는 신호가 울려 퍼진다.

이러한 맥락에서 "즉자적in itself" 계급과 "대자적for itself" 계급의 구별이 때때로 이루어진다. 마르크스는 저작의 한 구절에서 "자본과 대립하면서" 이미 존재하고 있던 계급(즉자적 계급)과는 달리 노동자 대중이 "대자적으로 하나의 계급을 구성하는" 역사과정을 언급한 바 있다.[28] 노동자계급은 전형적으로 임금 상승을 목표로 그 대결이 하나의 "내전", 즉 "정치투쟁"이 되는 지점까지 투쟁한다. 두말할 나위 없이 이는 역사적으로 적절하다. 더 높은 정도의 의식과 조직으로 발전할 때, 계급투쟁은 그 자체로 정치적이다.

위와 같이 부르주아와 프롤레타리아 사이의 확고한 대립으로 계급투쟁을 바라보는 관점이 마르크스 역사이론의 한 부분이라는 데 이견

---

27 Lenin, V. (1974). "The State and Revolution: The Marxist theory of the state and the tasks of the proletariat in the revolution (1918)." In *Collected Works.* Volume 25, Progress Publishers, Moscow, pp. 381-496.

28 "경제적 조건들은 먼저 그 나라의 대중을 노동자로 바꾸어 놓았다. 자본의 지배는 이 대중에게 하나의 공동의 지위, 공동의 이해를 만들어 주었다. 이리하여 이 대중은 자본에 대해서는 이미 하나의 계급이지만 자기 자신에 대해서는 아직 그렇지 않다. 우리가 단지 그 몇 몇 국면들만을 지적했던 투쟁 속에서 이 대중은 결합하고 자신을 대자적 계급으로 구성한다. 대중이 옹호하는 이해는 계급의 이해가 된다." [옮긴이] 최인호 외 옮김,《칼 맑스, 프리드리히 엥겔스 저작 선집 1》, 박종철출판사, p. 295, 발췌]. Marx, K. (1973). *The Poverty of Philosophy* (1847). Progress Publishers, Moscow, www.marxists.org/archive/marx/works/1847/poverty-philosophy/, Chapter 2, Part 5; Andrew, E. (1983). "Class in itself and class against capital: Karl Marx and his classifiers." *Canadian Journal of Political Science*, 16(3): 577-584.

이 있을 수 없다. 하지만 이러한 관점은 조심스럽게 받아들여야만 한다. 이런 너무 경직된 관점으로 인해 민중 계급과 서로 다른 상위계급 분파들 사이의 대립의 다양한 모습들을 아주 편협하게 묘사할 수 있기 때문이다. 이는 과거의 특수한 대립을 평가하는 일뿐만 아니라 현대사회의 일반적인 역사 동역학을 해석할 수 있는 역량과도 관계가 있다.

다양한 계급 분파들 사이에서 끊임없이 재형성되는 동맹 과정을 고려하면서 상위 및 하위 계급들 내부에서 표현되는 계급 내적 투쟁을 관찰한다면 더 유연한 접근이 가능할 것이다. 이러한 투쟁들은 사회세력들의 모든 구성 부분의 잠재적인 승리와 후퇴 과정에서 일어나는 위 또는 아래로부터의 투쟁과 연결된다. 투쟁은 기업과 일상생활 속에서, 교육, 언론, 종교활동, 철학과 경제학 그리고 병역 관련 문제 등 여러 측면과 관련되어 벌어진다. 민중 계급의 착취에 대한 느낌은 심지어 편향되거나 거칠게 표현되고 여전히 계급의식이 확보되지 않았을지라도 명확하다.

상부구조와 토대를 구별하는 것과 계급 개념과 계급투쟁들에 부여되어야 하는 경계들을 논의하는 것은 아주 긴밀히 연관되어 있다. E. P. 톰슨은 계급과 상부구조에 대해 석연치 않은 판단을 내린 적이 있다. 이는 주제와 관련된 불확실성을 잘 말해 준다.[29] 한편으로 톰슨은 상부구조와 토대를 구별하는 일에 대해 "여러 다른 것 중 한 측면에 이론적 우선성을 부여하는 것은 불가능하다"거나 토대에 준거하는 것은 "비인간적이고 맹목적인 물질적 힘들"이 "그 자체로 어떤 의지, 심지어 의식"을 가지고 있다고 말하는 것과 마찬가지라고 쓴 적이 있다.[30] 하지만 그는 《영국 노동자계급의 형성》에서는 확실히 다음과 같이 말하기도 한다. "인간들이 태어나거나 비자발적으로 들어가게 된 생산관계를 통해 계

29 Thompson, E. P. (2013). *The Making of the English Working Class*. Penguin Books, London, New York.

30 McNally, D. (1993). "E. P. Thompson: Class Struggle and historical materialism." *International Socialism*, 61에서 인용하였다. 이러한 문제를 톰슨의 팜플렛 *The Poverty of Theory: or an Orrery of Errors* (1978). Merlin Press, London, 1995에서도 확인할 수 있다.

급적 경험이 결정된다."[31]

우리는 대립을 계급투쟁의 구성 요소로서 지칭하는 근본적 특징을 ("객관적이며 주관적인 규정들" 사이의 대립에 따라서) 미리 주어진 객관성, 즉 생산력과 생산관계 그리고 계급구조의 변화가 전진하고 있는 과정 내에서 역사 동역학의 "객관적" 구성 요소로서, 억압과 투쟁 사이의 상호작용들이 갖는 본질에 주목하는 것이라 보고 있다. 따라서 마르크스 역사이론의 기본 원칙들의 통일성(생산력/생산관계, 계급구조와 계급투쟁이라는 세 요소)은 유지된다.

자본주의 생산관계 초기 단계에 대한 분석에 한정해서 자본주의와 봉건제 사이의 이행에 준거할 때, 우리는 다음과 같은 두 가지 사례를 떠올릴 수 있다. 이러한 두 범주의 전개 과정은 일회적인 것이 아니라 자본주의 생산관계의 진보에 결정적인 요소다. 이러한 대립들을 계급투쟁으로 정의하는 과정과 관계된 논쟁이 상당수 존재한다.

1. 기계제와 공장 체계는 자본주의 생산관계 성립에 중요한 단계들이었다. 이는 노동자들에게 파괴적인 상황을 초래하였다. 19세기 초반 영국에서 일어난 기계 파괴와 연관된 러다이트 운동은 이러한 대립의 명확한 사례다(적어도 17세기 초반 유사한 투쟁이 이미 벌어진 적 있다). 마르크스는 《자본》 1권에서 이 운동의 참가자들이 기계와 기계의 사용 사이의 차이를 여전히 구별하지 못한다고 썼다. 노동자들이 기계와 자본에 의한 기계의 사용 사이의 차이를 구별하고, 물질적 도구에 대한 공격이 아니라 이러한 도구들을 사용하는 사회형태를 공격하게 되기까지는 경험과 시간이 필요했다.[32] 마르크스가 여기서 자신의 역사에 대한 고유한 관점을 더 장엄한 구조물 안에서 고수하고 있다는 점은 명확하다. E. P. 톰슨

---

31 Thompson, E. P. (2013). *The Making of the English Working Class*. Penguin Books, London, New York, p. 9.

32 Marx, K. *Capital*. Volume 1, pp. 254-255.

은《영국 노동자계급의 형성》에서 러다이트 운동에 대한 세심한 연구를 진행했다. 그는 러다이트 운동을 역사 흐름에 대한 노동자들의 퇴행적 투쟁이라고 보지 않았다. 그것은 삶의 방식과 문화를 방어하려는 생존을 위한 인간 공동체의 투쟁이었다.

우리는 러다이트 운동이 노동자들이 관련한 문제들에 기저한 일반적인 환경과 쟁점들을 아직 인식하지 못하여 사실상 그들이 경제적·문화적 생존을 위해 투쟁했던 시기의 계급투쟁의 구성 요소로서 고려되어야만 할 사회적 투쟁의 초기 형태를 보여주고 있다고 본다.[33] 마르크스 그 자신도 그러했던 것처럼, 분석가들로서 그리고 최종적 깨달음의 결과로, 우리는 러다이트 투쟁을 산업혁명 기간에 벌어진 노동자와 자본가 사이의 역사적인 계급 대결의 한 에피소드로 이해하고 있다. 러다이트 스스로 어떤 인식에 도달할 수는 없었겠지만, 우리는 여기서 국지적이며 시기에도 맞지 않는 생산관계들을 가로질러 벌어진 반항이 아니라 자본주의 생산관계의 새로운 단계가 진행되고 있다는 점을 볼 수 있다. 우리는 잘 식별된 집단적이거나 개별적인 상호작용과는 독립적으로, 같은 시대에 벌어진 다른 광범위한 반란들과 러다이트와 같은 특정한 분쟁 사이의 연결고리를 수립할 수 있다. 의식과 정치적 "결과들"의 정도를 전제하여 어떤 계급투쟁의 행위자가 존재하는 것은 아니다.

2. 자본주의 생산관계의 진보와 관련된 두 번째 측면은 모든 무역 장벽을 소멸시키는 것이었다. 여기서 18세기 프랑스 구체제(앙시앵레짐) 때 일어난 밀가루 전쟁les Guerres des farines[34]을 언급할 수 있을 것이다. 그

---

33 동일한 사건 과정에 대한 별개의 접근들 사이에서 벌어지는 노골적인 대립들을 여기서 발견할 수 있다. Noble, D. F. (ed.) (1995). *Progress without Peolple: New technology, umemployment, and the message of resistance.* Between the Lines, Toronto, Appendix: Karl Marx against the Luddites, p. 146; Bourdeau, V., Jarrige, F., and Vincent, J., (2006). "La passé d'une désillusion: Les Luddites et la critique de la machine." *Actuel Marx*, 39, pp. 145-172.

34 [옮긴이] 1775년 프랑스에서 일어난 폭동. 무역 거래 자유화 법안을 제정하고 식량 수급을 통제하는 왕실 기구를 무력화했다. 민중들은 이에 따른 곡물 가격 상승에 저항했으며, 루이 16세는 이를 폭력적으로 진압했다. 중농주의자들이 주장한 원리는 자유방임laissez-faire이었다.

시기 민중 계급은 상업자본이 주된 역할을 하며 부상 중이던 파괴적인 자본주의 생산관계의 자유로운 팽창에 우호적인 "경제학자들"(프랑스의 중농주의자들과 영국의 고전학파)이 영감을 준 정책들의 결과에 대항하여 생존을 위해 싸웠다.[35] 시골 노동자들이 E. P. 톰슨이 말한 "잉글랜드 군중의 도덕경제"[36]와 같은 것을 공유하고 있었다는 점을 부인할 수 없다. 그러나 그러한 투쟁은 계급투쟁의 일부였다(톰슨이 이러한 점을 부정했다고 말하는 것은 아니다). 프랑스 밀가루 전쟁은 프랑스 혁명의 전개에서도 중요한 역할을 했다.

우리는 여기에다가 마르크스가 심혈을 기울인 노동일labor day 규제를 위한 투쟁을 추가할 수도 있으며, 확실히 이것 외에도 여러 사례를 들 수 있다.

생산력과 생산관계의 역사 동역학 과정을 간섭하는 사회적 투쟁이 발생하고, 그러한 사회적 투쟁으로 (상위계급들을 위한) 새로운 생산관계의 역사적 출현 과정의 주요 단계들이 실현되거나 (민중 계급을 위한) 생산관계의 달성이 지연된다면, 마르크스의 역사적 틀이 갖는 일관성을 확보할 수 있을 것이다. 이러한 사회적 갈등들을 그 행위자들의 의식 수준과는 독립적인 계급투쟁의 구성 요소로서 해석해야만 한다.

위에서 우리가 이야기한 사회적 대결들과 관련해 보면, 계급의식의 명확한 출현을 목격할 수 없다는 점에 대해서 말할 수 있다. 오늘날 이러한 의식은 상실되었지만, 그것이 상실되었다고 해서 투쟁의 본질이 변화하는 것은 아니다. 우리는, 신자유주의가 뿌리내리는 과정에서

---

35 Thompson, E. P., Bertrand, V., Bouton, C., Gauthier, F., Hunt, D. and Ikno, G. (1988). *La Guerre du Blé au XVIIIe Siècle*. Les Éditions de la Passion, Montreuil.

36 Thompson, E. P. (1971). "The moral economy of the English crowd in the eighteenth century." *Past and Present*, 50, pp. 76-136. [옮긴이] 도덕경제는 단순한 물질적 경제관계 이외에 전통 및 관습 등에 연루된 경제를 의미한다. E. P. 톰슨은 이를 18세기 영국에서 일어난 식량 폭동과 관련지어 설명한다.

와 같이, 계급동맹 및 계급권력의 측면에서 사회갈등을 해석할 수 있는 능력을 포함하여 계급투쟁의 측면에서 현대의 발전 과정을 해석할 수 있는 역량이 쇠퇴했다고 2부에서 주장할 것이다(10장 부록에서는 미셸 푸코의 분석을 논의한다). 아주 잘 알려진 "해체deconstruction"라는 형태로 마르크스의 분석틀이 뒷걸음치자 파괴적인 이론적이며 정치적인 결과들이 나타났다.

4
마르크스의 관리자 분석

앞 장에서는 생산관계와 계급구조에 대해 논하면서 두 가지 기준적 범주를 사용하였다. 1) 계급 또는 개인들의 생산수단과 맺고 있는 위치, 2) 잉여노동의 추출과 그것의 주요 경로 및 다양한 상위계급 분파들 사이의 할당. 두 가지 측면 사이에는 직접적인 고리가 존재한다. 생산수단에 대해 갖는 위치는 잉여노동에 대한 접근을 좌우하는 주요 결정 요소이다. 자본주의에서 이러한 관계를 거의 명확하게 확인할 수 있다. 자본주의는 생산수단의 사적소유에 기초한 생산양식이며, 이러한 소유권이 잉여노동 추출의 조건이다.

자본주의적 생산양식 내에서 자본 소유로부터 발생하는 주된 혜택은 이윤에 있다. 자본 소유권 이외에도 오늘날 관리라고 부르는 지속적인 임무를 통해서 이윤을 획득할 수 있다. 따라서 이번 장에서는 이전 장에서는 다루지 않았던 자본주의 내의 사회관계 중 두 번째 측면을 보려고 한다. 자본 소유자들은 자본의 유통circulation과 가치증식valorization의 주체다. 그 자본가들 뒤에서 하급 직원들의 지원을 받는 경영 관리자들의 모습을 발견할 수 있다. "가치증식"은 잉여가치의 추출 및 실현을 가리키고 "유통"은 자본순환 내에서 이루어지는 생산자본, 상품자본, 화폐자본으로의 자본 형태의 변형을 가리킨다. 자본가적 기능에 대한 분석이 이번 장의 일차적 대상이다. 이 장에서 우리는 마르크스가 저작에서 관리자들에 대해서는 민간기업들의 기능에만 엄격히 한정지어 설명하고 있다는 점을 두 번째로 다루려고 한다. 하지만 또 다른 관리자 계급의 구성원이 존재한다. 우리는 마르크스가 관료들(또한 마르크스는 "행정관료"라는 표현도 사용한다[1])이라고 부른 상위 관료 분파까지 그 개념을 확장할 것이다. 하지만 마르크스는 국가의 관리administraion와 기업의 경영관리 사이의 어떤 관계도 수립하지 못했다. 게다가 마르크스는 고위 관료를 관료 집단으로부터 분리하지 않았고, 민간 및 군사 관료를 하나의 기관으로 이해했다.

이와 같이 계급구조 내의 민간 및 공적 부분의 관리자들이 차지하고 있는 지위에 대한 새로운 연구가 필요하다.

소유자 및 관리자로서 자본가

19세기 중반에 활동적 자본가들active capitalist과 수동적 주주들passive partner, associés passifs 사이에 분리가 이미 일어나기 시작했다. 따라서 우리는 마르크스가 적극적 자본가들 또는 "기능자본가founctioning capitalist"[2]와 자본의 단순 **소유자들** 사이의 구별을 《자본》 3권을 전개하는 데 주요 대상으로 삼고 있음을 쉽게 확인할 수 있다. 기능자본가에 대비되는 또 다른 형상을 "화폐자본가"에서 찾을 수 있다(종종 "금융자본가"로 번역되기도 한다).

이와 동시에 마르크스는 관리자와 소유자로서의 기능자본가들에게 주어지는 "기업이윤"과 화폐자본가들이 실현하는 기금의 선대에 대한 보수로서의 "이자"라는 두 가지 소득 범주를 구별한다. 한편으로 법적 의미의 소유권과 활동으로서의 관리 그리고 또 다른 한편으로 소득의 두 범주에 대한 구분은 꽤 명확한 정식화의 대상이다.

---

1 앞에서 인용한 《자본》 3권의 마지막 부분에서 마르크스는 이렇게 썼다. "이런 관점에서 보면, 가령 의사와 관리도 두 계급을 형성하는 것이 될 것이다. 왜냐하면 그들은 서로 다른 두 사회적 집단에 속하고…."

2 [옮긴이] 기능자본가는 경영·관리 분야에서 적극적으로 활동하는 산업 또는 상업 자본가들을 가리킨다.

기능자본가는 이자 낳는 자본의 대표자들처럼 한가하지 않다. 자본주의적 생산에 기초하여 자본가들은 생산과 유통 과정을 지도·감독한다. 생산적 노동을 착취하려면, 자본가들 그 자신이 이를 달성하건 다른 사람에게 이름을 빌려주어 대신하건 간에 상당한 노력이 필요하다.[3]

기능자본가들은 일정한 범위 내에서 생산과정 그 자체에 참여한다. 마르크스는 매뉴팩처 내 분업의 한 측면으로서 노동의 "지적" 차원이 기능자본가 개인 안으로 집중되는 역사적 과정의 존재를 명확히 확인했다.

생산과 관련한 지적 능력이 많은 방면에서 소멸되고 그 때문에 한 방면에서는 그것이 오히려 확대된다. 부분노동자들이 잃어버린 것은 그들과 대립되는 자본에 집적된다. 부분노동자들에게 물적 생산과정의 지적 능력들이 타인의 소유로 [또 자신들을 지배하는 권력으로] 나타나는 것은 매뉴팩처 분업이 만들어 낸 하나의 산물이다. 이 분리 과정은 각 노동자들에 대해 자본가가 사회적 노동 조직체의 통일성과 의지를 대변하는 단순 협업에서 시작되어 노동자를 부분노동자로서 불구로 만드는 매뉴팩처를 통해 더욱 발전하며, 과학을 자립적인 생산능력으로서의 노동에서 분리시켜 자본에 봉사하게끔 만드는 대공업에서 완성된다.[4]

그러나 기능자본가들은 주로 노동력 관리, 투입물 구입, 생산물 판매와 같은 마르크스가 자본가들의 기능이라고 부른 것들을 실현하기 위해 활동한다.

또한 자본가계급은 다양한 부문들로 자본을 할당하는 중요한 활동

---

3 Marx, K. (1981). *Capital*. Volume III (1894). First Vintage Book Edition, New York, p. 503, www.marxists.org/archive/marx/works/download/pdf/Capital-Volume-III.pdf

4 Marx, K. (1977). *Capital*, Volume I. First Vintage Book Edition, New York, p. 482. [옮긴이] 강신준 옮김,《자본》I-1, 길, pp. 495-496을 참조 및 인용했다. 본문은 번역을 바탕으로 수정했다.

을 한다(마르크스는《자본》3권 초반[5]에서 경쟁에 대한 분석을 수행하면서 이를 다루고 있다). 동일 기업 내에서 생산물의 차별화를 통해 이러한 할당이 실현될 수 있다. 하지만 역사적 환경의 변화에 따라 별개의 기업들이 이러한 과정에 연루된다. 이러한 과정에서 자본의 부문 간 "이동성"을 확보하는 데 신용 메커니즘이 상당히 중요한 역할을 한다. 금융제도의 진화에 상응하는 이러한 "집합적" 기능은 은행가들과 산업자본가들 사이에서처럼 어떤 위계관계의 기초가 될 수 있다.

마르크스는 특히 위의 관찰로부터 임금노동자로 관리 및 생산 업무를 위임하는 것과 관련하여 이어질 수 있는 사회관계들의 실타래를 푸는 데 성공하지 못했다. 지금부터 그것에 대해 이야기하려고 한다.

이윤율을 극대화하는 임금노동자 행위자

그런데 마르크스는 그보다 더 나아갔다.《자본》3권에는 기업관리의 주요 행위자로 봉급쟁이 감독자가 등장한다. "자본주의 생산은 자본 소유와 전적으로 분리된 상위 감독 노동이 흔해지는 단계에 도달하였다."[6] 또는 더 구체적으로 다음과 같이 이야기한다.

> 주식회사(신용제도와 함께 발달하는)는 일반적으로 이 관리 노동을 점점 더 자본(자기 자본이든 차입 자본이든)의 소유와 분리된 기능으로 만드는 경향이 있다. […] 그리고 또 다른 한편으로 차입된 것이든 그렇지 않든, 어떤 명목의 자본도 소유하지 않은 단순한 관리자가 기능자본가 그 자신이 수행해야 할 모든 실질적인 기능을 수행하게 됨으로써, 이제 기능인만 남게 되고 자본가는 별로 쓸모없는 사람으로서 생산과정에서 사라진다.[7]

---

5 Marx, K. *Capital*, Volume III, Chapter 9.

6 Marx, K. *Capital*, Volume III, p. 511.

7 Marx, K. *Capital*, Volume III, p. 512. [옮긴이] 강신준 옮김,《자본》III-1, 길, pp. 509-510.

마르크스는 여기서 20세기 전반기 동안 학자들의 주요 관심사였던 "소유와 관리의 분리" 및 (산업들 간 자본 할당 과정에서 핵심적 역할을 하는) 금융기관의 등장을 이미 예상하고 있었다. 하지만 마르크스의 일반적 분석과 그가 고수해 왔던 정치적 관점에서 볼 때, 위와 같은 내용은 매우 위험한 진전이었다. 새로운 사회관계들의 체계가 (생산직 노동자들의 지위를 넘어선) 임금노동자들의 신분과 관련하여 등장하고 있었다.

하지만 이것은 이를 둘러싼 복잡성의 한 측면에 불과했다. 봉급을 받는 관리자들 말고도 사무직 직원들과 같은 임금 위계관계의 낮은 수준에 있는 노동자들 또한 자본가들의 업무를 수행하게 된다. 마르크스는 이 문제를 해결하기 위해 생산노동을 잉여가치를 만들어 내는 가치 창조 노동으로 엄격하게 정의하였다. 이는 따라서 소득분배의 형식적 채널을 둘러싼 기준을 임금노동으로 정하기를 포기한 것이다. 마르크스는 상업 업무(상품 판매)를 수행하거나 사무실의 직원(기업 회계를 담당하는) 그리고 봉급을 받는 관리자들 곁에 있는 공장의 감독관 같은 사람들을 생산적 노동자로 분류하지 않았다.

우리가 생산과정 내에서 잠재적으로 생산적인 성격을 갖는다고 이야기하는 지적 업무들과는 별도로, 마르크스는 자본가의 노동과 마찬가지로 관리자의 노동도 기업 이윤율의 극대화를 목표로 한다는 점을 분명히 했다(예를 들어 상업 관련 활동을 하는 종업원들의 노동은 자본의 회전을 가속화하여 기업의 수익성을 증가시킨다). 마르크스는 위와 같은 범주의 노동자들에게 지급되는 임금을 이러한 행위자들의 상응하는 행위를 통해 증대된 이윤으로부터 차감되는 거래비용(마르크스의 용어로는 유통비용)으로 분류한다. 그는 이러한 행위를 잉여가치를 획득하거나 창조하는 기초로 보지 않는다(잉여가치가 생산물의 판매로부터 나타나는 것은 아니다).

따라서 관리 업무를 책임지는 집단 또는 개인들과는 독립적으로, 생산적 노동자들의 노동과는 별개의 자본주의 기업 내에서 실행되는 그 어떤 노동 형태라도 이윤 극대화라는 유일한 목적을 갖는 것으로 고려된다. 마르크스는 상당히 조심스럽게 그러한 엄격한 이론적 구별을 수행하였다.[8] 엄격히 이야기하자면, 이윤 극대화 노동이라 부를 수 있었던 것은 관리보다는 넓은 영역에 걸쳐 있었다. 왜냐하면 그것에는 노동력 하위계층에 속해 있는 종업원들의 노동도 포함되기 때문이다(예를 들어 판매원을 "관리자"라고 부를 수는 없다).

마르크스처럼 자본주의 생산관계 이론 속에 이윤율 극대화 개념을 통합하는 것은 상대적으로 용이하다. 하지만 골치 아픈 문제가 여전히 남아 있다. 위계관계 내의 위치와는 별도로, 자본가들 곁에서 이윤율 극대화 업무를 하는 사회적 범주들, 즉 관리자들과 비생산적 종업원들에 대한 착취에 대해서는 문제의 답이 주어지지 않았다.[9] 잉여가치 추출에 평행하는 두 번째 착취구조의 도입이 확실히 이루어지지 않은 것이다.

민간 관리자들의 역사적 부상과 관련하여, 이러한 전개 과정이 자본주의 생산관계를 지양하는 전조, 즉 그가 추구한 바에 따르면 사회주의 형태로의 이행으로 해석되어야 한다는 관점이 마르크스가 가지고 있던 가장 놀랄 만한 직관이었다.

> 이것[주식회사 내에서 일어난 소유와 관리의 분리_저자 삽입]은 자본주의 생산양식 내에서 자본주의 생산양식을 폐지abolition하는 것이며, 따라서 어떤 자멸적self-abolishing 모순으로서, 그 모순은 **일견**_prima facie_ 새로운 생산형태로 넘어가는 단순한 통과점으로 나타난다.[10]

심지어 더 구체적으로 다음과 같이 말한다.

8 Duménil, G. and Lévy, D. (2004). "Production and management: Marx's dual theory of labor." In Westra R. and Zuege A. (eds.), _Value and the World Economy Today: Production, Finance, and Globalization_, Palgrave, pp. 137-157.

9 Marx, K. (1978). _Capital_, Volume II(1885). First Vintage Book Edition, New York, p. 210.

10 Marx, K. _Capital_. Volume III, p. 569. [옮긴이] 강신준 옮김, 《자본》 III-1, 길, p. 588.

자본주의적 생산이 고도로 발전한 결과 만들어진 이것(주식회사)은 생산자의 소유로 재전화—그러나 이제 이 소유는 개별화된 생산자들의 사적소유가 아니라 결합된 생산자들의 소유[즉 직접적인 사회적 소유]로서 생산자의 소유이다—하기 위한 필연적인 통과점이다. 또 다른 한편으로 그것은 재생산 과정에서 지금까지 자본 소유와 결합되어 있던 모든 기능이, 단지 결합된 생산자들만의 기능[즉 사회적 기능]으로 재전화하기 위한 통과점이기도 하다.[11]

관료들

마르크스가 정부 관료들에 대해 어떤 방식으로 접근했는지 보는 것은 훨씬 더 어려운 문제들을 제기한다(마르크스가 《브뤼메르 18일》에서 행했던 국가와 관료들에 관한 가장 명확한 설명을 다음 장 부록에 정리하였다).

마르크스가 행정을 보는 성원들을 결코 계급으로 보지 않았다는 점이 중요하다. 그는 관료들을 "실제 사회계급 곁에서" 나타난 "인공적인 특권계급caste"이라고 묘사하곤 했다.[12] 이러한 평가는 바로 앞 장에서 도입된 원리들의 결과다. 계급의 정의에 사용된 준거들을 관료들에게 적용할 수는 없었다. 사회구조 내 관료들의 지위는 생산수단과의 관계 속에서 정의되지 않는다. 관료들은 모든 생산양식에서 존재하고 발전해 왔으며, 관료의 소득은 잉여노동의 역사적 추출 경로를 통해 마련된 기준들과 일치하지 않는다. 마르크스의 분석틀 내에서 관료의 수입은 생산적 노동자들로부터 추출된 잉여노동 부분에 대한 과세 체계를 통해 이전되는 배출분 중 하나로 이해될 수 있다. 상위 공무원들이 상대적으로 고임금을 받는다는 사실에는 의심의 여지가 없지만, 마르크스가

---

11   Marx, K. *Capital*. Volume Ⅲ, p.568. [옮긴이] 강신준 옮김, 《자본》 Ⅲ-1, 길, p. 586.

12   Marx, K. (1963a). *The Eighteenth Brumaire of Louis Bonaparte* (1851). International Publishers, New York City, p. 64. www.marxists.org/archive/marx/works/1852/18th-brumaire/

발전시킨 사회이론은 역사이론의 구성 요소로서 계급구조를 처리하고 있으며, 이를 불평등 분석으로 오인해서는 안 된다. 이론적 기초가 제공되어야만 한다.

상위 공무원들과 상위계급의 또 다른 성원들을 구별하는 문제가 꼭 이론적인 것만은 아니다. 역사를 보더라도 상위 공무원과 상위계급 사이의 엄격한 경계를 유지하기는 언제나 어려웠다. 예를 들어 프랑스 앙시앵레짐 시절에는 행정부 내에서 높은 지위를 얻는 것이 "법복 귀족 noblesse de robe"이라 부르는 귀족에 오를 수 있는 수단이었다. 차르 시대 러시아에서는 국가기관 내 중요한 기능을 맡는 개인들이 세습 또는 비세습 귀족에 오를 수 있었다. 이런 식으로 귀족 지위를 얻고 출세하는 것을 좋은 사람이라서거나 충성스러운 일처리에 대한 보상으로만 이해해서는 안 된다. 지배계급 바깥의 사람들이 권력을 행사하는 것은 사회의 위계관계에 기초한 지휘권의 특권들이라는 이데올로기와는 모순된다.

설명력을 확장하자

민간 관리와 상위 정부 관료들에 대한 마르크스의 역사이론 및 정치경제학의 설명력은 다양한 정도로 별개의 내용을 갖기는 하지만, 곧바로 한계에 직면했다.

1. 마르크스는 기능자본가의 업무가 봉급생활자 관리자로 위임되었음을 관찰하고 있었지만,《자본》에서는 이러한 역사적 추세가 기초하는 생산관계의 변화를 사실상 분석하지 못했다. 마르크스는 그러한 생산관계의 발전을 고려하려고 자신의 정치경제학 범주들을 급격히 변화시키지 않았다. 하지만 마르크스는 사회주의 또는 사회주의적 사회구조의 전 단계를 의미하는 "새로운 생산형태"를 향한 예비적 단계로서 생산관계의 역사적 변화와 관련한 강력한 직관을 가지고 있었다.

2. 마르크스는 동일한 방식으로 특히 경찰 및 군사적 기능을 강조하면서 그 안에서 일어나고 있는 관료들의 성장 또한 의식하고 있었다. 하지만 그는 더 긴급한 국가관계에서는 분석의 초입에 머물러 있었다. 우리가 알기로 마르크스는 국가 공무원들과 민간 관리자들의 증가와 그들이 지닌 힘의 성장 사이의 관계를 결코 연결 짓지 않았다.

이러한 두 가지 측면에서 마르크스의 분석틀을 더 광범위하게 수정해야 할 것 같다. 이는 6장에서 "관리자본주의"의 잡종적 형상 및 생산관계의 전개 속에서 새로운 고리로서 등장하는 "관리주의"를 진정으로 이해할 수 있을 때만 가능하다.

5
사회성과 계급사회

이 장에서 우리는 3장에서 행한 마르크스의 역사 동역학과 사회에 대한 분석의 조화로운 통일체가 실은 어떤 이중적인 이론적 구조를 은폐하고 있다고 주장할 것이다.

마르크스와 엥겔스는 자본주의를 특정 시기, **계급사회로서** 인간의 사회역사 내에 주어진 생산양식으로 묘사하였다. 하지만 다소 "상식적인" 성격 때문에 간과되어서는 안 되는, 덜 분명한 방식이기는 하지만 마르크스와 엥겔스 분석의 구성 요소 중 하나인, 역사 동역학의 두 번째 측면이 존재한다. 정부 또는 법과 같은 계급관계의 한계를 초월하는 명료한 메커니즘을 통해 지배되는, 사회의 일반적 과정이 실행되고 생산이 실현되는 관계들의 네트워크 내부에서 인간들이 상호작용한다는 점이다. 우리는 이러한 인간관계의 차원을 "**사회성 이론***theory of sociality*"의 영역이라고 부른다.

이러한 이중적 구조에 대한 인식 때문에 역사 동역학을 단일한 과정으로서 이해해야만 한다는 사실에 의문을 제기하려는 것은 아니다. 사회성은 항상 계급사회의 틀 속에서 진전해 왔다. "현실적으로" 이를 완전히 분리한다는 것은 불가능하다. 사회의 역사 동역학의 이중적 과정으로, 그러한 방식으로 이해해야 한다는 것이 우리의 테제다. 다양한 측면의 현상을 별개의 이론적 관점과의 조합을 통해서 연구해야만 한다.

3장에서 이야기했듯이, 경제는 사회관계 분석의 기본적인 구성 요소이다. 마르크스와 엥겔스는 《독일 이데올로기》에서 인간들이 상호작용하는 일차적 영역을 물질적 삶의 생산이라고 지적하였다. 사회 속의 삶으로서 사회성의 일차적 측면을 볼 필요가 있지만, 그 개념은 이러한 종류의 사회적 상호작용의 장이 좁은 의미의 생산보다도 더 광범위하다는 사실 또한 고려하게 한다. 이는 사회관계의 다양한 또 다른 차원들을 잠재적으로 포함한다. 국가와 법과 같은 일반적인 사회의 조직화가 문제이지만 성차gender나 "인종"과 관련한 불평등과 같은, "계급들을 관통하는trans-classes" 차원들의 잠재적 형태들도 포함한다.

역사 동역학에 대한 연구가 사회성을 분석할 때 결정적인 역할을 한다. 마르크스와 엥겔스는 자본주의적 생산관계의 필연적 지양을 이야기하면서도, 그것이 사회성 정도의 증가 경향 또는 생산력 진보와 결합한 생산의 사회화로부터 시작하는 인간 사회 역사 내의 "사회화" 경향 또한 증가시킨다고 지적하였다. 이런 점에서 마르크스와 엥겔스는 자본주의를 점진적으로 더 세련되고 효율적인, 더 일반적으로 사회·경제적인 네트워크의 거대한 구조물로 인식하였다. 따라서 자본주의에 뒤이은 계급지배로부터의 해방과 새로운 사회의 조직은, 다소 혼란스러운 방식이기는 하지만 동시에 1) 자본주의 생산관계가 위기를 통해 자기 파괴되는 과정이며, 2) 사회화의 진전을 향한 자본주의 내부로부터 일어나는 "사회주의"의 확대로부터 비롯된다고 볼 수 있다. 마르크스와 엥겔스는 이러한 역설적 조합을 식별하는 것이 유토피아적 사회주의와 자신들의 과학적 사회주의를 구별하는 필수적 요건이라고 보았다. 유토피아 사회주의가 인간 정신으로부터 생성된 "건축물"이라면, 과학적 사회주의는 역사 동역학의 산물이다(과학적 사회주의가 잠재적인 이론적 구성의 대상으로 분석할 수 있는 것임에도).

마르크스와 엥겔스가 이야기한 "해방"은 계급지배로부터의 해방을 의미한다. 그것은 암묵적으로 계급지배를 소멸시키면, 다른 측면의 지배 또는 소외 또한 사라질 것이라는 점을 의미하는데, 너무 성급한 단순화이다.

"사회성": 작업장 관리

우리는 사회성 이론과 계급사회들에 대한 이론을 마르크스의 유명한 작업장 내의 생산과정 분석에 준거하여 단순하게 묘사할 수 있다. 마르크스는 잠재적으로는 관리자들까지 포함하여 자본가들을 오케스트라 지휘자에 비교한다. 지휘자의 활동이 집합적 과정을 실행하기 위해 개입된다. 하지만 필요할 때마다 이러한 지휘자는 또한 사회관계 안에 자리 잡은 구체적인 훈육 형태를 부과하는 행위자이기도 하다. 이런 일이 모든 계급사회 안에서 이루어진다.

> 감독과 지휘 노동은, 직접적 생산과정이 독립된 생산자들의 개별화된 노동이 아니라 사회적으로 결합된 과정의 형태를 띠고 나타나는 곳에서는 어디에서나 필연적으로 발생한다. 그러나 이 노동은 이중의 성질을 갖는다.

> 한편으로 많은 개인들이 서로 협력하는 모든 노동에서는 그 과정의 연관과 통일성이 필연적으로 하나의 통솔 의지로 나타나는데, 이 의지란 곧 작업장에서의 한 부분 노동이 아니라 그 작업장의 총체적 활동에 해당하는 기능을 의미하며, 마치 오케스트라의 지휘자에 해당하는 것과 같은 기능이다. 이것은 모든 결합적 생산방식에서는 반드시 수행되어야 하는 하나의 생산적 노동이다. 다른 한편으로, [···] 이런 감독 노동은 직접적 생산자로서 노동자와 생산수단 소유자 간의 대립에 기초한 모든 생산양식에서 필연적으로 나타난다.[1]

마르크스가 간략하게 이야기했듯이, 생산을 집합적인 과정으로서 직접 접근할 때 경제 메커니즘의 이러한 "이중성"을 가장 쉽게 이해할 수 있다. 이는 생산의 계급적 본질에서 유래하는 특징들과 관련된 계급

---

1 K. Marx. (1981). *Capital*, Volume III (1894). p. 507. [옮긴이] 강신준 옮김,《자본》III-1. 길, pp. 503-504.

사회의 생산에서 비롯되는 결정 요소들을 일단 배제한 것이다. 사회성의 관점에서 생산을 고려한다면, 생산 참가자들은 그들의 숙련(역량)을 표현하는 곳에 다양하게 위치하게 되며 다양한 업무를 수행해야만 한다. 중앙 조직 및 조정 메커니즘을 통한 상호작용 또는 시장을 매개로 연결되는 기업들 내에서뿐만이 아니라 기업들 사이에서 유래하는 분업이 존재한다. 반대로 계급사회의 관점에서 보면, 개인들은 생산수단과의 관계 속에서 여러 지위를 부여받게 되며 이는 (개인들의 여러 위치를 정의하는) 생산관계 개념을 중심으로 분석된다. 이 분석의 핵심에서 잉여가치 추출 구조를 발견할 수 있다.

이를 매우 단순화시킬 수 있다. 기술적으로 얽혀 있는 생산과정 내의 개별 생산자들 또는 소유자 또는 생산자로서의 인간들이 기계 및 건축물과 맺는 상대적 위치를 고려하는 두 가지 방식이 존재한다. 어떤 "수직적인" 차원이 계급 위계관계에 근거하는 것은 아니지만, 어떤 다른 업무 "위에" 위치한 업무로서 기술적 체계 내에 연루되어 있을 수 있다. 계급들과 생산관계는 사회관계를 통해 이러한 분업과 생산과정 내의 위치들을 "다시 나누고", "모형화시키며", 이는 결국 지배의 도구로 활용되는 특정한 배치와 관련된다. 사회적 위계관계의 재생산을 목표로 하는 계급적 편향성에 따라서 기술적 분업이 구성된다.

생산의 사회화: 자본가와 관리자

마르크스와 엥겔스는 **사회화**의 역사적 과정으로서 사회성의 진보에 대해서도 명확하게 다루었다. 《자본》1권의 "자본축적의 역사적 경향"에서 마르크스는 자본주의 생산관계의 역사 동역학에 내재한 "노동의 사회화"를 언급하고 있다.[2] 즉, 자본주의를 통해 노동이 사회화된다. 이러한 맥락에서 보면 노동이라는 용어는 다소 제한적으로 보인다. "생

---

2   Marx, K. (1981). *Capital*, Volume III (1894). First Vintage Book Edition, New York, p. 928.

산의 사회화"가 더 적절한 정식화일 것이다. 동시에 "사회화된 생산"이라는 주제는 엥겔스가 《유토피아 사회주의와 과학적 사회주의》[3]에서 행한 연구의 중심에 있다. 이는 역사가 진보함에 따라 기업과 경제 전반에서 더 세련된 조직 형태가 실행된다는 관점이다. 마르크스와 엥겔스의 저작 속에서 사회화에 대한 어떤 체계적 논의를 발견할 수는 없지만, 우리는 마르크스와 엥겔스가 역사를 이해하고 과학적 사회주의를 개념화하는 데 중요한 개념 중 하나로 이러한 사회화 개념을 제시했다고 본다.

사회화의 역사적 경향과 관련한 마르크스와 엥겔스의 직관은 이후 수십 년간 그리고 몇 세기 동안 이어진 역사적 경향들을 통해 완전히 입증되었다. 그 이론적 기초의 관점에서 보면 마르크스와 엥겔스의 분석에 추가될 만한 것은 그리 많지 않다. 자본가계급이 생산의 사회화를 진전시키는 주요 주체다. 자본주의적 상인들이 매뉴팩처 내에서 선대제putting-out system[4]로 운영되는 다양한 형태의 가내수공업, 농업의 상업화 및 생산 네트워크 확대의 추진자들이었다. 이후에 마르크스가 묘사한 집합적 생산과정의 역사적 경향이라고 할 수 있는 대공업과 공장 체계가 도입되었다. 자본주의적 소유권과 관련된 제도들의 극적인 변화가 요구되었다. 국제/국내적 차원의 시장과 교통수단의 변화도 문제였다.

자본주의적 소유자들과 함께, 관리자들은 조직화를 진전시키는 주요 행위자다. 사실상 인류 역사에서 "관리"라는 형태가 언제부터 시작됐는지 이야기하기는 불가능하다. 마르크스도 상당 정도로 확대된 생산자들 사이의 협력은 위로부터 관리되어야만 한다고 말한 적 있다. 이집트 피라미드도 "관리자들"의 통제 아래서 건설할 수 있었다! 노동자들에게 규율이 부과되어야 할 필요가 있고, 기획이 필요하며, 그 계획의 진전 과정을 엄격히 감독해야 한다. 전쟁 상황이 아니더라도 배들은 명령을

---

3 Engels, F. (1972). *Socialism: Utopian and Scientific* (1880). International Publishers, New York, www.marxists.org/archive/marx/works/1880/soc-utop/cho3.htm

4 [옮긴이] 상인들이 화폐 및 원료를 선대하여 이루어지는 매뉴팩처 내의 생산체계.

따라 운용된다. 어디에서든지, 도시뿐 아니라 시골에서도 계급지배와 접목된 기술 체계의 필수적 확장으로서 관리의 진전을 목격할 수 있다.

따라서 감시와 감독 업무의 위임은 자본주의보다 훨씬 오래된 것이다. 농업과 산업의 초기 형태만 봐도, 거대 경작지 및 다양한 사업 범주들에 대한 관리를 재산 관리자들과 일반 관리자들이 도맡아 하기도 했다.[5] 시드니 폴라드Sidney Pollard는 《현대 관리의 탄생》에서 영국 산업혁명 동안 그리고 심지어 그보다 이전에 있었던 초기 관리 형태의 놀라운 측면을 보여주었다.[6] 앞에서 우리가 인용한 마르크스의 서술에서 표현되었던 것과 같은, 규율과 조직화를 분리하기는 불가능했다. 관리자들은 노동자들에게 규율을 부과하고 그들을 훈육하는 많은 일들을 했지만, 여러 가지 다른 업무들을 "관리자들, 사무직 직원들, 기술자들"과 같은 이들에게 위임하기도 했다.[7] 그렇게 위임받은 이들은 장비의 실행과 원료 구입을 위한 외부 컨설턴트로 기업 내에서 활동했다. 특히 아동노동과 같은 노동력 사용을 위한 "하도급 업자"로의 업무 위임이 상당히 광범위하게 이루어지고 있었다.[8] 존 포스터John Foster는 《계급투쟁과 산업혁명》[9]에서 이러한 메커니즘의 중요성을 생생하게 묘사하고 있다. 포스터는 "새로운 노동자 계층이 출현하여, 위로부터 기술적으로 정식화된 지침의 실행을 확보할 수 있게 해 주었다"[10]고 강조하였다. 이들은

---

5   예를 들어, 16세기 초 유럽에서는 공동출자comparsonnage 체계 내에서 귀족과 평민들이 광산을 공동으로 소유하고 있었으며, 광산은 관리자들의 지휘 아래 운영되었다. Bischoff, G. (2010). *La guerre des paysans*. La nuée bleue, Strasbourg, pp. 78-81.

6   Pollard, S. (1965). *The Genesis of Modern Management: A Study of the Industrial Revolution in Great Britain*. Edward Arnold, London.

7   Pollard, S. (1965). p. 55.

8   Pollard, S. (1965). 2장 3절 그리고 p. 222도 보라.

9   Foster, J. (1974). *Class Struggle and the Industrial Revolution: Early Industrial Capitalism in Three English Towns* (Forward by Professor Eric Hobsbawm). Weidenfeild & Nicolson, London.

10   Foster, J. (1974). p. 224.

"선두 주자pacemaker"이자 "감독관taskmaster"이었다.

19세기에서 20세기로 이행하는 과정에서 관리자본주의는 사회화를 새로운 정도에 도달하게 했다. 그것은 금융기관과 초민족 기업들의 세계적 네트워크 속에서 이제는 익숙한, 현대적 사회화의 형태로 나아갈 수 있게 했다. 역사 속에서, 이러한 관리자들을 어느 정도 범위로, 어느 지점까지 계급을 형성한 것으로 고려해야 하는지가 다음 장의 대상이다.

사회성 이론과 계급사회 이론의 교차점에 있는 국가

이 장 초반에서 인용한 부분에 뒤이은 문장에서, 생산과정 및 작업장과 관련하여 정부의 조정 기능으로까지 확장하는 마르크스의 분석은 매우 흥미롭다.

> 전제정에서 벌어지는 것과 마찬가지로, 정부의 노동에 대한 감독과 전방위적인 개입은 모든 공동체의 본질로부터 기인하는 공동활동의 실행 및 정부와 인민대중 사이의 적대로부터 발생하는 구체적인 기능들 모두와 연루되어 있다.[11]

마르크스는 이 문장을 통해 작업장과 국가 사이를 직접적으로 비교한다. 우리가 사회에 대한 이중적 이론이라고 부를 것의 두 가지 측면이 여기서 명확하고 분명하게 강조되고 있다. 1) 사회를 정의하는 "모든 공동체의 본질로부터 기인하는 공동활동." 2) 계급사회에 대한 이론에서처럼 "정부와 인민 대중 사이의 적대로부터 발생하는 구체적인 기능들." 우리는 위와 같은 지적에도 불구하고, 마르크스가 생산의 사회화보다 자본주의 국가에서 이루어지는 공동활동의 실행에 대해 명확하게 설명하지 못한 것에 실망하기도 한다. 이 모든 사례(생산 또는 정부)에서

---

11   Marx, K. (1981). *Capital*, Volume III (1894). p. 508.

"이중성"은 마르크스가 생산과정과 작업장에 대해 말한 인용문에서와 같은 사회화 과정의 주요어라고 할 수 있다.

지금 논의하고 있는 국가의 역할에 대한 마르크스의 관점은 관료의 계급적 위치와 관련하여 4장에서 살펴본 마르크스의 국가이론과 관련된 서술과 유사하다. 마르크스가 상위계급의 권력 유지를 위한 국가의 엄격한 기능 외에 사회성의 중앙화된 행위자로서 국가에 대한 분석을 한 적 있는가? 마르크스는 《브뤼메르 18일》보다 명확한 국가이론을 발전시킨 적이 없다. 국가의 사회적 조직화 기능에 대한 개념은 어렴풋이 존재할 뿐이지만 마르크스는 계급사회에 대한 이론과 완전히 일치하는 "기생적인" 행정기관들에 대해 언급한 적이 있다(《브뤼메르 18일》에서 행한 이러한 분석을 이 장 부록에서 다루어 보았다).

우리는 국가의 "이중성"에 대한 인식 속에서 어떤 모순도 확인하지 못했다. 마르크스가 국가의 조직화 기능 및 그 역사적 증대 경향을 최소화하거나 부정한 이유는 무엇일까? 생산의 역사적 사회화에 대한 논의에서처럼, "공동활동"에 대해서 사회성 및 계급사회에 대한 관점으로부터 동시에 접근해야만 한다. 작업장의 자본가들처럼, 국가는 어떤 식으로든 조직자로서 활동한다. 상위계급의 이해에 독립적인 조직화의 "순수 형태"란 존재하지 않지만, 계급사회에서 실행되는 주요 업무들이 사회적 성격과 기능들을 띠지 않는 것은 아니다. 이들을 바로 이러한 이중적 관점에서 해석할 필요가 있다. 마르크스가 이러한 집중화된 활동으로 혼란스런 경제 과정을 제어할 수 있다고 믿었는지 아닌지는 별개의 질문이다. 하지만 이러한 질문은 완전히 현실적이다.

1. 경제에 대한 정부의 일반적 개입은 오늘날 상당히 중요하다. 따라서 생산의 사회화는 민간의 관리를 넘어서는 국가 및 준국가적 차원의 문제다. 정부는 정책을 통해 개입하며, 법적이며 규제적인 여러 가지 틀이 수립되어 왔고, 주기적으로 갱신된다. 특히 거시경제의 안정성을 확보하

기 위한 다양한 실천들이 존재하며, 어떤 종류의 시장도 스스로 문제를 해결할 수 없다. 중앙은행 및 정부 외에도 세계무역기구WTO 또는 IMF 와 같은 기관들이 글로벌 기관으로 활동하고 있다. 계급사회 안에서 이러한 기관들이 상위계급에 편향적으로 행동하는 것은 당연하다. 이러한 계급적 성격으로 인해 이러한 기관들의 운영 방식은 매번 의심받고 있지만, 그 중앙화된 조직화 절차를 행하는 행위자로서의 존재 자체를 의심받는 것은 아니다.

2. 엄격한 의미에서 경제에 대한 관리 이상으로 중앙기관들의 활동이 이루어지고 있다. 대중교통, 교육, 연구, 보건 및 우리에게 익숙한 수많은 사회적 조직화 영역에서 그 기능이 수행된다. 그리고 특히, 생태계를 보호하는 문제와 관련하여 더 많은 중앙기관들의 활동이 요구되고 있기도 하다.

계급지배로부터의 해방

사회화와 사회주의 사이의 용어상 유사성은 절대로 우연이 아니다. 우리가 이미 언급한 것처럼 마르크스와 엥겔스는 인간해방에 대한 전망을 사회의 조직화의 진보 및 생산력의 진보와 긴밀히 연결시켜 사고했다. 그런 의미에서 엥겔스는 자본주의를 사회주의의 대기실이라고 보았다.

사회화된 생산수단에 의해 물질적으로 충분하며 매일매일 풍요로워질 뿐만 아니라 모두의 자유로운 발전과 물질적이고 지적인 능력의 완전한 실행을 보장하는, 사회 성원 모두에게 그러한 실존을 보장할 수 있는 가능성, 이러한 가능성은 오늘날 처음으로 나타난 것이지만, 존재하고 있는 것이다.[12]

---

12 Engels, F. (1972). *Socialism: Utopian and Scientific* (1880).

별개의 두 가지 과업을 달성해야만 한다. 1) 생산과 더 일반적인 사회적 과정의 터득, 2) 자유, 민주주의 또는 "탈소외de-alienation"의 충족. 하지만 사회화와 사회주의를 모두 성취하는 것이 쉽지 않다는 점을 관리자본주의 국가들과 자칭 사회주의 나라들로부터 확인할 수 있다. 한편 사회화의 역사적 과정은 진행 중이며 다른 한편 계급구조의 끝은 보이지 않는다.

마르크스와 엥겔스가 그랬던 것처럼 우리는 사회화의 진전이 사회주의와 해방의 전제조건이라 주장할 수 있다. 마르크스와 엥겔스는 사회주의와 공산주의의 근거를 "과거로의 회귀라는 관점"이 아니라 역사 동역학에 두었다. 하지만 사회화의 진전이 필연적으로 해방으로 이어지는 것은 아니다. 따라서 우리는 다음과 같은 두 가지 명제를 구분할 필요가 있다.

1. 해방 사회는 고도의 사회화를 전제로 한다(마르크스와 엥겔스에 따르면 이는 "가능성"과 관련이 있다).
2. 고도로 사회화된 사회는 계급지배로부터 해방된 사회이다.

우리는 첫 번째 명제에 대해서는 질문하기도 하고 지지하기도 하지만, 두 번째 명제를 방어하지는 않는다(마르크스와 엥겔스의 이러한 이중적 관점이 자크 비데와 제라르 뒤메닐의 《대안마르크스주의》의 중심 테마였다).

우리는 여기서 마르크스와 엥겔스가 제시한 분석틀의 주요 한계에 도달할 수밖에 없다. 마르크스와 엥겔스는 자본주의를 넘어선 고도로 사회화된 계급사회가 도래할 수 있다는 점을 결코 고려하지 못했다. 우리가 이 책에서 대상으로 삼고 관리주의라고 부르는 것이 바로 이러한 사회다. 그들은 두 가지 목표[사회화와 사회주의]가 잠재적으로 일치하지 못할 가능성을 고려하지 않았다.

인간 사회에 관한 이중적 이론

여기서 제한적으로 고려하고 있는 사회성과 사회화는 단순한 개념들일 뿐이지만, 마르크스와 엥겔스의 계급사회 이론에서 이러한 것들을 결합적으로 고려한다는 것은 결코 익숙한 일이 아니다. 사회화 이론과 계급사회 이론을 더욱 정교하게 구별하면서 이번 절에서 주요 결론들을 간략하게 요약해 보려고 한다.

1. 사회성의 관점에서 이해된 인간 사회의 기능 양식을 두 가지 차원으로 구분할 수 있다. i) 생산의 기술적 측면과 기업들 및 각 산업 부문 사이의 업무 분할 ii) 국내 및 국제적 차원에서 국가 및 준 국가기관들이 확보하는 조직화의 주요 역할.
2. 우리는 위와 같은 두 가지 측면에서 사회성의 수준을 증대시키는 역사적 경향을 "사회화"라고 부른다.
3. 사회성을 증대시키는 경향으로 정의되는 사회화는 생산양식을 가로지르는trans-mode of production 역사적인 경향이다.
4. 자본주의 생산관계의 발전은 역사적인 사회화 과정의 결정적 단계이지만, 관리자 계급이 그 발전을 이끄는 주된 행위자이다.
5. 계급적 성격과는 독립적으로 오로지 사회성의 관점에서만 인간 역사를 해석하는 것은 순전히 그 용어의 경멸적인 의미에서 이데올로기일 뿐이다. 마르크스는 자신의 역사이론을 이러한 순수 이데올로기적 측면을 논파하면서 정교화하였다. 하지만 그러한 해석은 예나 지금이나 주류 이데올로기이다.
6. 위와 같은 진술로 인해 마르크스와 엥겔스가 주장한 사회화를 통해 사회주의의 실행에 요구되는 조건이 창조된다는, 사회화의 전진에 고유하게 담지된 (이 책에서 "사회 진보"라고 부르는 것의 진전이라는 의미에서) 진보적 잠재성이 의문시되는 것은 아니다. 하지만 고도의 사회화가

계급구조의 해체와 폐지로 필연적으로 이어지는 것은 아니다. 이를 연구하기 위해 관리주의라는 개념이 필요한 것이다.

이러한 전개는 이 책 3장에서 이루어진 분석을 다시 한번 반복한다.

1. 우선 우리는 3장 초반에서 마르크스의 생산양식 분석틀을 "유일한" 역사 이론이라기보다는 역사에 "대한on" "하나의a" 이론으로 판단한 조건이 사회성과 계급사회 사이의 구별에서 온다는 점을 알 수 있다. 의심할 바 없이 역사과정 해석의 중심에는 (계급투쟁과 계급구조의 연속으로서 생산력과 생산관계의 동역학에 제약되어 있는) 생산양식의 변화가 있다. 하지만 "역사 동역학"과 관련된 개념들은 엄격한 의미에서 계급 및 생산관계에 대한 분석보다 훨씬 광범위하다는 점에 주목할 필요가 있다.

2. 다른 한편으로 마르크스주의자들은 계급사회 및 사회성에 대한 이론 사이의 구별을 두고 중요한 논쟁을 벌였으며, 이를 E. P. 톰슨과 그가 "현대 구조주의 마르크스주의자들"[13]이라고 부른 사람들 사이에 벌어졌던 논쟁과 밀접한 관련이 있는 것으로 볼 수 있다. 톰슨은《휘그와 사냥꾼들》[14]이라는 책 중 "법의 지배"라는 절에서 구조주의적 접근을 상당히 비판했는데, 이는 우리가 이번 장에서 이야기한 이중적 양상과 직접으로 관련되어 있다.

> 따라서 (우리가 동의하는) 법은 현존하는 계급관계들을 매개하고 강화하는 수단으로서 그리고 이데올로기적으로 그것을 정당화하는 수단으로서 도구적으로 고려될 수 있다. […] 이는 법이 현실을 신비화하거나 은폐하는, 다른 용어로 번역된 계급관계 이상은 아니라고 말

---

13   Thompson, E. P. (1990). *Whigs and Hunters: The Origin of the Black Act* (1975). Penguin Books, Harmondsworth, UK. p. 261.

14   Thompson, E. P. (1990).

하는 것과는 다르다. [...] 때때로 현존 계급관계를 매개(그리고 은폐)하는 것으로 보이는 다른 제도들(교회나 언론)과 마찬가지로, 법은 그 자신만의 특징, 그 자신만의 역사와 진화 논리를 갖는다.[15]

첫 번째 문장에서 E. P. 톰슨은 마르크스의 계급사회 및 상부구조 이론에 동의를 표시한 반면, 마지막 문장에서는 법이 가진 "자신만의 진화 논리 및 독립적 역사"와 "특징"을 언급하고 있다. 후자를 우리의 사회성 이론과 연결할 수 있다. 또한 3장에서 언급한 상부구조 및 토대에 대한 톰슨의 분석을 둘러싼 모호성을 이해할 수 있다. 톰슨은 이와 같은 이론 전개와 관련된 개념들을 제시하지는 못했지만, 역사이론의 이중성에 대한 이해가 필요하다는 점을 주장했다.

부록. 《브뤼메르 18일》에서 국가와 관료. 프랑수아 퓌레의 관점

마르크스는 1년 후 제국의 복귀로 이어지는 1851년 11월 2일의 루이 나폴레옹 보나파르트Louis-Napoléon Bonaparte(루이-나폴레옹) 쿠데타 직후인 1852년에 《루이 보나파르트의 브뤼메르 18일》을 출간하였다.[16]

프랑수아 퓌레François Furet는 마르크스의 정치 분석과 프랑스 혁명에 대한 마르크스주의적 해석에 대한 가장 세련된 비판을 제시했는데, 《브뤼메르 18일》에서 마르크스가 국가의 특징 몇몇을 (계급지배와 독립적인) 자율적 정치체political entity로서 인식하고 있었다는 점을 증명하려고 했다. 퓌레는 프랑스 공산당 당원이었으나 다른 프랑스 학자들과 유

---

15 Thompson, E. P. (1990). p. 262.

16 Marx, K. (1963). *The Eighteenth Brumaire of Louis Bonaparte* (1852). International Publishers, New York City. www.marxists.org/archive/marx/works/1852/18th-brumaire/.

관리자본주의: 소유, 관리, 미래의 새로운 생산양식

사하게 1959년에 당을 탈퇴하였다. 그리고 그는 우파 지식인의 행렬에 합류하였다. 그는 마르크스의 정치적 작업에 대한 탁월한 지식을 가지고 있던 사람이었다.[17]

퓌레는 19세기 중반 프랑스의 두 가지 기본적 특징을 중심으로 자신의 해석을 전개한다. 이에 대해서는 마르크스도 완전히 이해하고 있었다.

1. 국가장치들은 높은 발전 수준에 도달해 있었다.
2. 루이 나폴레옹을 권력 찬탈 과정에서 계급 분할 위에 전술적으로 "위치 시키고" 있었으며, 그는 부르주아 계급의 대표자는 아니었다. 부르주아 지도자들은 쿠데타 직후 (단기간 내에) 투옥되었으며, 그 밖의 이들은 망명길에 올랐다(루이-나폴레옹은 삼촌[옮긴이: 나폴레옹 1세]의 이미지 덕분에 프랑스 농민 계급의 광범위한 지지를 받고 있었다).

우리는 마르크스가 정부기관의 역사적 발전으로 표현되는, 사회성의 진전에 대한 명확한 직관을 가지고 있었다고 생각한다. 하지만 《브뤼메르 18일》은 엄격한 의미에서 마르크스가 행한 최고 수준의 분석 중 하나다.

퓌레의 첫 번째 주장과 관련해서 보면, 마르크스는 계급들 위에 위치한 국가에 대한 성격화와는 반대로, 19세기 중반 동안 국가기관들(경찰과 군대를 포함한)의 팽창을 다가올 혁명의 위협과 민중 투쟁의 강력한 성장을 막기 위한 상위계급 분파들의 대응으로 묘사하였다.

그 광범위하고 독창적인 국가장치와 함께 50만 관료와 50만 군인으로 이루어진 거대한 관료 및 군사 조직은 봉건제의 몰락을 재촉하면서 절대왕정 시대에 등장하여 그 모든 땀구멍을 막아 프랑스 사회의 신체를 조르는 무서운 기생체이다. [⋯] 모든 혁명은 이러한 장치들을 분쇄하지 못했다.

---

17 Furet, F. (1986). *Marx et la Révolution Française*. Flammarion, Paris.

오히려 그것을 완성시켰다.[18]

마르크스가 루이-나폴레옹을 계급들 위에 위치시켰다는 퓌레의 주장은 더 설득력이 없다. 루이-나폴레옹은 분명, 부르주아 지도자의 원형이었다. 그는 부르주아의 이름으로 지배했고 점점 더 부르주아와 함께했다. 앙리 드 생시몽Henri de Saint-Simon 또는 생시몽 추종자들에게서 영향을 받아 1844년 출간된 루이 나폴레옹의 책 《빈곤의 소멸》에서는 노동자들과 관련한 그의 생각을 엿볼 수 있는데, 이는 오늘날 가장 나쁜 종류의 포퓰리즘으로 묘사되고 있다.[19]

《브뤼메르 18일》은 상위계급들이 민중의 계급투쟁에 대항하기 위해 그들이 가장 좋아하는 정부 형태인 부르주아 공화국(그 안에서 그들의 내적 계급모순이 발현된다)을 포기하고 권위주의 정부 형태를 수립하는 "보나파르티즘bonapartism"에 대한 분석으로 잘 알려져 있다(파시즘이나 나치즘의 이론으로 나아가기 위해서는 좀 더 많은 것이 포함되어야 한다). 이런 점에서 우리는 마르크스가 계급 권력과 구조 위에 루이-나폴레옹의 정부를 위치시키려고 했다는 주장을 받아들일 수 없다. 오히려 그 반대다.[20]

퓌레는 마르크스가 앙시앵레짐 국가의 자율성과 관련된 기본적 특징들을 인식하고 있다는 관점에 기초하여 해석했다. 마르크스는 군주제의 구체적 특징들을 아주 잘 이해하고 있었다.

지주와 마을에 대한 영주의 특권은 국가권력의 여러 속성들로 전환되었다. 봉건제의 고위관리는 봉급 받는 공무원들로 전환되었고, 중세의 잡다

---

18 Marx. K. (1963). 제7장.

19 http://gallica.bnf.fr/ark:/12148/bpt6k9628969d

20 10장 말미에서 우리가 "사회질서"에 대한 연구를 통해 마르크스의 국가이론을 어느 정도 구체화하는 모습을 볼 수 있을 것이다. 이러한 분석을 두 계급 사이를 중재(예전 계급의 점진적 변화를 고려한 두 계급 분파)하는 앙시앵레짐 군주제에 대한 연구에 완전히 적용할 수 있다.

한 문서들은 주권권력의 규제된 계획으로 대체되었으며, 공장 안에서처럼 그 업무 또한 분업화되고 중앙집중화되었다.[21]

국가기관 형성의 역사적 과정에 대한 마르크스의 설명을 퓌레가 강하게 영향을 받은 알렉시스 드 토크빌의 1856년 작 《앙시앵레짐과 혁명》의 분석과 비교해 볼 수 있다. 토크빌은 앙시앵레짐이 이미 국가기관들을 상당 정도 개혁한 점과, 그것이 작동한 것을 프랑스 혁명의 주요 성취로 보고 있다. 토크빌의 책 2장 2절, "왜 행정적 중앙화는 앙시앵레짐의 제도이고, 혁명이나 제국의 성과가 아닌가?"에서는 다음과 같이 말하고 있다.[22]

나라의 전반적인 행정이 하나의 단일 기관을 통해 지도된 것처럼, 모든 내정 또한 총감독관le contrôleur général이라는 단일 주체에게 맡겨졌다.[23]

토크빌의 테제는 완화될 필요가 있지만 명백한 실질적 기초를 두고 있다. 퓌레가 말한 것처럼, 마르크스는 앙시앵레짐 기간 국가기관의 등장과 전환에 대해서 잘 알고 있었고, 봉건적 사회관계의 잔존물과 자본주의 관계의 등장 사이의 이행으로부터 나온 중재 권력the power of arbitration 또한 중요하다는 점을 알고 있었다. 그러나 이것으로 계급 위에 앙시앵레짐 국가를 위치시켰다고 볼 수는 없다.

이번 장에서 주장한 바대로, 상황에 따라 한편 또는 다른 한편으로 기울어지는 계급이론과 우리가 사회성 이론이라고 부른 것 사이의 "경계에서" 해석을 시도하였다. 그러나 이것이 전반적인 계급사회에 대한 《브뤼메르 18일》의 관점을 대체하지는 않았다. 마르크스는 사회화의

---

21 Marx. K. (1963). 7장.

22 de Tocqueville, A. (1967). *L'Ancien Régime et la Révolution* (1856). Gallimard, Paris, p. 98.

23 de Tocqueville, A. (1967). p. 41.

역사적 과정을 잘 알고 있었기는 했지만 (퓌레가 분석한 것과 같은 순수 사회성 이론의 변호론적 성격에 대한 반박을 목적으로), 계급사회 이론에 방점을 찍고 있었다.

6
관리주의와 관리자본주의

　　우리는 생산양식들의 이행에 상당한 시간, 실제로 몇 세기 정도가 걸린다고 보며, 이를 봉건제로부터 자본주의로의 이행을 다루는 8장에서도 이야기할 것이다. 그러한 이행에는 뿌리와 가지들이 있다. 관리주의와 같은 도래할 생산양식을 파악하는 데는 상당한 노력이 필요하다. 새로운 양식의 미성숙으로 인해 그 특징들은 굴곡진 채 나타난다. 이전 생산양식과의 고유한 결합 속에서, 역사 특수적인 환경들을 표현하는 그리고 또 그러한 환경들에 의존하고 있는 다양한 잠재적 환경들 configurations 속에서 특징들이 나타난다는 점을 알아야 한다.

　　이번 장 앞의 두 절에서는 이론적 이야기들을 풀어간다. 우선 독립적 생산양식으로서 관리주의적 사회구조를 소개하고, 두 번째 절에서 관리주의와 자본주의의 특징들의 조합으로서 관리자본주의 분석의 기초를 제공한다. 마지막 두 절에서는 관리주의적 관계의 역사적 출현을 다룬다. 1) 19세기와 20세기 이행기에 벌어진 민간 부문 관리혁명, 2) 20세기 동안 엄청나게 증가한 지출로 표현되는 정부개입의 극적인 증가. 이 모든 사례를 미국을 중심으로 분석한다.

생산양식으로서 관리주의—사회화

　　자본주의는 생산수단에 대한 사적소유권에 기초한 사회구조이다. 생산수단의 소유자로서 자본가는 상위계급이며, 그들은 생산수단의 사용과 관련한 결정을 한다. 그들은 상속 또는 결혼을 통해 소유권을 가족 관계 안에서 이전한다.

우리는 사회의 전반적 활동에 대한 기여에 준거하여 **좁은 의미에서 생산**활동 참가와 부재를 대체하는 것을 관리주의 생산관계 분석에서 중요한 한 측면이라고 생각한다. "생산-사회화 양식"이라는 구절을 사용할 필요가 있다. 동시에 계급을 정의하기 위해 생산수단에 대해서 점하게 되는 지위라는 측면을 생산-사회화 수단을 고려하는 쪽으로 확장해야만 하며, 이것은 또한 국가의 자산들을 고려하는 것이기도 하다. 엄격한 의미의 생산을 넘어서, 관리자들은 사회성의 주요 형태들이 자리잡는 데 필요한 우선적 업무들을 수행할 수 있는 지도력을 갖는다. 따라서 어떤 일부 사람들의 수중에 생산-사회화 수단[또는 사회화된 생산수단]의 사용에 대한 결정권이 주어지며, 이것으로 상위계급의 지위가 정의된다.

계급구조를 다음과 같은 방식으로 상징적으로 나타낼 수 있다.

상위계급으로서 관리자
민중 계급 또는 "피관리 계급managed classes"

우리는 이러한 기본적 구조 내에서 예를 들면 관리주의로의 이행 과정에서도 생존할지 모르는 자영업자들과 같은, 관리주의적 생산관계와는 직접적으로 관련이 없는 사회적 범주에 대해서는 언급하지 않을 것이다. 산업노동자, 농업노동자 또는 기타 다른 산업 부문의 노동자와 민간기업, 공적 부문의 노동자를 구별하지 않을 것이다.

교육 및 사회 관계들로부터 나오는 특권들, 가족 내에서 이루어지는 사회적 지위를 보전하기 위한 실천들을 통해 상위계급으로 소속을 유지할 수 있다. 학벌은 상층으로 접근할 수 있는 필요 조건이지만, 관리직 피라미드 내의 지위가 높다 해서 그의 지식수준이 항상 높지는 않다. 더 높은 지위에 올라섬으로써 관련된 역량을 가장 효율적으로 획득할 수 있으며, 이는 어떤 사회적 네트워크 안에 소속되어 있는지에 강력하게 영향을 받는다. 이런 식으로 계급이 "재생산"된다. 하지만 한 세대에서 획득한 사회적 지위가 다음 세대로까지 이어질 수 있다는 확실한 보장은 없다. 한 세대에서 다른 세대로 이어지면서 부를 잃어버릴 수도, 그대로 보장할 수도 있다는 점에서 자본 소유권과 큰 차이가 없다. 고등교육을 받음으로써 능력주의 이데올로기를 보강하여 자본주의 안에서 소유권이 가지고 있는 가치를 대체할 수 있다.

교통, 학벌, 보건, 연구, 환경보전 및 그와 유사한 여러 가지 것들과 관계 있는 사회적 네트워크의 조직화, 금융 및 실물 메커니즘, 거시경제에 대한 관리, 기업과 각 부문 사이의 자원 할당, 투자, 생산과 같은 모든 것들이 이와 관련이 있다. 이러한 측면에서 관리자들 사이의 분업이 존재한다. 역사적 환경들의 변화에 따른 위계관계의 배치를 표현하는 상위계급 내에서 다양한 분파들이 분화된다. 특히, 공적 부문과 민간 부문의 관리자들 사이의 분할을 강조할 필요가 있다. 다른 모든 사회관계처럼 다양한 상위계급 분파들 사이에서 소득과 권력의 분할 사이에 긴장관계가 형성된다.

생산수단들과 맺고 있는 지위와 계급구조의 결정이 관련되어 있고, 잉여노동의 분할과 그 추출 구조 또한 이와 연결된다. 이전 생산양식의 전형적인 구조에 임금의 불평등한 분배와 모든 추가적인 또는 유리한 형태에 내재한 새로운 구조를 고려해야만 한다. 따라서 생산양식의 역사적 변화에 따라 잉여노동 추출의 네 가지 양태를 고려해 볼 수 있다.

1. 마르크스가 말한 "고대" 생산양식에서의 노예들
2. 봉건제에서의 농노들
3. 자본주의에서의 생산 노동자들
4. 관리주의에서의 피관리 계급들

그 정도와 메커니즘의 경우 각각 다르겠지만, 다른 모든 생산양식에서처럼 잉여노동의 추출은 집합적 과정이다. 관리주의를 분석할 때, 자본주의의 이윤과 임금 같은 소득 범주들에 대한 명확한 분류가 존재하지 않는다는 어려움이 있다. 개인들이 사회화된 생산수단과 어떤 관계를 맺고 있느냐에 따라 고임금 관리자들과 저임금의 민중 계급 그리고 각 계급 내 위계관계의 분화가 결정된다. 계급들 또는 계급 분파들 사이의 분리에 대한 분석은 복종-권위 층위에 따른 지위와 업무에 대한 분석에 기초하여야 한다. 관리자본주의와 관련하여 2장에서 행한 것과 같은 경험 데이터의 활용이 하나의 해결책이 될 수 있다.

계급에 기초한 모든 생산양식에 공통적인, 잉여노동의 추출 과정을 강조하는 것이 곧 어떤 특정한 가치론을 필수적으로 전제한다는 의미는 아니다. 마르크스의 《자본》에서처럼, 노동가치론은 상품론의 일부이며, "시장"에서 상품관계가 상당한 정도로 보급되어 있을 때 그 설명력을 확보할 수 있다. 마르크스가 말한 것처럼, 생산물은 상품으로 전화되어야 한다. 노예와 농노는 상품관계가 존재하지 않거나 가까스로 발전되어 있는 사회에서 착취당했다. 상품관계가 사라져 버린, 중앙집중적으로 관리되는 관리사회에서도 같을지 모르겠다. 하지만 이것이 "노동"이라는 물질대사를 구체적 메커니즘에 따라 분석의 대상으로 삼을 수 없다는 점을 의미하지는 않는다.

우리는 17장 "관리주의의 정치학과 경제학"에서 서로 다른 형태의 관리주의 생산관계들이 역사적 환경에 따라 지배적일 수 있다고 주장할 것이다. 예를 들어 우리는 자칭 사회주의 나라들 내의 사회관계를 관리주의로 해석한다. 반면 현재 관리자본주의의 경로 또한 관리적 관계 형태들을 향하고 있지만 별개의 것이라고 주장한다. 관리자본주의의 경우, 특히 시장 메커니즘의 부분적인 생존(아마도 상당 정도 기울어져 있기는 하지만)과 같은 이전의 실천들로부터 이어지는 메커니즘의 유지 또는 이력현상hysteresis을 가정하면서 우리는 기업 관리직들이 자신들이 일하는 기업 내에서 추출된 잉여의 일부로부터 직접적으로 이익을 얻는 다고 상상할 수 있다. 정부 관리자들은 세금을 통해 이전된 수입의 일부 (기타 정부 수입의 활용 및 하위 종사자에게 지급할 보수를 공제하고 난 후)를 받는다. 관리자본주의 내의 수입 형성과 관련한 메커니즘과 일부 유사 하게 표현되는 이자 또는 배당과 같은 금융기관의 소득 형성에 고유한 통로 또한 유지된다.

하지만 관리주의가 사회화된 생산양식이라는 표현에는 중요한 함 의가 있다. 엄격한 의미에서 이는 **생산**양식으로서 관리주의와 결합되 어 있는 위에서 서술한 (조세를 포함한) 소득 형성과 관련된 익숙한 메커 니즘들 속에 있는 고유한 한계들을 넘어선다. 그 익숙한 메커니즘들은 사회적 "비용들"을 반영하지 않는 (또는 오직 간접적으로만 반영하는) 가 격 체계로부터 나오거나 그러한 비용과의 관계들로부터 전적으로 분리 될 수 있다. 이미 현대사회에서는 소비의 상당 부분이 생산비용과 상관 없거나 부분적으로만 관계를 맺고 있다. 예를 들어 기반시설, 교육 또는 보건 서비스 등이 그런 사례다. **사회화** 양식으로서 성숙한 관리주의 안 에서 그러한 사례를 더 많이 발견할 수 있을 것이다.

결과적으로, 일반적인 수준에서 "관리주의의 정치경제학"을 정의할 수 있는 방법은 없다. 그러한 이론적 틀을 관리주의의 역사적으로 구체 화한 형태와 관련하여 발전시킬 수 있을 것이다.

관리자본주의

현대사회를 관리주의와 자본주의가 조합된 잡종적 사회구성체라 고 볼 수 있으며, "관리자본주의"라고 부를 수 있다. 소득의 형성, 시장 메커니즘의 영향력, 계급구조 등과 관련한 모든 측면에서 그러한 잡종 적 성격을 발견할 수 있다. 이러한 특징들은 사회화의 진전에 따라서 끊 임없이 진화하고 있다.

4장에서 제시한 다음과 같은 삼중적 구조pattern를 보면서, 마르크스가 《자본》에서 행한 자본주의 사회관계에 대한 분석으로 돌아가 보자. 1) 자본가들, 2) 생산 노동자들, 3) 비생산적 노동자들(이윤율을 "극대화"하는 이들). 첫 번째 구조에 관료 계급을 추가할 수 있다. 각 범주 내에서 사회적 양극화가 발생하므로 관리자본주의의 전형적 계급구조를 이야기하기 위해서는 이윤율을 극대화하는 이들을 관리자들과 점원 또는 판매직 종사자들과 같은 기업 내 하위 종업원들로 나누어야 할 것이다. 관료들 또한 정부 [상위] 관리자들과 하위 직급들로 나누어야 한다. 이러한 과정을 통하면, 자본가들과 (정부기관 및 기업들의) [상층] 관리자들 그리고 민중 계급(생산 노동자들과 모든 하위 직급 종사자들)이라는 삼중적 계급구조를 확인할 수 있다.

사회구성체 내의 초기 관리자본주의의 전형적 계급구조는 전통적 자본주의와 여전히 밀접하게 연결되어 있다. 따라서 상위계급인 자본가계급, 중간계급으로서 관리자 계급, 마지막으로 민중 계급이라는 삼중적 위계구조로 정의할 수 있다.

자본 소유자
관리자
민중 계급

관리자들은 매개적 지위를 갖는다. 관리주의적 특징이 발전하게 되면서, 사회관계 안에서 관리자의 위치는 또 다른 지배계급의 지위로 점점 변화하게 된다. 현대사회에서는 더하다고 할 수 있다.

자본 소유자 ↔ 관리자
민중 계급

관리자본주의로의 진입 I: 민간 관리에서의 혁명

우리는 이전 장에서 생산-사회화의 역사를 간략히 정리해 본 바 있다. 유럽에서 자본주의가 나타난 이후, 그 발전 과정과 더불어 관리 및 소유의 새로운 구조 또한 진보해 왔다. 19세기 동안 개인기업으로부터 소규모 합명회사partnership 수준으로 소유권 구조가 변화하였다.[1] 피터 페인Peter Payne은 "상당히 정교화된 결합 체계"를 언급하였는데,[2] 그것은 "공동의 권리를 결합"시키면서 부채에 대한 책임도 무한하다. 영국은 1856년과 1862년에 주식회사법Joint Stock Companies Act을 통해 유한책임제를 도입하였다. 이러한 소규모 합명회사들은 항상 그런 것은 아니지만 대체로 가족 단위를 기반으로 하고 있다. 파트너들은 그들의 관리 역량에 따라 결합한다. 19세기 내내 유럽에서 그러한 새로운 유형의 소유 및 관리 형태가 발전했다. 아마도 영국이 선두에 섰으며, 이후 미국에서도 재생산되었다. 이러한 전통적 제도 외에도 주식시장, 어음교환소 같은 제도 내에서 경제의 일반적 기능 양식을 지탱하는 중앙화된 민간 메커니즘이 이미 존재하고 있었다.

하지만 19세기와 20세기에 걸친 이행 과정에서 미국 경제의 주요 특징인 자본 소유 및 관리 제도의 극적인 전환이 일어났으며, 이 시기부터 미국의 관리자본주의가 시작되었다.

여기서 우리는 "소유와 관리의 분리"라는 주제를 다룰 것인데, 미국에서 이와 관련한 수많은 논의가 생산되었다.[3] 실제 경영을 책임지고 있

---

1   Payne, P. (1974). *British Entrepreneurship in the Nineteenth Century*. MacMillan, London, pp. 14-15.

2   Payne, P. (1974). p. 18.

3   Veblen, T. (1924). *Absentee Ownership and Business Enterprise in Recent Times*. George Allen Unwin, London; Berle, A. and Means, G. (1955). *The Modern Corporation and Private Property*. Macmillan, London; Berle, A. (1960). *Power without Property*. Harcourt Brace, New York; Dahrendorf, R. (1959). *Class and Class Conflict in Industrial Society*. Routledge and Kegan Parul, London; Marris, R. (1964). *The Economic Theory of Managerial Capitalism*, Macmillan, London; Nichols, T. (1969).

는 감독 이사회 성원을 선출하는 과정에서 주주들의 영향력이 점점 감소하였다. 미국에서 그러한 전환은 갑작스럽고 광범위하게 벌어졌으며, 이는 미국 학자들이 그 시기에 벌어진 민간 관리에서의 혁명에 상당한 관심을 갖게 된 이유이기도 하다. 이러한 미국 자본주의의 전환을 표현하기 위해 "관리혁명" 또는 "관리자본주의"라는 용어가 만들어졌고, 적어도 이러한 맥락에서 그러한 용어가 주로 사용되었다. 이후 이러한 용어들은 알프레드 챈들러Alfred Chandler의 1977년 작 《보이는 손》에서 사용되었고, 챈들러는 책의 부제를 "미국 재계의 관리혁명"이라고 달았다.[4] 이상하게도, 이러한 미국 자본주의 전환 과정에 대해 프랑스와 같은 나라에서는 사람들이 관심을 가지지 않았고, 이는 지금도 여전히 그렇다. 하지만 프랑스는 제2차 세계대전 이후 고도로 발달한 관리주의적 특징을 보이고 있는 곳이다.

관리주의의 특징들은 장기적인 역사적 발전 과정 속에서 형성되었지만, 관리혁명 그 자체는 19세기 후반 10년 동안 진행된 미국 경제의 구조적 위기를 통해 촉진되었다. 이 위기는 이윤율 저하로부터 발생한 것이었다. 산업과 교통의 발달로 엄청난 규모의 경쟁이 벌어졌으며, 이윤율 저하로 발생한 수익성 위기는 경쟁의 위기로 표현되었고, 사람들은 그것을 경쟁의 위기로 해석하였다.[5] 이러한 경쟁의 압력을 낮추기 위해 **트러스트**와 **카르텔**, 기업협정이 도입되었다. 반독점법을 통해 이러한 "느슨한 합병loose consolidation"의 틀을 규제하고, 대신에 집합적 소유권 하에서 실제로는 더 거대한 단위로 기업들을 합병하는 새로운 제도적 틀

Ownership, Control, and Ideology. George Allen & Unwin, London; Williamson, O. (1964). *The Economics of Discretionary Behavior*. Princeton-Hall, Englewood Cliffs, NJ.

4 Chandler, A. (1977). *The Visible Hand: The Managerial Revolution in American Business*. Harvard University Press, Cambridge MA, London.

5 Duménil, G. and Lévy, D. (2004a). *Capital Resurgent: Roots of the Neoliberal Revolution*. Harvard University Press, Cambridge MA, Chapter 16: "Historical precedent: The crisis at the end of the nineteenth century."

을 만들어 내게 되었다.[6] 1900년경, 기업혁명으로 알려진 합병의 물결이 밀어닥쳤다. 자본 소유권이 집중되어 있는 새로운 금융 시스템을 의미하는 록펠러 가문Rockefellers, 모건 가문Morgans 그리고 기타 다른 자본가 가문들이 합병된 거대 기업들을 지원("지배")하였다.[7] 관리혁명은 이에 이은 세 번째 전개 과정이었다. 거대 기업들의 형성으로 인해 관리와 소유의 분리 및 임금 소득 관리자들로 관리의 위임이 심화되었다. [마르크스가 말하는] 기능자본가의 기능이 관리자들에게로 이전되었고, 노동자들(또는 오히려 그들에게 부여된 역량과 권위를 행사하는 노동자들 중 특권적 분파들)이 수행하는 많은 업무들을 관리자들이 떠맡게 되었다. 관리자들이 경영하고 금융 부문이 지원하는 거대 기업들을 기초로 하여 새로운 제도적 틀이 수립되었다.

이 책의 13장 "경향들, 위기들, 투쟁들"에서 다룰 이러한 주요 제도적 혁신과 경제 전반으로의 점진적 확장이, 탁월한 기술변화 관련 성취와 함께 20세기 전반부 미국 경제의 발전 배경이 되었다. 어떤 기술-조직 패러다임으로부터 다른 형태로 이행하는 과정에서 발생하는 "부수적 효과side effect"인 대공황에도 불구하고, 이러한 경향은 유지되었다. 이러한 과정을 테일러주의 또는 포드주의라는 공장에서 벌어진 극적인 상황으로 표현하기도 하는데 거래, 자금 조달, 인력 관리 등 관리의 모든 측면이 이러한 경향에 영향을 받았다.

관리자본주의로의 진입 II: 정부의 혁명

민간기업에 대한 관리와 마찬가지로 정부의 역할 또한 오랜 기간

---

6   Torelli, H. (1955). *The Federal Antitrust Policy: Organization of an American Tradition*. Johns Hopkins Press, Baltimore; Bittlingmayer, G. (1985). "Did antitrust policy cause the great merger wave?" *Journal of Law and Economics*, 28: 77-118.

7   Roy, W. (1996). *Socializing Capital: The Rise of the Large Industrial Corporation in America*. Princeton University Press, Princeton.

동안 커져 왔다. 이전 몇 세기에 걸쳐 기반시설, 교육, 병원 등이 점진적으로 발전되어 왔기 때문에 언제부터 정부의 역할이 확대되었는지를 정확히 따지기는 어렵다. 하지만 그림 6.1에서 명확히 보여주는 것처럼, 앞에서 논의한 민간기업 관리의 발전과 마찬가지로 정부의 행위도 20세기에 갑작스럽게 증가하였다. 뉴딜과 제2차 세계대전이 그 도약의 계기였으며, 급격한 상향 추세가 관찰된다. 정부지출(지방, 주정부 그리고 연방정부 지출의 합계)은 제1차 세계대전 전에는 GDP의 7%에 불과하였다. 이러한 비중은 뉴딜 시기 21%로 뛰어올랐고, 1979년에는 34% 수준

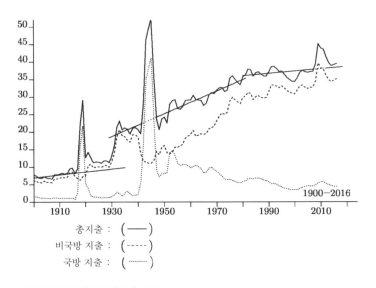

총지출 : (——)
비국방 지출 : (-----)
국방 지출 : (········)

그림 6.1 GDP 대비 정부지출의 비중
총지출은 소비, 투자, 이전지출 및 이자 지불의 총합이며 "정부"는 "연방, 주, 지방 정부"를 말한다. 추세선을 다음과 같이 규정하였다. 1) 첫 번째 추세는 1900~1913년을 대상으로 한다. 2) 두 번째 추세는 1932~1979년까지를 대상으로 하는데, 제2차 세계대전에 영향을 받은 시기인 1942~1946년은 제외하였다. 3) 1980~2016년까지가 세 번째 추세이다. 2008년 금융위기 기간인 2008~2011년까지를 제외하였다. 뉴딜 기간에 첫 번째 큰 증가분을 확인할 수 있으며, 1980년 이후에는 정체되어 있다. 국방 지출은 제2차 세계대전 기간 크게 증가하였지만 1950년대 이래로 하락 추세다. 한국전쟁과 베트남전쟁 기간에는 예상보다 크게 않지만 국방 지출이 증가했다.
출처: usgovernmentspending.com.

까지 오르게 되었다. 2021년 이후로는 40%까지 오른 후 정체된 상태다. "정부-관리주의"로의 진입을 뉴딜과 결합한 "정부혁명"까지 거슬러 올라가 설명할 수 있다. 정부의 사회적 기능이 점진적으로 단절된 과정을 간략히 되돌아보기 전에 중앙기관(중앙은행과 정부)의 거시경제 관리에 대해 살펴보는 것이 중요하다. 기업관리의 진전과 마찬가지로, 뉴욕과 시카고 같은 거대 금융센터 민간은행들의 개입에서 시작한 점진적인 역사적 과정이 이미 시작되어 있었다.[8] "거시경제혁명"은 관리혁명 이후에 발생했다고 말할 수 있다. 특히 1907년 발생한 위기가 이러한 혁명을 촉진하였으며, 1913년 연방준비제도의 설립으로 이어졌다. 그 이후에 발생한 대공황으로 제2차 세계대전 이후 나타난 케인스주의 혁명의 초석이 마련되었다.

---

8 Sprague, O. (1910). *History of Crises under the Naitonal Banking System.* National Monetary Commission, Government Printing Office, Washington.

7
그 외 다양한 여러 해석

20세기 초반부터 이루어진 자본주의의 관리주의적 특성에 대한 상당 분량의 연구를 찾아볼 수 있다. 이러한 연구들은 관리자들을 새로운 계급으로 묘사했고, 이는 자칭 사회주의 국가들의 부상과도 관련이 있었다. 우리는 이러한 과정에 대해 이전보다 관심이 줄어든 이유를 두 가지 범주의 전개 과정에서 찾고 있다. 우선 자본주의적 추세의 복권으로 이해되는 신자유주의적 국면으로 사회 및 주류경제학이 진입했다는 점이다. 그리고 사회주의 건설과 그에 대한 희망이 완전히 실패했다는 점이 두 번째 요소다. 반대로 상위 임금 소득자 임금의 엄청난 증가와 같은 소득분배의 최근 경향으로 인해 자본주의의 관리적 특징들에 대한 관심이 부활할지도 모른다.

우리는 여기서 인지자본주의나 정보사회 이론, 지식경제학과 같은 노동 그 자체의 변화에 대한 이론을 논의하지는 않을 것이다.[1] 지식과 정보가 점점 중요해지는 경제적 변화가 진행 중이라는 점에는 의문의 여지가 없다. 하지만 우리는 관리주의적 노동 형태와 그 밖의 다른 노동 형태들 사이의 분리에 대해 다루는 것과 별개로 이러한 경향들을 이해할 수 없다고 생각한다. 비물질적 노동으로의 이행을 중요시하면서 "다중"이라는 광범위한 개념으로 관리주의적 경향과는 상관없이 계급 분석을 수행하는 마이클 하트와 안토니오 네그리의 분석에서도 이는 마찬가지다.[2]

---

1   Moulier-Boutang, Y. (2007). *Le capital cognitif: La nouvelle grande transformation*. Éditions Amsterdam, Paris.

2   Hardt, M. and Negri, A. (2000). *Empire*. Exils éditeurs, Paris.

계급 분석을 "현대화하기": 관리자본주의 내의 세 계급

마르크스주의에 영향받은 학자들은 마르크스의 계급구조 분석에 준거하여 관리자들의 부상을 해석하려고 시도하였다. 프롤레타리아 계급의 구성원으로서 관리자들을 고려하는 것과 대칭적으로, 1970년대에 니코스 풀란차스는 관리자를 자본가로 분석하는 급진적인 해석을 내놓았다. 풀란차스는 마르크스가 이야기했듯이(4장), 관리자들이 기능자본가의 업무를 수행한다는 점에 기초하고 있었다.

> 이로 인해, 우리는 관리자들이 점하고 있는 자본의 공간 덕에 자본가계급에 속해 있으며, 별개의 분파, 예를 들어 소유자들과는 다른 어떤 분파를 구성할 수 없다고 결론내린다.[3]

우리가 이번 절에서 고려할 다른 해석들에서는 관리자들을 오히려 중간계급에 위치시키며, 관리자들이 잉여가치의 일부를 보수로 받는다는 점에 주목하고 있다. 크리스티앙 보들로Christian Baudelot, 로제 에스타블레Roger Establet, 자크 말레모Jacques Malemort의 저작에서도 마찬가지다.[4] 알랭 비르Alain Bhir는 1979년 출간한 《부르주아와 프롤레타리아 사이에서: 자본주의 내의 감독supervision》[5]에서 관리자들을 "자본 재생산의 하위 기능"[6]을 수행하는 행위자로서 분명하게 말하고 있다. 비르는 그 정치적 함의에 주목한다. "[…] 해방을 향한 투쟁 속에서 프롤레타리아는 하나가 아니라 두 가지 적에 맞서야 한다."[7]

---

3 Poulantzas, N. (1974). *Les classes sociales dans le capitalisme d'aujourd'hui*. Éditions du Seuil, Paris, p. 181.

4 Baudelot, C., Establet, R. et Malemort, J. (1974). *La petite bourgeoisie en France*. Maspero, Paris.

5 Bihr, A. (1989). *Entre bourgeoisie et prolétariat. L'encadrement capitaliste*. L'Harmattan, Paris.

6 Bihr, A. (1989). p. 8.

7 Bihr, A. (1989). p. 408.

에릭 올린 라이트는 1978년 출간한 《계급, 위기, 국가》에서 크든 작든 간에 관리자들을 부르주아의 분파로 분석하는 방식을 거부하고, 모순적인 계급적 위치라는 통념을 중심으로 해석을 발전시켰다.[8] 이 "모순"을 이중적인 본질에 근거한 변증법적 이해로 이해할 수 있다.

> 특정한 계급들 내부의 위치를 관찰하면서 어떤 구체적인 계급적 성격을 갖는지를 보는 대신에, 우리는 잠재적으로 여러 계급적 성격을 가질 수 있는 특정한 계급적 위치들을 관찰해야 한다. 여러 성격이 동시에 여러 계급 안에 위치할 수 있다.[9]

자본가이기도 하면서 노동자인 소규모 고용주들의 집단이 그런 모순적 지위의 전형적인 사례다. 올린 라이트는 관리자 계급을 부르주아와 프롤레타리아의 혼합적인 성격을 지닌 계급으로 정의한다.[10] 그는 이러한 관점을 1985년 출간된 다른 책인 《계급들》에서 다시 확인하였다. 다른 모든 접근에 대해서도 "즉, 계급구조 내의 모든 위치는 어떤 한 계급 또는 또 다른 한 계급 내에 속하게 된다"는 공통적인 비판이 이루어졌다.[11] 실천적인 의미에서 보면, 모순적(또는 혼합적)인 계급적 위치 사이의 큰 차이는 없다. 여기서는 "중간"이라는 개념을 통해 각 집단의 몇몇 특징을 보여준다. 관리자본주의 내의 계급구조에 대한 6장에서의 단순한 설명을 통해 우리와 그의 관점 차이를 직접 확인할 수 있다. 올린 라이트처럼 관리자들을 중간계급이라 볼 수도 있다. 하지만 우리는 관리주의의 진전에 따라, 관리자들을 더 이상 중간계급이라 볼 수 없으

---

8   Olin Wright, E. (1978). *Class, Crisis and the State*. New Left Books, London

9   Olin Wright, E. (1978). pp. 61-62.

10   에릭 올린 라이트는 자본주의에 대한 마르크스적 사회학의 분석을 학생, 연금 생활자, 실업자 등의 사회 범주로 확장하였다. Olin Wright, E. (1978). pp. 92-93.

11   Olin Wright, E. (1985). *Classes*. Verso. New Left Books, London, New York, p. 43. "역사이론"이라는 절을 참고하라. pp. 114-118.

며 지배계급으로 봐야 한다고 주장하였다.

뤽 볼탄스키Luc Boltanski의 《관리직: 어떤 사회집단의 형성》 또한 참고할 필요가 있다. 프랑스에서는 관리직cadres이라는 용어를 영어의 관리자들managers이라는 용어와 달리 기업 관리자들과 상위 공무원, 정치 지도자들을 지칭하는 광범위한 의미로 사용하고 있다.[12] 하지만 볼탄스키는 "사회집단의 형성"보다는 "관리직 개념의 형성"을 분석의 목표로 삼고 있다. 그는 관리직 무리를 오히려 이질적으로 평가하며, 그의 책에서는 프랑스 사회 내의 계급 집단들의 위치와 관련된 잘 정리된 분석을 찾을 수 없다.

최근에 사이먼 모훈Simon Mohun은 토마 피케티와 에마뉘엘 사에즈의 제1차 세계대전 이후 소득 자료에 기초하여 미국의 계급구조(와 9장에서 행한 우리 연구의 경험적 기초)에 대한 연구를 수행하였다.[13] 그는 자본가계급, 노동자계급 그리고 관리자를 구분한다. 그는 자본가계급의 구성원들을 임금 소득자로 행동할 수도 있고, 그들 자신의 재산에서 유래한 소득 규모로 볼 때, 그렇게 할 필요가 없을 수도 있는 개인 또는 가계로 분류한다. 노동자와 관리자는 이러한 자본가계급과는 반대 상황에 있는 사람들이다. 노동자와 관리자 사이의 구분은 상당히 어렵지만, 경험적 연구에서는 이를 (사실은 감독 업무를 수행하는) 특정 집단의 소득을 경계선으로 잡아 해결하고 있다. 이 경계선 밑에 있는 사람들이 노동자로 분류되는 임금 소득자다. 그리고 그 위에 있는 사람들을 관리자라 부른다. 사용하고 있는 기술적 절차를 구분하기는 쉽지 않다. 관리자계급에 속하는 과세단위의 비중을 전체 과세단위 중 1918년 28.8%에서 2012년 14.2%라고 제시하는 모훈의 연구 결과(모훈의 표 1)를 이해하기는 어렵다. 이러한 결과를 통해 모훈의 접근과 관리주의적 추세의 역사적

---

12   Boltanski, L. (1982). *Les cadres: La formation d'un groupe social*. Les Éditions de Minuit, Coll. "Le sens commun", Paris.

13   Mohun, S. (2016). Class structure and the US personal income distribution. *Metroeconomica*, 67(2): 334-363.

변화를 추정하는 우리의 관점 사이의 커다란 차이를 이해할 수 있다.

마르크스적 분석틀의 한계를 넘어

4장("마르크스의 관리자 분석")에서 확인한 것처럼, 마르크스는 《자본》에서 관리자의 계급적 지위에 대해 명백한 결론을 내지 못했다. 4장에서 우리는 그러한 계급적 지위를 이해하기 위해 마르크스의 분석을 그 설명력의 한계를 넘어 확장해야 한다고 주장하였다(그 장 마지막 절 제목을 "설명력을 확장하자"라고 지었다).

우리는 마르크스가 《자본》에서 분석한 관리자들의 기능을 "이윤율을 극대화하는 임금 소득자(관리자, 비서 또는 영업사원 등)"라는 개념을 통해 이해할 수 있다고 주장했다. 그런 의미에서 관리자는 기업 운영을 개선할 목적으로 자본의 유통 및 가치증식과 관련된 업무를 수행하는 상위 임금 소득자 분파이며, 우리는 생산 노동자와 그들을 구분할 수 있다. 이러한 점에서 보면, 관리자들을 하위 이윤 극대화 행위자들과도 분리해야 한다. 관리자들은 임금 소득자 상층에 있으면서, 특정한 능력과 권위를 가지고 자본가들에게 이익을 챙겨 주기 위해 이윤율을 극대화한다. 그 특정한 능력과 권위도 중립적이지 않다. 그들은, 이윤율을 극대화하는 하위 행위자들과 마찬가지로 잉여가치의 일부를 이전받지만, 별개의 위계관계에 기초해서 그렇다. 풀란차스가 분석한 것처럼, 관리자들은 바로 이를 기초로 하여 부르주아 또는 프티부르주아의 일원이 된다. 이와 관련하여 더 나아갈 필요가 있다. "프티부르주아"인지 아닌지는 부차적인 문제일 뿐이다.

1970년대에 제라르 뒤메닐이 이러한 문제와 관련된 분석을 수행했지만, 이 해석은 1) 마르크스의 《자본》에서 제시된 분석 장치들이 갖는 엄격한 한계 안에서 이루어졌다는 점, 2) 이론적 혁신을 이루기 위해서는 진행 중인 생산관계의 변화를 고려해야 한다는 점에서 결정적 한계를 가지고 있었다.

관리자들과 그보다 하위 종업원들이 전통적인 분파들과는 다른, 새로운 프
티부르주아를 구성한다고 말할 수 있다. 오늘날 이는 그들의 사회적 위치
를 자본주의적으로 구체적으로 표현하는 가장 정확한 방식임에 분명하다.
하지만 어떤 "정태적인" 문제설정의 영역을 넘어서, 이러한 문제에 대한
적절한 정식화를 위해서는 자본주의 내 생산관계의 변화metamorphosis와 심
지어 역사적 발전의 이행 과정을 고려할 필요가 있다. 바로 그러한 변화
속에서 생산관계의 근본적인 대체가 일어난다는 점을 알 수 있기 때문이
다. 자본 개념 그 자체를 넘어서는 것으로, 분석의 대상이 되어야 할지 모
르는 것 아닐까?[14]

이에 대해 논의하기 위해 제임스 번햄James Burnham의 관리혁명[15]과
소련 각각에 관련한 추가 논의들이 이어졌다. 바로 거기에 결정적 부분
들이 있었으며, 이러한 분석으로 이전 장들에서 이야기한 프로그램들
이 나오게 되었다(수십 년 동안 이루어진 연구와 출판으로). 우리는 마르크
스 정치경제학의 한계를 생산관계들의 변화 결과를 바탕으로 넘어서야
만 한다. 새롭게 출현하고 있는 생산양식과의 관계 속에서 관리자들을
관리자본주의 내 하나의 계급으로서 이해해야만 한다.

자본주의를 넘어서: 슘페터, 번햄, 갤브레이스

조지프 슘페터, 제임스 번햄, 존 케네스 갤브레이스 등이 대표하는
아주 다른 문헌들에서, 그들은 생산관계들의 변화(물론 이런 용어를 사용

---

14 Duménil, G. (1975). *La position de classe des cadres et employés. La fonction capitaliste parcellaire.*
Presses Universitaires de Grenoble, Grenoble, p. 102.

15 Burnham, J. (1941). *The Managerial Revolution: What is happening in the world.* John Day Co.,
New York.

한 것은 아니지만)를 강조했다. 이는 우리의 분석과도 밀접한 관계를 갖는다. 앞에서 이야기한 연구들과 우리는, 관리주의적 경향을 관찰할 때 관리자들을 자본주의 계급들의 대리인이 아니라 고유의 목표를 추구하는 자율적 집단으로 보아야 한다고 주장한다는 점에서 다르다. 따라서 관리자들을 자본주의의 어떤 더 진보된 국면 내부에 있는 새로운 행위자로 고려해야 하는지 아니면 자본주의 이후의 새로운 사회를 촉진하는 사람들로 보아야 하는지에 딜레마가 존재한다. 우리는 둘 다라고 말한다.

《뉴팰그레이브 사전》에 나온 앨런 휴즈Alan Hughes의 평가를 인용해 보고자 한다.

현대 기업의 조직 구조와 금융 구조가 변화되어 왔고, 현재 진화하고 있다는 점에 대해서는 논쟁의 여지가 없다. 그렇지만 이러한 변화는 더 따뜻한soulful 자본주의, 사회적 책임의 자본주의 또는 어떤 특정한distinctly identifiable "관리자" 집단이 그들의 고유한 특정한sectional 관심을 바탕으로 힘을 발휘할 수 있는 사회-경제적 구조로 이어졌다는 관점과는 다르다.[16]

여기서 많은 이들이 지금은 잊혀진 "두 가지 체계", 즉 자칭 사회주의와 자본주의 간의 수렴 이론을 떠올릴 수도 있다. 1960년대와 1970년대에는 널리 논의되던 주제이지만, 이후 관심이 사라져 버렸다.[17] 이러한 주제들 속에서 자본주의 한계를 넘어서는 새로운 발전을 논의했다. 이는 자칭 사회주의 국가들의 개혁 실패의 결과로 그러한 분석틀을 대체한 "역사의 종말로서 신자유주의" 이데올로기와는 완전히 대조적이다.

---

16 Hughes, A. (1987). "Managerial capitalism." In Eatwell, J., Milgate, M. and Newman, P., (editors): *The New Palgrave: A Dictionary of Economics*, pp. 293-295. The Macmillan Press, London, Basingstoke, p. 295

17 Kerr, C. (1960). *Industrialism and Industrial Man. The problems of labor and management in economic growth*. Harvard University Press, Berkeley; Aron, R. (1967). *The Industrial Society*. Weidenfeld & Nicholson, London.

이런 맥락에서, 1942년 《자본주의, 사회주의, 민주주의》를 출간한 슘페터를 최초의 인물이라고 볼 수 있다. 이 책을 이해하려면 반드시, 슘페터가 그 책을 대공황 이후 10년 동안 그리고 세계대전의 맥락 속에서 집필했다는 점을 알아야만 한다(슘페터가 루스벨트의 정책들을 싫어했다는 일화도 전해진다). 여기서 두 가지 점을 지적해야만 한다. 첫째, 슘페터는 마르크스 분석에 1부의 네 장을 할애했으며, 거기서 마르크스적 해석은 분명하다. 둘째, 이후에 이 책은 체계들 간의 수렴에 대한 예상으로 이해되었다. 1976년 판 서두에 편집자는 다음과 같은 말을 삽입했다. "북미와 유럽공동체 국가들에서 혼합경제가 수립되어 왔고, 사회주의 국가들에서는 다양한 형태의 탈집중화와 시장경제를 향한 움직임이 존재해 왔다."

슘페터는 "자본주의는 살아남을 수 있는가?"라는 제목의 《자본주의, 사회주의, 민주주의》의 2부 프롤로그에서 명확히 다음과 같이 말했다.

나는 자본주의 체계의 현실적이고도 유망한 모습으로 체계의 경제적 실패로 인한 붕괴를 내세우는 것과는 거리가 멀지만, 자본주의가 성공함에 따라서 그것을 보호하는 사회제도가 훼손되고, 그것이 더 이상 존재할 수 없는 "필연적인" 조건들을 창조하며, 바로 이것이 자본주의의 분명한 계승자로서 사회주의를 일컫는다는 테제를 만들어 내기 위해 노력했다. 따라서 나의 최종 결론(나를 이끌고 간 주장은 아니지만)은 사회주의자들 대부분, 특히 모든 마르크스주의자들의 주장과 다르지 않다.[18]

슘페터가 《공산당 선언》에서 표현된 자본주의 미래에 관한 초기 마르크스주의자들의 "파국적" 예측(카를 카우츠키와 로자 룩셈부르크 같은 독일 사회민주주의자들이 찬양한 예측으로 16장에서 자칭 과학적 사회주의를 다루면서 다시 살펴볼 것이다)을 따르지 않고, 이전 장에서 사회화의 역사

---

18   Schumpeter, J. (1983). *Capitalisme, socialisme et démocratie* (1942). Payot, Paris, p. 80.

적 과정이라 지칭한 해석을 하고 있다는 점이 매우 흥미롭다. 슘페터가 여러 부문의 사람들이 사회주의를 승인하게 되는 이유에 대해 묘사하는 부분에서 이를 확인할 수 있다.[19]

번햄의《관리혁명》[20]이라는 책이 출간되었다는 점도 잊지 말아야 한다. 번햄의 경우는 민간기업 관리자들보다는 국가 공무원 계급의 부상과 더불어 사적소유로부터 국가 소유로의 이동을 중심으로 분석했다는 차이가 있다.

하지만 생산관계의 현실적 전환(실제로 그런 용어를 쓴 것은 아닐지라도)에 대한 분석으로 가장 잘 알려진 사람은 존 케네스 갤브레이스이다. 그는 소유와 관리의 분리를 출발점으로 삼았는데, 기술구조technostructure 라는 아주 익숙한 개념을 제시했다. 그는 위계적 관계 꼭대기의 경계선으로 국한되지 않는, 그 집단의 광범위한 성격을 강조하였다.

> [관리]는 집합적이고 불완전하게 정의된 독립체entity이다. 그것은 거대 기업 내의 이사회장, 이사, 일반 이사들 또는 실질적 인원들 또는 중요 부서에 대한 책임이 있는 장들, 주요 위치를 차지하고 있는 전임자들 그리고 그 밖의 포함되지 않은 부서나 과의 장들을 포괄한다. 하지만, 그것은 참여자로 집단적 의사결정을 위한 정보를 나누는 작은 집단의 사람들만을 포함하며, 집단적 의사결정에 대한 경험, 능력, 특수한 지식을 가진 모든 이들을 포괄한다. 이는 좁은 관리 집단에 국한되지 않으며 기업을 안내하는 지성(두뇌)이다. 그들이 형성하는 조직과 집단적 의사결정에 참가하는 모든 이에 대한 이름은 없다. 나는 이러한 조직을 기술구조라고 부르기를 제안한다.[21]

19   Schumpeter, J. (1983). pp. 359-360.

20   Burnham, J. (1941). Rizzi, B. (1976). *L'URSS: collectivisme bureaucratique. La bureaucratisation du monde* (1939). Champ libre, Paris.

21   Galbraith, J. K. (1967). *The New Industrial State*. Princeton University Press, Princeton, pp. 86-87.

갤브레이스는 확실히 역사의 새로운 국면을 다루고 있었고, 이전의 형태로 역전되는 것은 상상하기 어려웠다. 갤브레이스는 기본적으로 옳았지만, 우리가 10장에서 주장할 것처럼 역사 동역학은 다면화된 메커니즘이며, 남겨진 이야기들은 예상보다 복잡하다.

사회학과 역사철학

마르크스의 분석틀과 미국에서 발전된 "파워엘리트power elites" 분석 사이에는 명백한 관계가 존재한다. 그 이유는 단순하다. 권력이 사회 위계관계 상층부로 집중된다는 점, 경제적 부가 관리 역량과 더불어 그 기초 중에 하나라는 점 때문이다. 찰스 라이트 밀스Charles Wright Mills와 윌리엄 돔호프William Domhoff의 작업들[22]을 떠올릴 수 있다. "파워엘리트"란 일반 대중과는 정반대의, 사회 주요 기능을 담당하는, 전형적으로 가문들 또는 친구들인 상층 사회집단을 말한다. 예를 들어 어떤 가문을 자본가 가문으로 분류할 수 있으며, 그 구성원 중 어떤 사람은 대주주이거나 주요 관리자, 군대 또는 정부에서 상위 직책을 맡은 사람들이다.

계급 또는 계급 분파와 같은 전형적이고 광범위한 사회 범주 대신에 "구조주의" 마르크스주의자들처럼 사회관계의 네트워크 안에서 상호 작용하는 특정 집단 또는 개인들에게 의사결정들을 전가하려는 시도가 이런 유형의 연구가 갖는 한 가지 특징이다(1970년대 구조주의적 접근들 중 특히 프랑스적 접근 방식과는 정반대였던 1980년대 말 모리스 자이틀린Maurice Zeitlin[23]의 흥미로운 연구를 언급할 수 있다). 동시에 이처럼 파워엘리트

22   Mills, C. (1956). *The Power Elite*. Oxford University Press, New York; Domhoff, G. (1990). *The Power Elite and the State. How Policy is Made in America*. Aldine de Gruyter, New York; Domhoff, G. (2006). *Who Rules America?: Power, Politics, and Social Change*. McGraw-Hill, New York.

23   Zeitlin, M. and Ratcli, R. (1988). *Landlords and Capitalists, the Dominant Class of Chile*. Princeton University Press, Princeton; Zeitlin, M. (1989). *The Large Corporation and Contemporary Classes*. Rutgers University Press, New Brunswick.

를 강조하는 것은 사회적 과정을 개인으로 치환하는 것이라고 비판받았다. 이것의 발작적 형태가 바로 음모 이론이다.

사회 위계관계 가장 상층에 있는 가족 구성원들이 다양한 권력 영역에서 활동하고 있을 수 있다는 점에 대해서는 의심의 여지가 없다. 하지만 우리는 그것이 계급과 국가 사이의 관계를 분석하는 데 필수적인 구성 요소이며, 계급사회의 본질적 성격을 구성한다고 본다. 상위계급 구성의 일부가 정부와 관련되어 있다는 점은 항상 사회관계를 분석하는 데서 중심적 측면이 되어 왔다. 소유와 관리 측면에서, 상층부에서 일어나는 관리와 자본가적 관계들 사이의 결합은 봉건제에서 자본주의로의 이행 과정에서 볼 수 있듯이, 두 생산양식 사이에서 현재 벌어지고 있는 이행 과정의 근본적 측면이라 할 수 있다(8장을 보라).

사회학자들과 철학자들 또한 민간 관리와 공적 관리의 영역에 대해 분석하면서 현대사회의 새로운 관리주의적 측면을 확인했다는 점은 주지의 사실이다. 사회학자 피에르 부르디외와 철학자 미셸 푸코의 탁월한 묘사들이 있고, 다음으로 이에 대해 다룰 것이다.

구조주의적 마르크스주의가 한창이던 시절에는 모든 착취 형태를 마르크스적 의미의 착취 형태로 환원하는 경향이 만연했다. 예를 들어 성적 억압, 인종주의, 젠더의 측면에서 모두 그러했다. 좌파 중 일부가 이러한 식의 경도를 마르크스 분석의 설명력에 대한 지나친 과장으로 해석했다는 점은 이해할 만하다. 마르크스 역사이론을 지배에 대한 일반 이론a general theory of domination로 변형시킬 필요는 없다. 마르크스의 틀이 갖는 한계를 넘어서기 위해 이러한 이론적 경도를 반박하는 새로운 틀이 등장할 수 있는 우호적 환경이 마련되었다.

사회학자인 부르디외는 자율성을 갖는 (군대, 경찰, 사법, 경제, 언어, 상징과 같은) "장field" 및 "메타장metafield" 이론을 제시하였다. 그에게 자본이란 "어떤 장에 미치는 힘power over a field"이다(경제적 자본, 사회·문화 자본,

상징자본도 포함한다).[24] 지배계급의 구성원들은 파워엘리트들처럼 다양한 종류의 자본을 자신의 손아귀로 집중시킨다. 상위계급들은 원칙적으로 경제적 자본에 근거하며, 이를 마르크스 분석과의 주요 연결고리로 봐야 한다.[25] 하지만 부르디외는 장들의 역사를 살펴보려고는 했지만, 역사 동역학에 대한 연구에 집중하지는 않았다.[26]

부르디외의 사회학을 관리자들에 대한 분석에 이용할 수도 있겠지만, 그가 기업들을 하나의 장으로 분석하지 않았다는 점에서 실망스럽다. 결과적으로 부르디외는 민간기업의 관리자들을 분석에 포함하지 않았다. 경제적 자본과 함께 문화 또는 사회적 자본이 존재한다는 점을 강조하는 그의 분석 체계를 보면, 이는 매우 놀라운 일이다.[27] 임금 소득자 피라미드 꼭대기 계층과 관련해서도 부르디외는 상위 공무원들에게만 관심이 있었고, 그들을 국가 귀족의 구성원으로 묘사하였다.[28].

부르디외와 마찬가지로 푸코 또한 민간기업의 관리자들에 대해서는 거의 관심이 없었다. 하지만 역사 동역학에 중요한 역할을 부여하고 있다는 점에서 푸코의 철학과 부르디외의 사회학 사이에 큰 차이가 있다. 푸코가 "지식-권력"이라는 주요 개념을 가지고 있다는 점을 떠올릴 수 있다. 용어 자체가 말해 주듯이, 지배는 지식에 대한 독점에 기초한 모든 사회관계 형태들의 고유한 특징이다. 따라서 푸코의 저작들에 있는 그러한 대칭적 사회관계의 존재와 그것의 잠재적 중요성에 대해서는 의심할 여지가 없다.

지식-권력이라는 개념을 통해 푸코의 분석틀과 관리자들에 대한 분

24   Bourdieu, P. (1989). *La Noblesse d'État: Grandes écoles et esprit de corps*. Les éditions de Minuit, Paris.

25   Bourdieu, P. (1977). *Sur le pouvoir symbolique*. Annales, 32(3): 201-211, p. 207

26   Bourdieu, P. (1993). *Esprits d'État. Genèse et structure du champ bureaucratique*. Actes de la recherche en sciences sociales, 96(1): 49-62.

27   Le Texier, T. (2011). *La rationalité managériale, de l'administration domestique à la gouvernance* (thèse de doctorat). Université de Nice Sophia-Antipolis.

28   Le Texier, T. (2011). 각주 24.

석 사이의 명백한 관계를 수립할 수 있다. 자크 비데는 최근의 작업들을 통해 특히 푸코의 《생명관리정치의 탄생》[29]이라는 저서에 기초하여, 마르크스와 푸코의 작업을 통합하려는 야심 찬 시도를 하였다. 비데는 우리가 관리직이라 부르는 사람들을 "지도자leaders"라고 칭하고 있는데, 새로운 마르크스-푸코주의적 관점에 아주 적합한 용어 선택이다.[30]

하지만 푸코의 분석과 마르크스주의적 기초에 입각한 모든 역사 독해에는 세심한 구별이 필요하다. 우리는 10장의 짧은 부록에서 "통치 합리성government rationality"에 준거하여 마르크스의 분석을 이른바 "해체" 하고, 통치합리성 개념을 신자유주의에 적용하고 있는 푸코의 사회 메커니즘에 대한 해석이 주는 문제들damages을 다룰 것이다.

29 Foucault, M. (2004). *Naissance de la biopolitique*. Seuil/Gallimard, Paris.

30 Bidet, J. (2016a). *Foucault with Marx*. Zed Books, London; Bidet, J. (2016b). *Marx et la loi travail. Le corps biopolitique du Capital*. Éditions sociales, Paris.

8
혼합적 생산관계를 통한 과감한 분석

관리주의를 새로운 생산-사회화 양식의 점진적 수립으로 입증하는 것은 결코 쉽지 않은 과제다. 마르크스가 그 이론적 기초를 제공했지만, 아마도 그는 자신의 분석을 새로운 사회 개념을 고찰하는 쪽으로 확장할 수 있다고는 절대 생각하지 못했을 것이다. 19세기 중반에 마르크스와 엥겔스는 진행 중인 이행 과정은 자본주의와 모든 형태의 착취 및 지배로부터 벗어난 사회 사이에 있다고 보았다.

마르크스가 《정치경제학 비판을 위하여》에서 제시한 아시아, 고대, 봉건제, 현대 부르주아 생산양식이라는 목록[1]을 그대로 받아들인다면, 이는 이전에 세 번의 이행이 있었다는 것을 의미할 것이다. 이번 장에서는 봉건주의와 자본주의 사이에 이행, 좀 더 엄격하게 말하면, 자본주의적 생산관계(또는 부르주아적 관계)의 탄생에 대해서만 다룰 것이다. 이 연구를 통해 끊임없는 변화와 그로 인한 혼합적인 구성hybrid configuration 속에 있는 사회구조를 해독할 수 있는 역량을 얻을 수 있다. 마르크스적 분석틀로 이보다 앞선 생산양식들, 예를 들어 고대적 생산양식에서 봉건제 양식으로의 이행을 설명할 수 있는지는 매우 불명확하다.

이 장에서 묘사하는 사례들은 매우 선택적으로 채택되었다. 역사가들 사이에서 여전히 논쟁적인 봉건 관계의 해체와 자본주의 생산양식의 출현만큼 복잡한 문제에 대한 "일반적인" 해석을 시도하지 않았다.

---

1   Marx, K. (1963b). Critique de l'Économie politique (1859). In *Œuvres de Karl Marx, Économie I,* La Pléiade, pp. 26-452. Gallimard, Paris, pp. 273-274.

어떤 경우라도 봉건제의 위기보다는 새로운 생산관계의 출현에 대해 강조했다.[2]

우리는 선대 자본의 가치증식과 관련된 광범위한 의미에서 "자본주의"라는 용어를 사용한다. 그 초기 형태를 농업에서 발견할 수 있는데, 농업 생산물의 판매 및 무역에서 활동하는 상인들은 자본을 투자하였다. 17, 18, 19세기 초 매뉴팩처에서는 장인들과 그들의 일꾼들이 새로운 상인계급의 지휘 아래서 가내수공업 체계(선대제) 방식으로 일하였다.[3] 하지만 수많은 종업원을 고용한 매뉴팩처들이 등장하였고, 이러한 경향은 점점 더 증대하였다. 새로운 자본주의의 부문이었지만 경제와의 연관성은 당시 떨어졌던, 금융자본에 대해서도 말할 수 있다. 그러나 "고리대자본(생산자들이 성과를 올리지 못할 경우에는 종종 상인자본이 고리대자본이었다)"의 영역에서는 특히 신용관계가 중요한 역할을 하고 있었다.[4]

"자본주의"라는 용어를 임금노동 관계를 바탕으로 한 잉여노동 추

---

2 Heller, H. (2011). *The Birth of Capitalism: A 21st Century Perspective*. Pluto Press and Fernwood Pub-lishing, London, Halifax and Winnipeg에서는 영국의 초기 산업혁명의 기원과 19세기 영국의 국제적 지위에 대한 논쟁들을 정리하고 있다. 이와 관련하여 로버트 브레너의 작업 (Brenner, R. (1970). "Agrarian class structure and economic development in pre-industrial Europe." *Past and Present*, 70: 30-75; Brenner, R. (1982). "Symposium. Agrarian class structure and economic development in pre-industrial Europe." *Past and Present*, 97: 16-113)을 참고할 수도 있다. 브레너는 유럽에서 벌어진 13, 14세기 봉건제의 위기와 자본주의 생산관계에 관련하여 프랑스의 역사가인 에마뉘엘 르 루아 라뒤리Emmanuel Le Roy Ladurie를 포함한 여러 역사가들과 논쟁하였다. 브레너는 르 루아 라뒤리를 맬서스주의자(인구를 중심으로 한 연구라는 의미에서)라고 부르며, "통상적 의미"의 봉건제와 자본주의 사이의 이행에 대한 르 루아 라뒤리의 맬서스주의적 해석을 비판하였다. 르 루아 라뒤리는 "인구의 순환"(후기 중세시대부터 18세기까지)에 결정적 역할을 부여하였다. "14세기 말부터 19세기 초반에 걸쳐 있는 어떤 거대한 농업의 순환을 관찰할 수 있으며, 이것이 내 책에서 중심적 역할을 한다"(Le Roy Ladurie, E. (1969). *Les paysans de Languedoc*. Flammarion, Paris, p. 345). 이러한 반박에 대해 브레너는 발전의 지리적 다양성을 강조하였고, 인구를 계급 및 권력 구조로 대체하였다.

3 Farr, J. R. (2000). *Artisans in Europe 1300-1914*. Cambridge University Press, Cambridge, New York, Melbourne.

4 Hill, C. (1940). *The English Revolution, 1640*. Lawrence and Wishart, London. https://www.marxists.org/archive/hill-christopher/english-revolution/, section "L'industrie et le commerce."

출 구조가 자리 잡고 있는 공장 체계의 수립 이후의 사회관계에 국한된 것으로 엄격하게 사용해야 함은 두말할 나위가 없다. 하지만 초기 단계에 이미 소규모 장인들이 일꾼들을 고용하고 있었고, 그와 대칭적으로 공장에서 상당수 노동자가 하청계약 상태에서 진정한 임금노동 관계라고는 할 수 없는 처지에 있었다는 점에 대해서 더 철저한 논의가 필요할 것이다.

"자본주의 사회관계"라는 표현을 완전한 의미의 "자본주의" 개념보다 더 확장된 영역에 적용하는 것이 가능하며, 우리는 이 용어를 자본축적 초기 단계를 일컫는 것으로 사용하는 것이 더 적절하다고 본다.

봉건제로부터 자본주의 생산관계의 탄생으로: 프랑스 앙시앵레짐

봉건제에 대한 정의 없이 봉건제와 자본주의 생산관계 사이의 이행을 논의할 수 없다(마르크스는 19세기에 만들어진 이 봉건제라는 용어를 사용할 수 있었다).

역사가들이 이야기하듯이, 일반적으로 유럽에서 9세기에서 14세기 사이 500년 동안 봉건제가 존재했다고 여겨진다. [샤를마뉴의] 유럽 대정복(또는 영국에서는 노르만인들의 영국 침략) 시기로부터 물려받은 토지를 보유하고 있는 유럽의 영주seigneur 또는 "봉건 군주suzerain"는 가신들에게 군역에 대한 대가로 봉토를 부여하고, 지역 거주민들을 포함한 토지의 일부로부터 이익을 얻을 수 있도록 허락하였다. 피라미드 꼭대기에는 군주monarch가 신 다음으로 존재한다(지역적인 차이가 있지만 샤를 2세 치하의 서기 868년 이후로 봉토로부터 발생하는 이익을 상속할 수 있게 되었다).

적어도 이를 봉건제 개념의 전통적 내용이라고 볼 수 있다.[5] 이러한

---

5 1944년 초판이 출간된 프랑수아 루이 간쇼프의 다음과 같은 연구를 일반적으로 언급한다. Ganshof, F.-L. (1964). *Feudalism*. University of Toronto Press, New York and London. 성직자를 포함한 더 풍부한 논의를 다음 연구에서 참고할 수 있다. Bloch, M. (1961). *Feudal Society*. University of Chicago Press, Chicago.

정의에 대해서는 폭넓은 합의가 존재하지만 주교들, 수도원장들 또는 세속 영주들과 맞서 "해방"을 보증하는 헌장을 얻기 위해 싸운, 10세기에 전개되기 시작한 중세 도시들에 대해서는 다루지 않았다. 하지만 이러한 개념들과 시기에 대해서는 여전히 논쟁 중이다. 극단적인 사례로 귀족제를 로마 원로원의 발현으로서 묘사하면서 고대 로마와 유럽의 귀족제 사이의 직접적 관련을 주장하는 역사가들의 관점을 들 수 있다.[6]

이러한 접근들은 마르크스가 경제적 토대, 즉 도시 주민과 노동자로부터 잉여노동을 추출하는 구조라기보다 상부구조들 사이에서 분류했던 것들을 중심으로 이루어지고 있다. 봉건적 착취의 상징적 지렛대는 농노제이지만, 다양한 형태의 조세제도 및 강제노동corvée과 같은 훨씬 광범위한 제도들이 연루되어 있다(농부들 중 농노가 아닌 "자유로운" 분파들은 강제노동에 속해 있다). 마르크스적 의미에서 봉건제에 적합한 연대기적 한계를 규정하기 위한 논의를 해 보려고 한다. 시작과 끝, 모두가 문제다.

그 기원에 대해서 보면, 로마제국의 와해와 전통적인 소유 형태(후기 로마제국의 장원) 및 노예제의 사멸이 특징인 9세기 사이의 500년 동안 일어난 잉여가치의 추출 형태와 관련된 메커니즘을 볼 필요가 있다.[7] 현재 프랑스와 북유럽인, 메로빙거 왕조와 카롤링거 왕조에서 잉여가치는 어떻게 추출되었나? 그러한 초기 생산양식에 혼합적 생산관계의 형태가 관찰되는가?

여기서는 자본주의 생산관계 출현에 조응하는 "봉건제의 종말"에 대해 논의하는 것이 보다 적절하겠다. 봉건제를 정치제도들의 집합이기보다 생산양식으로서 이해한다면, 이는 그 기원을 식별하는 것만큼이나 복잡하다. 농노제는 서유럽에서 14세기와 15세기에 사라졌다(다양한 상

---

6 Werner, K. F. (1998). *Naissance de la noblesse*. Librairie Arthèmes Fayard, Paris.

7 Ganshof (1964)에서 메로빙거 왕조와 카롤링거 왕조 동안의 봉건적 관계 수립의 첫 단계에 대한 많은 정보를 얻을 수 있다. 하지만 잉여가치의 추출보다는 영주들과 봉토를 부여받은 신하들 간의 관계가 중심이다.

황이 존재했기 때문에 초기에 일어났던 사실상의 폐지나 더 늦게 있었던 공식적인 폐지를 반영하여 종종 더 이전 시기나 훨씬 더 늦은 시기를 언급한다).[8] 동유럽에서는 농노제가 훨씬 오래 지속되었고 어떤 경우에는 강화되기도 했다. 심지어 도로나 운하 건설에 투입되는 부불노동과 같은 황실 부역이 존재했던 프랑스에서 부역은 농노제에도 존재했다.

여기서는 프랑스, 더 구체적으로 앙시앵레짐 시기 프랑스 사회의 본질에 초점을 맞출 것이다(1589년 앙리 4세부터 1789년 프랑스 혁명까지 두 세기 정도). 봉건사회에 대한 시대착오적 언급을 피하기 위해 앙시앵레짐과 같은 표현을 사용했다. 봉건적 특징들이 남아 있기는 했지만 영주-봉토를 받은 신하들 간의 관계는 사라져 버렸기 때문에 그러한 사회를 역사가들처럼 묘사할 수 없다.

토지 소유와 관련된 상황을 다음과 같이 묘사할 수 있다. 두 가지 광범위한 소유 형태를 구별해야만 한다. 사회관계 상층의, 장원 제도 구조에 따른 영주의 토지에 대한 직접적 소유, 즉 영지를 이야기할 수 있다(영지를 꼭 귀족들만 보유하고 있었던 것은 아니다. 주교들과 수도원, 부유한 평민들도 보유했다). 전체 재산 중 매우 작은 규모의 토지를 제외하고 나머지 토지를 상시브censives라 불렀고, 농민들은 영주에게 (지대나 세금으로 해석할 수 있는) "상스cens"를 지불해야만 했다. 프랑스 사회는 상대적으로 영지의 비중이 작았다는 특징(약 3분의 1)을 갖고 있다. 영주들은 소득을 확보하기 위해 자신의 영지를 도시의 상인들에게 임대하거나 소작métayage을 허용하였다. (상스는 감소하였고) 소작이 영주 토지의 주요 형태가 되었다. 농부들은 상스(17세기에는 정해진 화폐 총량으로 정의되었고, 따라서 물가 상승으로 인해 극도로 평가절하되었다) 이외에도 중앙정부의 세금 인상과 영주에 대한 세금 및 관세를 지불해야 했다.

프랑스 혁명 직전, 영주들은 그들의 과거 특권을 회복하기 위해 노력했다. 우리가 14장에서 부르주아 혁명을 분석하면서 다시 한번 살펴

---

8 예를 들어 루이 16세는 왕실의 노예제와 농노제를 1776년 폐지했다.

볼 그라쿠스 바뵈프Gracchus Babeuf는 귀족의 주장을 정당화할 수 있는 잃어버린 문서들(토지대장)을 찾아 장원의 문서고를 뒤지던 "봉건 법학자 feudist"였다(이로 인해 바뵈프는 열혈 혁명가가 되었다).

프랑스 혁명은 부르주아 계급이 최종적으로 승리를 쟁취한 반면에 영주들은 토지 소유자로서만 남게 되고 그 외의 남아 있는 특권들을 잃게 된 부르주아 혁명으로 묘사할 수 있다. 따라서 1789년 8월 4일 밤을 프랑스에서는 국민제헌의회l'Assemblée nationale constituante가 "봉건제를 폐지한 날"로 부른다. 이는 법령에 사용된 용어이기도 하다. 이는 귀족들뿐만 아니라 성직자들에게도 해당하는 것이었다. 귀족과 성직자들의 특권이 여전히 중요한 의미가 있나? 대답은 "그렇다"이다.

하지만 모호한 용어 사용으로 혼란스러울 수 있다. 귀족, 영지, 봉건적 권리들은 봉건사회 이후에도 살아남았다! 알베르 소불Albert Soboul은 이러한 수수께끼를 유명한 저서 《프랑스 혁명》에서 잘 묘사하고 있다(소불은 프랑스 혁명을 연구한 가장 유명한 마르크스주의 역사가이다). 소불은 귀족의 특권이 실제로 남아 있었음을 다음과 같이 묘사하고 있다.

> [...] 영지를 소유한 귀족은 농부들에 대한 봉건적 권리를 유지하고 있다(하지만 영지가 없어도 귀족이 될 수 있었고, 평민이 귀족의 영지를 소유할 수도 있었다. 귀족과 봉건제 사이의 모든 고리가 끊어졌다).[9]

18세기 동안, 과거 봉건 귀족의 상속자들은 지주 계급으로 변신하였고, 점차 다른 범주의 사업들에 참여하면서도 여전히 봉건적 권리와 특권을 누리고 있었다. 게다가 그들은 지방 사법과 공공 행정 기능을 확보하고 있었다. 해가 지남에 따라 이러한 업무들을 실질적으로 수행하기는 어려워졌다. 중앙정부의 직접적 통제 아래서 새롭게 나타나 성장하고 있던 극도로 중앙화된 행정기관들이 점차 실질적 기능을 담당했다.

---

9   Soboul, A. (1982). *La Révolution Française*. Messidor/Éditions Sociales, Paris, p. 59.

새로운 행정 권력은 분명 새로운 사회의 자본주의적 특징의 진보에 우호적인 역할을 했다. 아래에서 우리가 다시 다룰 것처럼, 루이 15세와 루이 16세 집권 사이의 이행 과정에서 튀르고Turgot, Anne Robert Jacques Turgot의 1774년 중농주의적 강령(실패했지만 필요했던)은 자본주의 생산관계의 발전에 우호적인 표현이었다. 게다가 중앙정부의 힘이 증가하고 있었다. 앙시앵레짐 기간에 귀족과 신흥 자본가계급 사이를 중재하던 중앙 행정 권력의 지위는 왕정에 상당한 정도의 자율성을 부과하였으며, 때때로 잘못 주장되기도 하는 것처럼 이런 상황은 계급구조와 계급투쟁 위에 국가기구를 확립했다는 주장으로 이어지기도 했다(프랑수아 퓌레가 이러한 문제에 대해 알렉시스 드 토크빌의 작업을 활용하는 것과 관련하여 5장 부록에서 논의하였다).

1789년 8월 4일에는 한 발짝 더 나아갔다. 하지만 실제로 국민공회la Convention가 1792년 9월 수립되기 직전 몇주 동안, 국민입법의회는 진정한 의미의 농촌 지역 토지 소유권 개혁을 통과시켰고, 이로써 봉건적 소유관계로부터 전해 오던 구조들과 실질적으로 단절하게 되었다. 새로운 입법은 1793년에야 적용되었다. 특히 앞선 40년 동안 영주가 부당하게 차지하고 있던 공유지가 평민들에게 돌아갔다. 상시브에 대한 모든 권리는 폐지되었고, 토지는 임대 토지 부분을 포함하여 무상으로 농민들에게 분배되었다.[10]

봉건적 관계의 유지에 대한 질문을 마지막으로 제기할 수 있다. 게르만 민족으로부터 내려오는 특징들과 부분적으로 후기 로마제국의 구조로부터 기인하는 사회관계 내에서 메로빙거 엘리트들과 다른 한편으로 농업 및 상업 자본주의의 기본적 특징이 자라나던 18세기 후반 프랑스 혁명 발생 때까지 앙시앵레짐 엘리트들 사이에 공통적 측면이 존재했는가? 아마도 이러한 질문을 터무니없다고 평가할 것이다.

---

10 Gauthier. F. (2011). "Une révolution paysanne", https://revolution-francaise.net/2011/09/11/448-une-revolution-paysanne

하지만, 두 가지 사례 모두, 변화되어 적용되었다Mutatis mutandis고 대답할 수도 있다. 정치적이고, 직접적으로 경제적인 특권들은 여전히 게르만 민족으로부터 귀족들로 이어진 법적 기초(성문이든 관습이든)를 가지고 있었다. 루이 14세가 1669년 귀족들이 프랑스 농촌 공유지의 3분의 1(선별지triage라고 부른)을 보유할 수 있다고 선언했을 때, 이는 토지가 게르만 민족의 점령 이후 모든 토지의 정당한 소유자인 영주에 의해 마을 공동체에 관대하게 주어져 있다는 원칙에 기초하여 이루어졌다. 더 일반적으로는, 프랑스 혁명 이전에 귀족들에게 남아 있는 특권들을 재주장한 것뿐이었다. 에마뉘엘 조세프 시에예스Emmanuel Josep Sieyés의 1789년 팜플렛은 아주 성공적이었는데, 거기서는 게르만 침략자들을 언급하는 것은 오로지 그들을 유럽 동쪽의 숲속으로 돌려보내야 한다는 점에서만 가능하다고 이야기한다.

> 제3계급은 과거를 살펴보는 데 겁먹을 필요가 없다. 그것은 "정복"당하기 이전을 언급하는 것이며, 현재는 정복당할 수 없을 만큼 강하고, 확실히 효과적으로 저항할 수 있다. 정복자들의 경쟁으로부터 전해진, 정복의 권리를 상속받았다고 주장하는 모든 가족을 프랑크 왕국의 숲속으로 추방하지 못할 이유가 어디 있는가?[11]

영국의 "앙시앵레짐"

유사한 혼합적 생산양식의 과정들이 영국에서도 관찰되며, 뚜렷하지는 않지만 프랑스보다도 이른 시기로 여겨진다. 여기서 전체적인 비교를 할 수는 없지만, 다음과 같이 정리할 수 있다.

---

11 Sieyès, E.-J. (1789). *Qu'est-ce que le Tiers-État?* BNF Gallica, Paris, https://gallica.bnf.fr/ark:/12148/bpt6k47521t, pp 16-17.

1. **신흥 자본주의 관계의 정치학.** 영국 혁명을 연구한 마르크스주의 역사
가 크리스토퍼 힐Christopher Hill은 《1640년 영국 혁명》에서 "산업혁명과 같
은 것이 1640년 이전 세기에 일어났다"고 말한다.[12] 힐에 따르면 튜더 왕조와
신흥 부르주아 사이의 관계는 동맹의 일종이었다. 신흥 부르주아 계급이
안정된 정치 상황을 원했기 때문이다. 이러한 분석은 적어도 세 가지 가정
에 의존한다. 1) "산업"이라는 용어가 가장 적절한 용어라고는 할 수 없지
만, 16세기에 "산업혁명"이 일어났다. 2) 신흥 부르주아들이 정치에 연루되
어 있었다. 3) 프랑스 앙시앵레짐에 대한 마르크스의 분석처럼, 군주가 "중
재자" 역할을 했다. 튜더 왕조와 부르주아의 동맹을 스튜어트 왕조와 의회
사이에서 17세기에 일어났던 갈등(힐의 용어법에 따르면 의회는 "진보적"
대지주들과 신흥 부르주아 사이의 이해관계의 결합, 즉, 새로운 생산관계
로의 진입을 구체화하였다)과 비교해야만 한다.[13] 의회주의자들과 스튜어
트 왕조와의 대립으로 내전과 혁명이 일어났다(이 책 14장을 보라). 크리
스토퍼 힐은 낡은 형태의 소유권과 특권을 옹호하는 귀족과 퇴행적 젠트
리 일부를 반복적으로 언급하지만, 그것이 "봉건적" 생산관계로의 실질적
인 복귀를 의미하지는 않는다.

그리고 여기서, 우리는 봉건 관계의 유산과 자본주의 생산관계의 출현을
분석하는 데 적절한 어떤 것을 배운다. 프랑스와 같이 17세기 영국에서도
봉건적 권리가 잔존하고 있었다는 점은 중요한 특징이다. 그것은 등본 체
계copyhold system 속에 존재하였고, 농노제의 쇠퇴를 나타내는 것이었다(등
본 체계는 그 이름에서 알 수 있듯이, 채권자의 의무와 권리를 명시한 문
서의 존재에 기초하고 있다). 이는 공식적으로 19세기까지 존재하였다. 힐
은 자본주의 생산관계를 짓누르는 낡은 계급들과 왕권을 강조하였다. 조
세 이외에도 힐은 "특정 산업들을 통제하려는 시도" 및 "그러한 통제로부

---

12 Hill. C. (1940). *The English Revolution*, Section 2: "Economic Background of the English Revolution", (b)
    Industry and Trade; 또한 C. Hill. (1961). *The Century of Revolution 1603-1714*. Van Nostrand Reinhold
    (International) Co. Ltd, London을 참조하라.

13 Hill. C. (1940). Preface.

터 발생하는 임대 수입"을 챙긴 독점체들의 수립에 대해 이야기한다.[14] 우리는 낡은 계급들과 왕족 분파들이 지운 "짐"이라는 개념을 엄격한 의미에서 낡은 생산관계의 존재라는 의미로 프랑스 앙시앵레짐에 대한 분석에서도 광범위하게 사용하여야 한다고 본다.

2. **신흥 자본주의 관계들의 정치경제학.** 다음 절에서 논의할 마르크스의 분석과는 독립적으로, 동일한 시기 "경제사상사"적 측면에서 프랑스 앙시앵레짐과 영국 사회를 비교할 수 있다. 튀르고의 《부의 형성과 분배에 대한 고찰》이 애덤 스미스의 《국부론》보다 10년 전인 1776년에 집필되고 1770년에 출간되었다는 점을 상기할 필요가 있다.[15] 스미스는 파리에서 튀르고를 만난 적이 있었고, 그의 작업에 대해서도 알고 있었다. 둘의 분석 사이에 관계가 있었음은 분명하다.[16] 스미스가 자본축적 초기 단계를 직접적으로 떠올리는 "장인"과 "상인"이라는 용어를 자본가들을 지칭하기 위해 사용했다는 점도 생각해 볼 수 있지만, 그가 자본주의 생산관계에 대한 이론가라는 점을 누가 부정할 수 있겠는가? 영국에서 생산관계의 진전이 일어나고 있었던 것은 매우 확실하지만, 스미스를 자본주의 생산관계에 대한 분석가로, 튀르고를 전자본주의적 관계에 대한 분석가로 보는 관점은 과도한 단순화에 입각해 있다. 두 나라 모두 이행 과정에 있었다.

더 자세히 분석해 보면, 지엽적으로 보일 수 있지만 자주 이야기되는 두 나라 사이의 공통적 측면을 더 자세히 볼 수 있다. 예를 들어 프랑스 혁명 훨씬 이전의 영국 혁명 당시 평등파는 영국 귀족들의 뿌리에 있는 (앞 절에서 다룬 공유지 소유권과 관련하여), 시에예스의 팜플렛에 등장하는 독일 정복자들 대신에 노르만 정복자들의 후손들의 권리와 관련

---

14 Hill. C. (1940). Section 3: "Political Background of the English Revolution," (a) The Tudor Monarchy.

15 Turgot, A. R. (1898). *Reections on the formation and the distribution of riches* (1770). MacMillan, New York; Smith, A. (1976). *An Inquiry on the Wealth of Nations* (1776). Clarendon Press, Oxford.

16 Hoyng, A. C. (2015). *Turgot and Adam Smith: Une étrange proximité.* Honoré Champion, Paris.

된 영국 귀족들의 요구를 반대하였다.[17]

마르크스와 신흥 자본주의 관계의 경제학

마르크스가 분석한 바와 같이, 봉건 관계가 생존하고 있던 상황의 기본 경제 메커니즘에 대해 논의해야만 한다. 이 책의 3장 세 번째 절에서 논의한 상인자본 및 고리대자본에 대한 마르크스《자본》의 언급에서 명확하게 알 수 있는 것처럼, 마르크스는 "자본주의"라는 개념을 공장 체계의 등장 이후 시기로 한정하고 있었다. 예를 들어 유명한 《자본주의 발전 연구》를 쓴 모리스 돕Maurice Dobb과 같은 마르크스주의 경제학자들도 대체로 이러한 방식을 취했다.[18] 많은 경우, 엄격한 의미에서 자본주의를 규정하는 기준은 기계화라기보다는 임금노동 관계를 기초로 한, 잉여가치 추출에 기초하는 공장 체계다.

우선 경작지에 대한 지대 결정이 문제다. 한편으로 이는 "진보적" 토지 소유주와 농부들 사이에서 문제가 되었다. 크리스토퍼 힐의 개념에 입각하면, 이는 새로운 생산관계의 출현에 깊숙이 관계된 토지 소유주와 노동자들 사이의 관계를 말한다. 또 다른 한편으로 앞에서 이야기한 상대적으로 진보적인 관계와 비교해 볼 때, 전통적이고 수동적인 소유주와 소작농 사이의 양극화가 이행기 동안에 진행되고 있었다. 마르크스가《자본》3권 6부에서 말한 "차액지대"라는 개념은 자본주의 생산관계의 발전을 가정하고 있었기에 큰 도움이 되지 않는다. 마르크스가 "절대지대"라고 언급한 형태가 거대 토지 소유자의 전통적 영지에 대한 지속적인 독점권을 표현하지만, 그에 대한 양적quantitative 연구는 알려진 바가 없다.

---

17 Manning, B. (1992). *1649, The Crisis of the English Revolution*. Bookmarks, London, Chicago, Melbourn, pp. 32-34.

18 Dobb, M. (1950). *Studies in the Development of Capitalism*. Routledge, London, p. 17.

마르크스는 자본주의 생산관계가 출현해 온 긴 시간 동안 존재한 자본의 초기 형태에 대해서 탁월한 식견을 가지고 있었다. 특히 "전자본주의적 관계"라는 제목의《자본》3권 36장에서 그와 관련된 논의를 찾을 수 있다. 하지만 마르크스는 그것이 지닌 복잡성으로 인한 곤란한 문제에 대해서는 이야기하지 않는다.《자본》은 자본주의 생산양식에 관한 이론이며, 전형적으로 공장 체계 그리고 나중에는 대공업으로 발전하는 형태에 기초하고 있다. 게다가《자본》1권 25장 "시초축적"에 대한 분석은 새로운 임금노동 관계의 맥락에서 착취할 수 있는 인구가 형성되는 역사적 과정에 대한 것이며, 따라서 모든 계급사회에 존재하는 폭력을 극적으로 보여주고 있다.

고리대자본과 상인자본을 참조할 경우, 대외무역과 노예무역과 같은 것은 말할 것도 없고 농촌 내에서 벌어진 사회관계의 명확한 "접합articulation"을 설명하는 데도 어려움을 겪는다. 우리는 거대 토지 소유자들의 토지 경작 및 소규모 장인들에 대한 대부 행위와 관련한 상인자본가들의 구체적인 역할과 같은 새로운 사회관계의 다양한 구성 요소들 사이에서 수립된 관계들을 마르크스 저작의 전개 속에서 찾으려 하지 않았다. 역사가들의 작업 속에서 이러한 메커니즘을 지속적으로 발견할 수 있기는 하지만, 전반적으로 프랑스 앙시앵레짐 또는 영국에서 그와 유사한 것들이 있었는지에 대한 경험적이고 이론적인 분석은 불확실한 채로 남아 있는 듯 보인다. 앙시앵레짐에 대한 이론이 있는가?

지금까지 서술한 역사적 탐구로부터 얻을 수 있는 결론은 다음과 같다. 생산양식은 오랜 역사를 가지며 그것은 정치 및 경제적 뿌리와 가지들로 갈라진다. 생산양식의 혼합은 자본주의와 관리주의 사이의 현재 이행에만 국한되지 않는다. 동시에, 잉여가치의 "봉건적" 추출 수단이 여전히 새로운 잉여가치 추출 방법은 물론이고 낡은 고비용 및 비효율적인 상부구조와 결합된 채로 남아 있고, 새로운 자본주의 생산관계가 진행되고 있었기 때문에, 그 강조점을 전통적인 봉건적 정치 상부구조가 아니라 경제에 위치시킨다면, 현대사회의 생산관계를 "관리자본주의"라는 용어로 부를 수 있는 것처럼 앙시앵레짐을 "자본주의적 봉건주의"라고 부를 수도 있을 것이다. 우리가 2부에서 이야기할 것처럼 관리자본주의의 현대적 혼합 형태와의 비교는 상당히 유의미하다.

한 측면의 또 다른 측면에 대한 지배가 지속되어 왔다. 자본주의만큼 더 봉건적인, 봉건적인 만큼 더 자본주의적인, 관리주의만큼 더 자본주의적인, 자본주의만큼 더 관리주의적인 것들의 지배가.

계급모순의 탄생: 부르주아와 프롤레타리아

생산관계와 계급들 사이의 상동성homology 아래서, 앞에서 이야기한 것과 동일한 혼합적 과정을 계급구조의 동역학 속에서 관찰할 수 있다. 한편으로 자본 소유자와 관리자 그리고 다른 한편으로 관리자들과 민중 계급 사이의 구별과 관련한 다양한 "조응correspondances"과 "괴리décalages" 그리고 "겹침recouvrements"을 앞에서 핵심적으로 다룬 바 있다(특히, 4장과 6장). 여기서는 자본주의 생산관계의 초기 과정에서도 동일한 것을 발견할 수 있다고 구체적 내용을 가지고 이야기할 것이다.

16세기부터 18세기에 걸쳐 신흥 부르주아 집단과 그 자체로 쇠퇴하고 있었지만 재전환 과정에 있던 귀족들 사이의 사회 위계관계 상층에서 이루어진 통합에 대해서 자주 이야기되곤 한다. 아주 초기에, 귀족들은 더 많은 소득을 얻기 위해 새로운 사업에 뛰어들었다. 영지에 광산이 생기는가 하면 숲속에 제철 설비가 들어서기도 했다. 그와 동시에 자본주의적 사업가들은 결혼, 왕에 대한 봉사, 토지 구입 등과 같은 다양한 방법으로 귀족의 지위에 대한 접근권을 얻어 냈다.

산업혁명 이후 19세기 중반 영국에서조차 여전히 토지 소유자는 가장 부유한 자들이었고, 사회의 위계관계 상위에 접근하는 전형적인 방식은 거대한 영지를 소유하는 것이었으며, 이를 통해 부유한 산업가들이 귀족의 지위에 오를 수가 있었다. 윌리엄 루빈스틴William Rubinstein 은 19세기 중반 영국 사회에 대한 연구에서 사회적 지위의 재편을 굉장히 잘 묘사하고 있다. "잘 알려졌듯이, 초기의 산업가들은 상대적으로 제한된 규모에서 활동하였다."[19] 산업을 통한 부의 축적이 지배적이던 시기인 1879년의 농업 불황을 언급하면서, 루빈스틴은 "토지에 대한 소유권이 귀족 신분을 창출하는 데 자동적인 전제조건이 되는 것이 중단된 시기 동안"이었음에도 불구하고 "사업가들은 여전히 토지를 사들였다"고 강조한다.[20] 모든 나라에서 유사한 조건 아래 고위 공무원들은 세습적이거나 비세습적인 형태의 작위를 획득하였다.[21]

19세기 초반까지 기본적으로 한편에서는 귀족 분파와 사회 위계관계 상위의 성직자들 그리고 새로운 상인 계급들이, 또 다른 한편에서는 생산자 집단이 계급으로 분할되어 있었다. 직인small master은 노동자(일꾼)였고, 장인의 숙소에서 생활하면서 큰 대립 없이 긴밀한 관계를 형성하고 있었다.

민중의 투쟁이 이러한 신흥 자본주의 구조에 특정한 형태를 부여했다. 1831년과 1834년, 리옹의 직인들이 유명한 견직물 공장 직공canuts 투쟁을 이끌었다. 몇백 명 정도의 판매상인들merchants이 장인 8천 명에게 원료를 공급하고 있었고, 각각의 장인들은 견직물 공업 일꾼들을 고용하고 있었다.[22] 도매상들traders이 일정 가격에서 상품을 넘겨받았다. 자본주의 생산관계의 발전에 영향을 받아 장인들과 직공들의 상황이 악화되자 이들은 투쟁을 벌였다. 마우리찌오 그리보디Maurizio Gribaudi는 "집단공장collective manufactory"이라는 이름으로 일어난 파리의 생산 조직화를

---

19 Rubinstein, W. R. (2006). *Men of Property: The very wealthy in Britain since theIndustrial Revolution*. Social Affairs Unit, London, p. 51.

20 Runistein, W. R. (2006). p. 53.

21 Furet, F. (1978). *Penser la Revolution Francaise*. Gallimard, Paris, p. 168.

22 Hupfel, S. et Sheridan, G. "A la recherche d'une démocratie d'ateliers. L'Écho de la fabrique des canuts." In Bouchet, T., Bourdeau, V., Castleton, E., Frobert, L. and Jarrige, F. (eds), *Quand les Socialistes Inventaient l'Avenir, 1825–1860*, pp. 113–126. La Découverte, Paris, 2015.

아주 잘 묘사했다. 많은 독립 노동자들과 그들의 고용자들이 같은 사치재들의 여러 부분을 생산하였고, 상인들은 그것을 구입하여 판매하였다.[23] 이들이 1830년과 1848년에 바리케이트 위에 있던 노동자들이었다.

비슷한 시기에 벌어진 영국의 차티스트 운동(1838~1858)도 주로 일꾼과 직인들이 주도하였다.[24] 차티스트들은 "노동이 모든 부의 원천"이며 부유한 자들 일부가 노동을 착취하고 있다고 고발하는 연사들에 환호했다.[25] 직인과 일꾼들은 공동의 적에 대항하여 총파업을 벌였다. 특히 1832년 선거제도개혁법the Reform Act of 1832의 좌절(여전히 인구 중 20%만 투표할 수 있었던),[26] 지속적인 회합과 파업, 폭동, 1838년 인민헌장the People's Charter of 1838, 1839년 초 국민공회("산업계급 총회"), 의회 청원과 1839년 말 뉴포트Newport에서 벌어진 봉기와 그에 대한 잔인한 탄압과 같은, 그 운동의 역사에서도 기나긴 싸움의 초기 단계만을 상기해 보자.

여기에 비슷한 특징을 갖는 1844년 실레지아 방직공들[27]의 봉기 또한 추가할 필요가 있을 것이다.

잘 알려진 바대로 계급 대립 구조는 경제적으로는 공장 체계의 발전 및 프롤레타리아의 성장 그리고 정치적으로는 신흥 중간계급과 상위계급 사이의 새로운 동맹 과정에서 극적인 방식이기는 하지만, 점진적으로 변화한다. 19세기 중반 영국에서 새로운 계급모순이 자리 잡아 사회적 대립으로 표출되는 과정과 그 당시 중간계급과 부르주아의 동맹으로서 "자유주의적 전환"이 나타나는 과정은 평행한다. 존 포스터는 마

---

23 Gribaudi, M. (2014). *Paris ville ouvrière. Une histoire occultée 1789-1848*. La Découverte, Paris, Chapter 4.

24 Chase, M. (2007). *Chartism: A new history*. Manchester University Press, Manchester에서 채택한 날짜를 따랐다.

25 Chase, M. (2007). *Chartism: A new history*. Manchester University Press, Manchester.

26 Evans, E. (2014). *Britain before the Reform Act*. Routledge, Oxon, New York, p. 94.

27 [옮긴이] 이는 하인리히 하이네의 시로 알려진 슐레지엔(실레지아)의 방직공(또는 직조공)의 봉기를 가리킨다.

르크스주의를 바탕으로 영국의 주요 산업 지역 세 곳, 특히 맨체스터 근처에 있는 올덤Oldham에 대해 연구했다.[28] 에릭 J. 에반스도 《선거개혁법 이전 영국》에서 이와는 완전히 다른 관점으로 유사하게 진단했다.[29] 새로운 계급모순과 중간계급의 우익으로의 이동이라는 전환의 두 범주 사이의 전개 과정을 확실히 우연이라 할 수는 없다. 포스터는 이러한 정치적 추세와 더불어 초기에 나타난 사회조직의 지역적 형태와 사회세력들 사이의 상응하는 균형이 붕괴했고, 사회운동을 훨씬 더 "효율적으로" 전국적인 수준에서 억압했다고 본다.[30]

데이비드 리카도의 《정치경제학과 과세의 원리에 대하여》(1817)가 출간된 해와 거의 같은 시기에, 프랑스의 앙리 드 생시몽(결코 경제학자라고는 할 수 없는)은 생산의 조직화를 주요 측면으로 하는, 사회 진보의 광범위한 역사적 비전의 주요 행위자로서 자본주의적 인간을 제시했다 (생시몽은 1810년에서 1820년 사이에 주요 저작들을 썼다).[31] 생시몽은 생산에 대한 지식의 적용을 중심 개념으로 과학자들을 사업가의 보조로 묘사한다. 그는 기업 내에 연루된 "역량capacity"을 중심으로 분석하며, 이상하기는 하지만 소유권에 대해서는 거의 언급하지 않는다. 활동적 기업가industriel의 기술skill과 고생toil을 칭찬해야 하며, 그 반면에 물려받은 유산에서 받는 수동적 이익을 얻고 있는 자본가의 가족 형제자매들, 즉 엄격한 법률적 의미에서의 소유자들은 경멸의 대상이다. 생시몽은 몇백 페이지에 걸쳐 루이 18세에게 귀족과 성직자 같은 자들에게 의존하지

---

28 Foster, J. (1974). *Class struggle and the industrial revolution. Early industrial capitalism in three English towns* (Foreword by Professor Eric Hobsbawm). Weidenfeld & Nicolson, London, Chapter 7, "Liberalization."

29 Evans (2004). note. 27.

30 Foster (1974). note 28, Chapter 3, "Labour and state power."

31 de Saint-Simon, H. (2012b). L'organisateur (1819). In *Œuvres complètes III*, pp. 2099-2237. Presses Universitaires de France, Quadrige, Paris; de Saint-Simon, H. (2012a). Du système industriel (1820). In *Œuvres complètes* III, pp 2342-2632. Presses Universitaires de France, Quadrige, Paris.

말고, 산업가 계급으로부터 권력의 기초를 발견할 수 있을 것이라고 권고하였다. 생시몽은 "프롤레타리아"라는 단어를 사용했고, 자신이 주창하던 기독교의 기본적인 미덕에 따라 가난한 자들의 고통을 줄여야 한다는 점을 상위계급에게 권장하기는 했지만, 경제활동과 관련된 통합적인 기준 속에서 활동적 자본가들과 노동자들을 명확히 구별하지는 못했다.[32]

점차 계급투쟁과 사회적 변화의 현실적 과정을 파악할 수 있게 되었다. 생시몽의 제자들은 《생시몽의 교리Doctrine de Saint Simon》라는 제목의 컨퍼런스 결과물을 출판하였다. 여기서 제자들은 선생님이 본래 분석한 것으로부터 강력하고도 가혹한 변화가 발생하고 있다는 점을 토로했다.[33] 그 시기 파리에서 공화주의, 사회주의, 확실히 공산주의와 같은 광범위한 의견을 표현하기 위한 간행물들이 쏟아져 나왔다.[34]

자본주의적 소유자와 프롤레타리아 계급 사이의 명확한 분할이 처음으로 이뤄진 것은 바로 이러한 맥락에서였다. 장 레노Jean Reynaud가 주요 인물인데, 그는 명확하게 프롤레타리아 계급을 다음과 같이 정의한다.

> 나는 그 나라의 국부wealth of the nation를 생산하면서, 일상적인 자신의 노동에 대해 보수를 받으며, 그 노동이 그들의 통제권 밖에 있고, 일상적으로 받는 보수는 그들이 하는 고역의 아주 일부이고, 지속적인 경쟁에 노출되어 있고, 미래는 산업의 불확실하면서 빡빡한 일정에 따라 변동되고, 병원

---

32 de Saint-Simon, H. (2012c). Nouveau christianisme. Dialogues entre un conservateur et un novateur (1825). In Œuvres complètes IV, pp 3184-3226. Presses Universitaires de France, Quadrige, Paris.

33 Enfantin, P., Carnot, H., Fournel, H. et alii (1830). Doctrine de Saint-Simon: Exposition, première année, 1828-1829. L'organisateur, Paris. http://gallica.bnf.fr/ark:/12148/bpt6k85469w

34 공산주의 간행물들은 다음과 같다. Le moniteur républicain; L'homme libre; L'intelligence; L'égalitaire, journal de l'organisation sociale; La fraternité; et Le travail, organe de la rénovation sociale (Maillard, A. (2015). Egalité et communauté, la presse communiste. In Bouchet, T., Bourdeau, V., Castleton, E., Frobert, L. et Jarrige, F., éditeurs: Quand les socialistes inventaient l'avenir, 1825-1860, pp 168-180. La Découverte, Paris).

의 한 자리를 차지하거나 단명하는 것 말고는 노년에 대한 희망이라곤 없는 사람들을 프롤레타리아라고 부른다.[35]

그리고 부르주아에 대해 말한다.

나는 프롤레타리아의 운명을 지배하고 구속하는 사람들, 자본을 소유하고 그에 대한 연간 수입으로 생활하는, 산업을 지배하면서 자신의 소비를 위해 산업을 강화하기도 퇴보시키기도 하며 현재 상황에서 완전한 이익을 보는, 이전에 향유하던 자신들의 운명의 지속과 그들에게 최고의 자리와 최고의 몫을 지속시키는 조건을 지속하는 것 외에는 미래에 대한 어떤 소망도 없는, 그런 사람들을 부르주아라고 부른다.[36]

근본적 계급구조의 변화transformation는 투쟁 및 사회적 변화 과정에서 드러난다. 이것이 마르크스가 파리 망명 기간 동안 새로운 사회적 적대 및 공산주의를 발견한 방식이다.[37] 레노가 위와 같이 말할 때 마르크스는 열네 살이었다 애덤 스미스와 데이비드 리카도가 각각 1776년과 1815년에 이미 자본주의 경제의 본질을 확인하고 분석했다는 점을 기억할 필요가 있다. 마르크스는 그들의 작업을 정치경제학 연구의 기초로 삼았다.

노동자 운동이 실제로 자본주의 내의 계급적대에 대한 관점을 채택

35 Reynaud, J. (2013). *De la nécessité d'une représentation spéciale pour les prolétaires* (1832). Chapitre.com, Paris, pp. 12-13; Aramini, A. et Bourdeau, V. (2015). Synthèse et association. la Revue encyclopédique de Leroux, Reynaud et Carnot. In Bouchet, T., Bourdeau, V., Castleton, E., Frobert, L. et Jarrige, F., éditeurs: *Quand les socialistes inventaient l'avenir, 1825-1860*, La Découverte, Paris, pp. 84-96.

36 Reynaud, J. (2013), p. 14.

37 독일 이민자 빌헬름 바이틀링은 1836년 의인동맹la Ligue des justes을 설립했다. 이에 대해서는 15장에서 다시 이야기할 것이다. Wittke, C. (1950). *The utopian communist. A biography of Wilhelm Weitling, nineteenth-century reformer*. Lousiana State University Press, Baton Rouge.

하기까지는 수십 년이 걸렸다. 사회주의와 무정부주의를 다루는 15장에서 더 광범위하게 논의하겠지만, 프롤레타리아 계급의 성원들로서 노동자들이 아닌 최상위 장인들master craftsmen을 지도자들로 하는 제1인터내셔널이 1864년 창립되었고, 그들의 주류 이데올로기는 프루동주의였다.[38] 따라서 두 가지 측면에서 곤란한 지점이 있었다. 한편으로 적절한 분석틀을 정의해야 했다. 또한 그 원리에 입각하여 투쟁이 이루어져야 했다. 이러한 두 가지 측면이 동시에 명확해졌다.

현대적 발전 과정으로 돌아와 보자. 19세기 초반, 변화하는 계급 구조에 대해 자세히 확인하는 것과 관리주의적 특징의 부상을 식별하는 데 따른 어려움이 동시에 존재한다. 오늘날에는 관리자들의 성장에 따른 고임금 종사자와 저임금 종사자들 사이의 분열이 주요 사회적 분열인 반면, 새로운 분석틀을 발전시키는 것에 대한 저항이 또한 좌파 내에 강하게 남아 있다. 이들은 자본소득을 매우 강조한다. 어떤 식으로든 그러한 불만을 느낄 수 있으며, 자본주의 및 관리주의적 특징들이 서로 얽히는 사회적 실체로서 "기업"을 언급하지만, 관리자들에 대한 명확한 언급은 없다. 그러한 좌파들은 정치정당과 같은 전통적 정치제도에 기초한 계급 분할에 대한 인식이 없으며, 어떤 이들은 심지어 그들에게 그러한 인식이 "전혀 없다"고 주장하기도 한다.

---

38 Léonard, M. (2011). *L'émancipation des travailleurs. Une histoire de la Première Internationale.* La Fabrique, Paris, II. "Ces ânes de proudhoniens. Une mise en marche laborieuse[이 바보 같은 푸르동주의자들. 어려운 출발]."

2부
관리자본주의 120년

　　이제부터는 더 이상 생산양식의 이행을 대상으로 다루지 않는다. 오히려 19세기 이후 관리자본주의의 전개 과정에 있는 다양한 시기들을 구별해 보려고 한다. 계급 지배와 동맹의 구체적인 구조configuration로서 "사회질서"가 이제부터 핵심 개념이다. 두 가지 유형의 메커니즘을 확실히 구별할 필요가 있다. 1) 앞에서 논의한 혼합적인 사회구성체를 포함하는 생산-사회화 양식 변화의 기저에 있는 생산양식과 생산력의 동역학, 2) 이번 장에서 이야기할 사회구성체 또는 규정된 생산양식 내부에서 일어나는 계급 지배와 동맹의 변화에 대한 표현으로서 사회질서들(구체적으로는 관리자본주의 내부의 민중 계급과 관리직 그리고 자본가 같은 세 계급 사이의 계급 동맹과 지배).

　　소득 데이터를 고려하고 있다는 점에서 2장과 9장의 형식적인 유사성을 살펴볼 수 있다. 하지만 9장에서는 소득구조를 식별하는 것이 더 이상 문제가 아니며 오히려 소득과 부의 불평등이 어떻게 변화해 왔는지가 문제가 된다. 10장과 12장에서는 사회질서들에 대해 다룬다. 10장에서 관리자본주의의 전개 과정을 구분 짓는 세 가지 사회적 구조configuration를 소개한다. 11장에서는 관리자 계급 상위 분파(특히 금융 부문)의 영향력 아래 있는 기업의 소유와 통제와 관련된 글로벌 기관들 같은 신자유주의 내 계급지배 기관들을 구체적으로 설명한다. 12장에서는 소유와 관리 기관들 상위에 있는 행위자들과 전통적인 정부들 같은, 사회질서들을 통치하는 사회세력들을 분석한다.

13장에서는 앞에서 분석한 마르크스의 역사 동역학 이론으로 다시 돌아가서 20세기와 21세기 초반 동안 나타난 계급투쟁, 계급구조, 생산 관계, 생산력이라는 더 광범위한 틀 속에서 사회질서들을 재배치한다. 우리는 기술과 분배의 경향들을 강조할 것이다.

9
불평등의 다양한 추세

계급관계에 대해 연구할 때 소득과 부의 위계관계를 결정적 기준이라 할 수는 없지만, 관리자본주의의 전개 과정에서 관찰할 수 있는 불평등의 극적 변화를 보면 이러한 변화를 통해 계급지배, 계급동맹, 계급투쟁의 변화를 아주 선명하게 확인할 수 있다(2장에서는 이러한 위계관계를 계급구조로 해석했다).

이번 장에서 이루어지는 이러한 새로운 통계적 연구를 10장에서 다룰 사회질서들에 대한 분석으로의 일보 전진으로 이해해야만 한다.

불평등: 총소득

토마 피케티, 에마뉘엘 사에즈, 가브리엘 쥐크망이 수집한 데이터가 없었다면 지금의 연구는 불가능했을 것이다. 우리는 결과들을 정리하고 해석했다.[1]

여기서 제시된 모든 표와 그림은 미국에 관한 것이다. 우리는 미국의 가계 총소득에서 시작한다. 최하위 소득 및 최상위 소득 사이에 7개 집단을 확인할 수 있다(중첩되지 않는 7개 소득분위). 1) 0~90분위(0%부터 90%까지)를 형성하는 대부분의 가계, 2) 6개 하위범주로 분해된 상위 10분위(상위 10%)를 표 9.1에서 확인할 수 있다. 표 9.1은 2015년을 바탕으

---

1 Duménil, G. and Lévy, D. (2014c). Neoliberal Managerial Capitalism: Another Reading of Piketty's, Saez's, and Zucman's Data. *International Journal of Political Economy*, pp. 71-89.

로 하고 있으며 현재 잘 알려진 소득불평등의 모습을 보여주고 있다(이 번 장에서 제시하는 표 3개는 2015년, 2011년, 2012년에 대한 것이다).

표 9.1 가계들의 소득 위계: 2015년 7개 소득분위

소득분위	0~90	90~95	95~99	99~99.5	99.5~99.9	99.9~99.99	99.99~100
가계 비중(%)	90	5	4	0.5	0.4	0.09	0.01
가계 수 (단위: 천)	150,583	8,366	6,693	837	643	151	17
연간 평균소득 (단위: 천 달러)	33	143	242	485	901	2,907	18,863

출처: Piketty, T. and Saez, E. "Income inequality in the United States, 1913-1998." *The Quarterly Journal of Economics*, CXVIII(1): 1-39, 2003, Table A4: "Top fractiles income levels(excluding capital gains)."

　　표 9.1을 통해 소득불평등 양상을 분명히 확인할 수 있지만, 이번 장에서는 1913년 이래로 변화해 온 소득불평등의 양상에 대해서도 다룬다. 이 데이터는 상당 기간에 걸쳐 있기 때문에 물가상승률 보정이 필요하다. 따라서 변수들은 각 분위에 있는 연간 가계 평균소득의 추정치이다. 다시 말해 2015년의 표 9.1 아랫줄에 있는 평균 명목소득이며, 소비자물가지수Consumer Price Index: CPI로 보정되었다. 이 변수들을 구매력 또는 "실질" 소득(때때로 아래에서는 "소득"이라고만 불린다)이라고 부를 수 있다. 분위 간 소득자료에는 상당한 간격이 존재하므로, 본래 형태의 데이터로는 분위 사이의 역사적 비교가 가능하지 않다. 따라서 우리는 실질 소득의 본래 값들 대신에 지수를 사용하였다. 각 분위의 값들을 1960~1973년 평균을 100으로 하여 재조정하였다. 이 기간을 선택한 이유는 시계열의 성격 때문으로, 이 14년 동안 각 분위의 소득이 거의 같은 비율로 성장하였다. 이러한 과정을 통해 우리가 지금부터 이야기할 변화하는 불평등 구조의 특징적 모습을 관찰할 수 있다.
　　0~90분위 지수의 경우, 제2차 세계대전 이전의 (가장 낮은 점) 23에

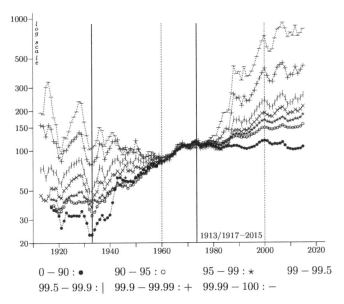

$$0 - 90 : \bullet \qquad 90 - 95 : \circ \qquad 95 - 99 : \star \qquad 99 - 99.5$$
$$99.5 - 99.9 : | \qquad 99.9 - 99.99 : + \qquad 99.99 - 100 : -$$

그림 9.1 7개 소득분위 가계당 연간 평균소득(불변 달러, 1960-1973=100)
각 소득분위의 시계열은 1960~1973년 기간의 평균을 100으로 하여 재조정되었다. 소
득분위를 그림 아래서 확인할 수 있으며, 수직선은 각 1933년, 1960년, 1974년, 2000년
이다. 출처: 표 9.1와 같음

서 1974년 111까지 약 5배 성장했고, 그 이후에는 정체되어 있다. 수직선
2개를 1933년과 1974년에 그렸으며, 이를 통해 세 구간이 형성된다. 이
것은 다음과 같이 해석할 수 있다.

1. **뉴딜 이전.** 첫 번째 확대된 불평등 양상을 관찰할 수 있다(가장 상위에
   있는 분위들의 소득 감소 추이 또한 관찰할 수 있다).
2. **뉴딜 이후 1970년대 중반 또는 1980년대 초반까지.** 뉴딜 이후 약 1960년
   대까지(수직 점선) 불평등이 확연히 감소하였다. 소득 하위 분위에 존재
   하던 가계들의 소득이 확실히 증가하였다. 1929년 이전과 1929년의 여러
   분위 소득을 비교해 보면, 상위 및 하위 범주의 가계들은 서로 확실히 다
   른 운명에 처하게 되었다. 구체적으로 99.99~100에 속한 최상위 분위의

소득은 2배가량 감소하였고, 0~90분위에 있는 다수의 가계소득은 2.5배
증가하였다. 이미 언급한 바대로, 모든 분위의 가계소득은 1970년대 중
반까지는 같은 속도로 성장하였고, 이는 두 번째 하위 기간을 정의한다.
여기서 이용하고 있는 소득 데이터가 세전 소득을 기초로 하고 있다는
점을 잊지 말아야 한다. 두 번째 기간에는 고소득자들에게 더 높은 세율
이 부과되었기 때문에, 소득불평등의 감소 폭은 세후 자료를 기초로 했
다면 훨씬 크게 나타났을 것이다.

3. **1970년대 중반 또는 1980년 초 이후.** 적어도 2000년까지(두 번째 수직
점선으로 표시된) 불평등의 새로운 상승 추이는 실로 엄청나다. 0~90
분위의 소득은 정체되었으며, 상위 분위들의 소득이 폭발적으로 증가하
였다. 최상위 분위, 99.99~100의 소득은 7배 이상 증가하였다.

소득불평등에 대한 이러한 분석으로부터 얻을 수 있는 결론은 명
백하다. 제1차 세계대전 이후를 세 시기로 구별할 수 있다. 1) 뉴딜 이전
을 상당한 정도의 불평등이 존재하던 시기로 분류할 수 있다. 이후 예리
한 단절이 일어났다. 2) 1960년까지는 불평등 감소의 시기였으며, 이후
14년 동안 불평등 수준은 일정하였다. 3) 1973년 이후 불평등이 증가하
는 경향이 복귀하였다. 2000년과 2015년 사이를 보면, 두 번째 시기 전
반부에 일어난 불평등의 감소와는 정반대로 불평등이 증가하였으며 이
는 뉴딜 이전 시기의 평균적 불평등 수준과 유사하다.

불평등: 임금

이 책에서 우리는 계급관계를 강조하고 있다. 따라서 앞 절에서 우
리는 불평등의 역사적 양상을 계급관계의 변화와 관련하여 해석하였
다. 하지만 관리자와 그 밖의 임금 소득자 각각의 상황을 볼 때 임금 위계
관계를 중심으로 한 보다 구체적인 연구가 필요하다.

표 9.2 임금 소득자의 임금 위계: 2011년 7개 소득분위

소득분위	0~90	90~95	95~99	99~99.5	99.5~99.9	99.9~99.99	99.99~100
연간 평균 임금 (단위 천 달러)	48	144	220	399	669	1,867	10,334

출처: Piketty, T. and Saez, E. "Income inequality in the United States, 1913-1998," Table B3: "Average salary for each fractile (in 2011 dollars)."

표 9.2에서 2011년 각 분위의 가계 평균임금을 확인할 수 있으며 이는 표 9.1과 같은 추정 방식으로 도출되었다. 그림 9.2 또한 그림 9.1과 같은 방법론을 사용하였지만, 오직 세 분위만을 고려하고 있다는 점에서 더 단순하다. 3개의 동일 기간을 관찰할 수 있다. 0~90분위의 경우, 대공황부터 1970년대까지 임금이 증가하였는데, 총소득 중 임금의 비중은 거의 변화하지 않았다. 이들이 획득한 자본소득이 매우 작았기 때문이다. 따라서 임금 불평등은 첫 번째 기간에 감소하고 있다. 1960년에서 1973년까지 모든 분위의 임금이 나란히 성장하고 있다. 1974년 이후,

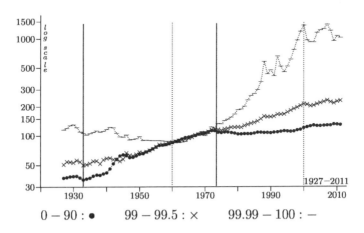

0 − 90 : ●   99 − 99.5 : ×   99.99 − 100 : −

그림 9.2 세 소득분위 가계당 연간 평균임금(불변 달러, 1960-1973=100)
그림의 수직선은 그림 9.1과 같은 시기를 가리킨다. 출처: 표 9.2와 같음.

임금 불평등은 극적으로 확대된다. 1) 부채를 펼친 것처럼 총소득에 비해 훨씬 거대하게 임금 불평등이 확대되고 있다. 2) 그리고 이러한 변화가 총소득의 변화에 비해 좀 더 일찍 시작되었다. 우리가 종종 상상하는 것과는 달리, 1970년대 말 이래로의 빠른 고임금 추세가 그림 9.1에서 확인할 수 있는 임금 불평등 확대의 핵심 요소이다.

이러한 관찰에서 고임금과 자본소득(또는 자산)이 불평등의 역사적 경향에 미치는 영향의 문제를 제기할 수 있다. 우리는 이제 자산에 대해 논하려고 한다.

불평등: 자산

위에서 행한 것과 같은 분석 방법을 통해 표 9.3과 그림 9.3을 작성하였다. 각 변수는 각 분위 가계의 평균자산을 의미하며, GDP 디플레이터를 통해 나누어주었다. 임금을 다룬 앞 절과 같이 세 기간을 구분했다.

표 9.3 가계들 사이의 자산 위계: 2012년 7개 소득분위

소득분위	0~90	90~95	95~99	99~99.5	99.5~99.9	99.9~99.99	99.99~100
자산(단위: 천 달러)	100	993	2,248	5,759	12,329	47,254	442,236

출처: Saez, E. and Zucman, G. "Wealth inequality in the United States since 1913: Evidence from capitalized income data." *The Quarterly Journal of Economics*, CXXXI(1): 519–578, 2016, Tables: (i) "Top wealth shares, estimates obtained by capitalizing income and household wealth as a fraction of national income," and (ii) "Household wealth as a fraction of national income."

가장 상위 분위의 자산은 뉴딜 이전에 큰 변동을 겪었으며, 1929년 주식시장의 붕괴에도 불구하고 비교적 높은 수준에서 안정화되어 있다. 하지만 제2차 세계대전 동안에 상당한 감소가 이루어진다. 이와 동시에 0~90분위의 자산은 1970년대까지 소득에 비해 훨씬 크게 성장한다. 1970년대 중반 위기 기간에는 모든 분위에서 자산의 감소를 관찰

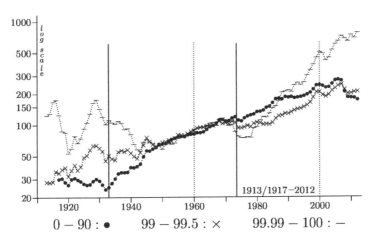

그림 9.3 가계당 평균자산: 3개 소득분위(불변 달러, 1960-1973=100)
출처: 표 9.3과 같음.

할 수 있다(10장에서는 "구조적 위기"를 분석한다). 이는 특히 금융 투자에 더 연루되어 있을 상위 분위들에서 확실하다(1972년과 1975년 사이 상위 99.99~100분위의 자산은 26% 감소했다). 최종적으로 새로운 상승 추이를 관찰할 수 있는데, 이는 최상위 분위가 총소득에서 얻은 정도와 유사하다. 주택 가격의 상승으로 인해 0~90분위의 재산도 2007~2009년 금융위기 이전에 증가하였고, 최종적으로 1985년 수준으로 돌아갔다(1980년 이후, 가계자산 중 연금 비중이 늘었다. 하지만 우리는 이를 다양한 분위에 걸쳐 분석할 수 있는 정보가 없다).

불평등 수준

이번 장에서 불평등에 대한 경험적 분석을 마무리하기 전에 세 기간에 걸쳐 관찰할 수 있는 **추이**와는 다른 평균 **수준**을 다룰 필요가 있다. 끝으로, 우리는 상위 분위 99.99~100과 0~90분위를 비교할 것이다. 상위 분위는 17,000가구이며, 0~90분위는 1억 5,000만 가구임을 기억하자.

불평등의 정도를 표 9.1, 9.2, 9.3에 나오는 소득, 임금, 자산 사이 두 분위의 비율로 평가할 수 있다. 비교 결과를 표 9.4에 제시했다.

표 9.4 두 소득분위 사이의 소득, 임금, 자산 위계

비율	90.99~100소득 0~90소득	99.99~100임금 0~90임금	99.99~100자산 0~90자산
(1) 1917~1929년	365	86	3,264
(2) 1960~1973년	73	27	1,001
(3) 2000~2012년	533	238	2,781
불평등의 증가 (3)/(2)	7.3	8.8	2.8

데이터 부족으로 인해 1927~1928년, 1960~1973년, 2000~2011년 기간에 대해서는 평균임금을 계산했다. "불평등의 증가 (3)/(2)"은 두 번째 기간의 비율에 대해 세 번째 기간의 비율을 계산했다. 예를 들어 첫 번째 열의 경우 533/73=7.3이다.

첫 번째 열의 소득에 대해 대공황 이전 기간과 2000년 이후 기간을 비교해 보면, 그 비율은 각각 365와 533이다. 확실히 불평등이 증가했음을 확인할 수 있다. 1960~1973년 동안은 그 비율이 73으로 더 낮고 안정적인 불평등 상황이었음을 알 수 있다. 임금과 재산을 유사한 방식으로 해석할 수 있으며, 두 번째 열과 세 번째 열에서 이를 확인할 수 있다. 똑같은 세 가지 양상이 나타남을 확인할 수 있다. 불평등의 정도가 임금에서는 훨씬 낮으며, 자산 측면에서 보면 훨씬 크다는 점을 추가로 관찰할 수 있다.

요약

제1차 세계대전 이후 미국에서 일어난 불평등의 변동을 보면 총소득, 임금, 자산 세 변수를 관찰할 때 공통적인 측면을 관찰할 수 있다. 1) 대공황 이전, 2) 대공황으로부터 1970년대 또는 1980년대, 3) 그 이후라는 공통적 세 기간을 확인할 수 있었다. 대공황으로부터 1960년대까지 불평등의 감소 추이를, 1970년대 중반 또는 1980년대 초반의 상승 추이를 발견할 수 있었다.

추세뿐만 아니라 수준의 측면에서 보아도 이러한 변화의 양상은 크게 변화하지 않는다. 계급사회로서 자본주의 또는 관리자본주의가 항상 똑같지 않고, 위에서 묘사한 변화들이 상당한 변동을 겪었다는 점은 당연한 관찰이라 할 수 있다. 평균적으로, 일반적인 대부분 사람들에 비해 500배의 소득을 올리는 1만 또는 2만 가구의 집단[99.99~100분위]은 70배의 소득을 올리는 바로 아래 집단[99.9~99.99분위]과도 다르다. 하지만 자산불평등의 경우, 모든 기간에서 매우 강력하다. 1960~1973년 기간 또한 1천 배 이상이었다(표 9.4 세 번째 열을 보라). 0~90분위의 재산은 일관적으로 매우 적다.

구체적으로 고임금을 잉여노동 추출 과정의 주요 통로로 보는 관리자본주의에 대한 연구는 임금 불평등을 특히 중요하게 여기고 있다. 세 번째 기간에 임금 불평등의 증가가 자산 또는 소득 증가로 인한 불평등보다 크다는 사실이 중요하다(표 9.4의 맨 아래줄). 표 9.4를 보면 두 분위 사이의 중간 기간과 최근 기간 사이의 비율은 8.8이다. 그에 비해 자산의 비율은 2.8임을 확인할 수 있다. 이것은 상위 1%(99~100분위) 소득 중 임금 비중이 80%에 이른다는 점을 확인한 2장에서의 관찰과 일맥상통한다. 관리주의적인 현대 자본주의 사회 안에서 나타나고 있는 소득의 변화는, 미국 모델을 그러한 사회들이 재생산하고 있거나 재생산할 것이라는 점에서, 엄격한 의미의 자본주의 사회에서 예상할 수 있는 결과들은 아니다.

1장에서 본 역사이론의 기본적인 원칙들을 통해 첫 번째 종합적 해석이 가능할 것이다. 이는 두 가지 분석 체계를 조합하여 만든 것이다. 1) 생산력과 생산관계의 점진적 변화가 일어나고 있으며, 이는 한 생산양식에서 다음 생산양식으로 이행하는 과정에서 고임금 소득자들에게 유리한 사회관계를 촉진하는 지속적인 사회화의 진전으로 표현된다.
2) 다음 장에서 우리가 더 엄격하게 정의할, 각 사회질서에서 벌어지는
계급동맹과 계급지배의 진행 방향은 이전 절들에서 확인한 뒤틀린 여
정에 따른 장기적인 역사적 과정을 굴절시켰다. 역사의 세 단계에 함축
된 이러한 구조를 어떻게 설명할 수 있는가?

10
사회질서들

우리는 계급들 사이(경우에 따라서는 계급 분파들 사이)의 동맹과 지배의 정치적 구조configuration들을 "사회질서들"이라고 부른다. 이러한 구조들은 국가기관들 내부(예를 들어 정당들과 계급들 사이에서 수립되는 관계들)에서 잘 확인할 수 있으며, 이 구조들을 통해 정책과 개혁의 방향이 결정된다. 그러나 많은 측면의 사회관계들이 특히 소득분배 및 기업관리와 관련되어 있다.

20세기 초반 이래로 자본가, 관리자 그리고 민중 계급과 같은 관리자본주의의 계급들은 세 가지 사회질서 속에서 상호작용하였다. 1) **거대 자본 소유자들의 1929년까지의 첫 번째 금융 헤게모니**, 2) 1929년 및 제2차 세계대전 이후 관리자들의 주도권 아래서 일어난 **민중 계급들과 관리자들의 타협**, 3) 1980년대 이후 관리자들의 지도하에 점점 더 벌어지고 있는 **신자유주의의 관리자-자본주의적 두 번째 금융 헤게모니**.

우리는 대공황 이후/전후 타협postwar compromise을 간결하게 "전후 타협" 또는 "사회-민주적social-democratic" 타협이라고 부르기도 했다. 후자는 특히, 유럽에서 이 사회질서의 사회보장과 관련된 성격(때때로 이를 "복지국가État-providence"라고 부른다)을 강조한다. 우리는 금융기관들 그리고 더 일반적으로 금융 메커니즘이 결정적 역할을 하는 첫 번째와 세 번째 사회질서에 대해 "금융 헤게모니"라는 표현을 사용하였다.

경기순환 과정에서 나타나는 경기후퇴보다 훨씬 진폭이 큰 거시경제적 위기를 구조적 위기라 하며, 이를 중심으로 사회질서들을 구분한다. 구조적 위기는 약 10년 정도 지속되는데, 최근에는 2007년에 나타났다.

이전 장에서 행한 경험적 연구와 이 위기와의 직접적 연관을 발견할 수 있다. 9장에서 분석한 대공황 이전, 대공황부터 1970년대 중반 또는 1980년대 초반, 그 이후까지의 세 가지 사회질서와 맞물린 사회-경제적 조건들의 변화를 이렇게 표현해 보았다.

높은 불평등 수준	↔	첫 번째 금융 헤게모니
불평등의 감소와 낮은 불평등 수준	↔	전후 타협
불평등의 증가와 높은 불평등 수준	↔	두 번째 금융 헤게모니

이번 장에서 우리는 미국을 중심으로 분석하며 첫 번째 부록에서는 유럽의 관리자본주의로의 진입과 사회질서들의 특징들을 분석한다. 두 번째 부록에서는 《생명관리정치의 탄생》에서 미셸 푸코가 논의한 자유주의(또는 신자유주의)에 대한 분석을 논의한다. 이번 장에서 우리는 세 가지 사회질서의 특징과 변화를 중심으로 논의하지만, 12장에서는 어떤 사회질서가 다른 사회질서로 변화할 때 나타나는 계급 전략들을 논할 것이다.

첫 번째 금융 헤게모니로부터 대공황까지

미국에서는 20세기 초반에 새로운 거대 자본가계급 분파들, 즉 대자본가들이 기업혁명, 금융혁명, 관리혁명이라는 세 가지 혁명을 주도하면서 그 세력을 확대했다(6장을 보라). 우리는 위에서 소개한 용어법에 따라 이러한 변화에 상응하는 첫 번째 사회질서를 "금융 헤게모니"라고 부른다. 우리는 여기서 이러한 용어의 사용과 관련된 두 가지 특징을 구체화한다. 1) 기업혁명에서 기인하는 소유권의 금융적 특징(특히 주식시장의 역할 증대), 2) 금융혁명이 촉진한 거대 은행 및 모건 가문이 나 록펠러 가문 같은 유명 대자본가들의 새로운 기업들의 지배.

이러한 "거대경제"의 등장과 더불어 잘 알려진 셔먼법이 한 축을 담당하고 있던, 반독점법으로 보호받는 상대적으로 열악한 지위에 있는 전통적인 자본가계급 분파들이 존재하고 있었다는 점이 이 시기 사회 관계의 중요한 측면이다.[1] 민중 계급 이외에 세 가지 사회집단이 존재하고 있었다는 점을 확인하자. 1) 경제의 선진 부문(비금융 법인과 거대 은행들)을 지배하고 있는 대자본가들, 2) 전통적인 자본가들(특히 소자본가들), 3) 형성 중에 있던 관리자 계급. 한편으로 대자본가들과 또 다른 한편으로 소규모 기업들 및 관리자 계급들은 대자본가들의 주도 아래 불균등한 사회적 동맹의 형태를 취하고 있었다.

세계적 차원에서 노동자 운동의 부상이라는 일반적 맥락에서, 러시아나 독일뿐만 아니라 미국과 유럽에서도 19세기 말과 20세기 초, 계급 대립은 증가하고 있었다. 여기서 그 시기 있었던 민중 계급의 투쟁을 제대로 다루기는 불가능하다. 미국에서는 일어났던, 록펠러 가문이 노동자들에 대해 불평등하고도 무자비한 전쟁을 벌였던 1913~1914년의 콜로라도 탄광 파업과 러들로 학살Ludlow massacre 등을 떠올릴 수 있을 것이다.[2] 물론, 이것도 여러 사건 중 하나에 불과하다.[3] 제1차 세계대전의 발발로 인해 애국주의를 빌미로 사회적 "혼란"을 억누를 수 있는 환경이 마련되기도 했다. 그렇지만 그 이후 수십 년에 걸쳐 전 세계 및 미국 내에

---

1 Thorelli, H. (1955). *The Federal Antitrust Policy. Organization of an American Tradition.* Johns Hopkins Press, Baltimore; Duménil, G., Glick, M. et Lévy, D. (1997). The history of competition policy as economic history. *The Antitrust Bulletin,* XLII(2): 373-416.

2 [옮긴이] 록펠러가 소유한 광산에서 일하던 광부들이 노동조건을 개선하기 위해 노동조합을 건설했지만 오히려 회사는 노동자들을 해고하였다. 노동자들과 가족들이 탄광 부근에서 농성에 들어갔지만 회사에서 고용한 구사대가 노동자들과 대치하고 충돌하였다. 콜로라도 주지사는 주방위군을 보냈고, 구사대와 주방위군은 노동자들에게 발포하였다. 어린이를 포함한 가족들까지 총 19명이 살해되었다.

3 Zinn, H. (1980). *A People's History of the United States.* Harper Perennial, New York.

서 노동자 운동은 사회변화를 이끄는 최우선적 요소였다.[4]

1부에서 분석한 다양한 측면들이 여기 깊게 연관되어 있다. 바로 새로운 계급권력 네트워크를 지탱하는 관리자본주의 내 생산관계들의 변화를 표현하는 계급구조들의 역사적 진화 과정이다. 생산관계/생산력, 계급투쟁의 구조와 같은 마르크스가 제시한 복합적 구조의 분석적 적합성을 다시 한번 확인할 수 있다.

1929년 대공황 이후 그리고 제2차 세계대전 이후의 타협

미국을 비롯한 다수의 산업화된 국가에서 1929년 시작된 대공황은 재앙적 결과를 낳았으며 제2차 세계대전으로 이어지게 되었다. 특히 독일에서는 나치즘이 등장했고, 이탈리아는 파시스트 정부가 이미 장악하고 있었다. 반대로 뉴딜 기간과 인민전선 기간에 미국과 프랑스에는 진보주의적 체제가 들어서 있었다.

미국에서는 위기의 원인을 과잉경쟁에서 비롯된 것이라고 보았다. 첫 번째 뉴딜 시기, "뉴딜러New dealers"라고 불리는 정부의 상위 공무원들이 과잉경쟁을 잠재우기 위해 경제에 대한 중앙적 차원의 조직화를 시도하는 데 앞장섰다. 더 나아가 금융 메커니즘 때문에 경제위기가 발생했다고 보았다. 글래스-스티걸 법과 Q 규제Regulation Q와 같은 금융 부문에 대한 규제 수단이 나타났다. 1937년 새로운 경기후퇴가 발생했고, 대공황 이후 경제회복의 첫 국면이 중단될 때까지 재정적자는 여전히 환영받지 못했다.[5] 제2차 세계대전을 준비하면서, 정부가 투자 자금 모

---

4 제임스 웨인스틴은 1968년 저서 《자유 국가에서 기업의 이상》에서 "소상공인"과 다른 "거대 기업가들"이 사회적 투쟁들을 길들이려는 목적으로 1960년대 프로그램들을 떠올릴 수 있는 진보적 사회개혁 운동을 이끌었다고 주장하였다(Weinstein, J. (1968). *The Corporate Ideal in the Liberal State, 1900-1918*. Beacon Press, Boston, p. 92).

5 Duménil, G. and Lévy, D. (1999). Pre-Keynesian themes at Brookings. In Pasinetti, L. and Schefold, B., editors: *The Impact of Keynes on Economics in the 20th Century*, Edward Elgar, Aldershot, England, pp. 182-201.

집에 나서고 강력한 정책을 펴면서 경제는 완전히 회복되었다. 이러한 일련의 사건들로 인해 제2차 세계대전 이후 케인스주의 혁명이 가능하게 되었다(동시에 소규모 소유자들이 존재하던 전통적 부문 가운데 상당 부분이 사라지게 되었고 총소득 중 임금 몫이 증가했다).

제2차 세계대전 이후로 사회-경제적 관계들의 모든 측면에서 새로운 과정이 생겨난다. 1) 1944년 브레턴우즈협정의 맥락에서 이루어진 국제적 자본 이동과 국제 무역상의 제한 조치, 2) 기술 혁신과 성장output growth에 목표를 맞추고 주주의 이해는 부차적 역할만을 하는 새로운 기업관리, 3) 안정적 거시경제와 경제성장을 도모하기 위한 거시경제 정책, 제도 개혁, 규제, 4) 가계의 구매력을 높이고 교육, 보건, 퇴직에 우호적 정책들, 5) 최저임금제 및 고소득과 상속에 대한 높은 과세를 통해 불평등을 감소시키려는 여러 조치. 이외에도 여러 가지가 있었을 것이다. 이러한 전후 수십 년 동안 이루어진 일들을 그 이후에 나타난 신자유주의 기간들과 비교해 보면, 그 차이는 엄청나다.

소득분배와 관련해서 두 가지 기본 특징을 이야기할 수 있다. 이는 새로운 사회적 추세를 잘 보여준다. 1) 그림 2.2(29쪽)에서 볼 수 있다시피 상위 분위의 소득 중에서 자본소득의 비중이 상대적으로 감소하며, 이는 생산관계가 변화하였음을 보여준다. 2) 불평등 수준이 감소했다. 앞 장에서 본 바와 같이 이 시기 총자산 및 총소득(임금과 자본소득) 분배 측면에서 불평등이 감소했다(그림 9.1, 9.2, 9.3, 130쪽 이하). 대다수 임금소득자(즉 0~90분위)의 구매력이 제2차 세계대전 중 몇 년 동안 상당히 증가했다. 하지만 민중 계급의 구매력 상승 추이가 1933년부터 1970년대 중반까지 거의 40년 동안 지속되었다는 사실은 상당히 놀랍다.

이러한 수준의 역사적 변화를 어떤 특정한 정책수단이나 제도적 변화의 탓으로만 돌릴 수 없다. 그것은 새로운 계급권력의 위계관계를 표현하는 새로운 사회세력들이 행동한 결과로 대공황과 세계대전 이후 "사회-민주적 타협"이라는 두 번째 사회질서를 특징짓는다. 이러한 새로운 사회질서는 대공황과 세계대전 이후 창출된 조건들 속에서 민간 부문과 공적 부문의 관리자들과 민중 계급 사이에 형성된 사회적 타협의 결과이며, 이후 30여 년 동안 지속되었다.

정책을 실행하는 정부 관리자들과 기업 관리자들은 자본가계급에 대해 상당한 자율성을 획득하였다. 우리가 언급한 첫 번째 사회질서 내에 존재하던 금융기관들과 비금융 기업들 사이의 위계관계는 훨씬 더 균형 잡힌 형태로 변화하였다. 비금융 기업들은 대기업 집단conglomerate이라고 알려진 거대 기업들 내부에서 자유롭게 활동을 분화하였다. 비금융 기업 관리자들은 겸직임원제interlocking directorship 틀 내에서 서로 긴밀히 협력하고 있었다. 때때로 "금융 억압financial repression"이라는 표현을 대공황 이후 이루어진 금융 메커니즘에 대한 규제 및 사회 위계관계 상층부로의 소득 및 부의 집중과의 투쟁을 묘사하기 위해 사용하기도 한다. 이러한 용어의 사용을 과도하다고 볼 수 있지만, 이 시기의 변화 규모를 가정하기는 어렵다.

그림 10.1의 첫 번째 변수로 미국 가계 총소득 중 상위 99.99~100분위가 획득한 비중을 확인할 수 있다. 제1차 세계대전 이전과 1970년대를 비교해 보면, 거의 4분의 1 감소하였다(2%에서 0.5%로). 이 변수들이 세전 소득임에 주의할 필요가 있다. 제2차 세계대전 이후 고소득에 대해 높은 세율을 부과하였기 때문에, 상위 분위 소득은 훨씬 더 감소하였을 것이다(그림 10.1에 대해서는 다음 절에서 더 논의한다). 그림 10.2에서는 2012년 불변 가격(달러)으로 표현된 연간 소득세 값에 대해 부과된 평균 세율의 흐름을 볼 수 있다. 제2차 세계대전 동안 세율은 상당한 정도로 증가하였다. 30만 달러 소득에 대한 세율이 10%에서 거의 50%까지 증가한다. 상위 소득에 대해서는 70%까지 증가하였다(여기서도 마찬가지로, 그림 10.2의 왼쪽 부분에 대해서만 설명한다).

임금 소득자들 사이에서 불평등의 감소 또한 주목할 만하다. 표 9.4(136쪽)에서 99.99~100분위의 상위계층과 대다수 임금 소득자, 0~90

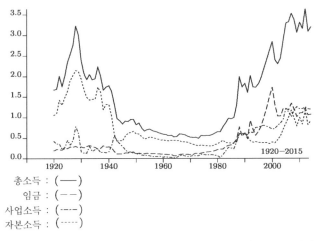

총소득 : (——)
임금 : (— —)
사업소득 : (----)
자본소득 : (·····)

그림 10.1 99.99~100 소득분위의 소득 몫과 해당 소득분위의 가계 총소득 대비 각 소득 구성 요소의 비율(%)

출처: Piketty, T. and Saez, E. "Income inequality in the United States, 1913-1998." *The Quarterly Journal of Economics*, CXVIII(1): 1-39, 2003, Tables A1 and A7.

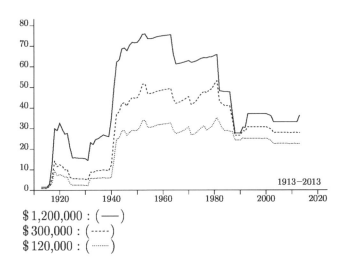

$1,200,000 : (——)
$300,000 : (·····)
$120,000 : (·······)

그림 10.2 세 수준의 연간소득에 대한 평균 세율(%)

출처: "Tax Foundation," U.S. Federal Individual Income Tax Rates History, 1913-2013 (inflation-adjusted brackets)을 바탕으로 저자의 계산.

분위 사이의 임금 불평등이 약 3분의 1로 감소(86에서 27)하였음을 확인할 수 있다.

종합해 보면, 이 시기에 자본가들이 사라지지는 않았지만 그들의 소득, 자산, 계급권력에 영향을 주는 "안락사euthanasia"가 진행 중이었다고 할 수 있다.

1970년대 중반부터 지금까지: 신자유주의와 두 번째 금융 헤게모니

1970년대 중반에서 1980년 초반 일어난 사회적 변화는 대공황 직후 일어난 갑작스러운 재배치 과정만큼이나 커다란 것이었다. 9장에서 논의한 것처럼, 미국에서 일어난 소득의 추이를 관찰해 보면 유명한 질문 "누가 그러한 범죄로부터 이익을 얻은 것인가?"에 대해서 명확하게 대답할 수 있다. 답은 상위계급이다.[6] 피해자는 누구인가? 마찬가지로 명확하다. 바로 민중 계급이다.[7]

이에 대한 분석에 앞서 여기서는 신자유주의와 더불어 벌어진 중요한 사회변화에 대해서는 언급하지 않는다는 점을 강조하고 싶다. 미국에서 감옥에 있는 사람들이 증가한 것이 그 극단적 사례이다. 1925년과 1957년 사이, 미국에서 감옥에 있는 사람들은 10만 명에서 20만 명으로 배로 증가했고 1970년대까지 이 수준을 유지했다. 1970년대 중반부터 감옥에 있는 사람들이 폭발적으로 증가하여 2014년 160만 명에 이르게 되었다.[8]

40년 이상의 긴 사회적 궤적을 불안정화한 것은 무엇인가? 적어도

---

6   Duménil, G. and Lévy, D. (2001). Costs and benets of neoliberalism. A class analysis. *Review of International Political Economy*, 8(4): 578-607.

7   이 절은 Duménil, G. and Lévy, D. (2011b). *The Crisis of Neoliberalism*. Harvard University Press, Cambridge, Massachusetts에서 많은 부분을 가져왔다.

8   1925년 이후 미국의 투옥률. https://commons.wikimedia.org/wiki/File: U.S._incarceration_rates_1925_onwards.png

네 가지 범주의 요소들이 그러한 결과를 만들었다.

1. 상위 관리자들과 연합한 자본가계급은 노동자와 좌파에 대한 공격을 감행했으며, 상위계급이 민중 계급에 승리하게 되었고, 그 결과로 신자유주의를 수립했다. 상위계급들은 이미 제2차 세계대전 이전부터 신자유주의를 기치로 투쟁했다(12장에서 논의한다). 그러한 투쟁은 1970년대와 1980년대 절정에 도달했으며, 전후 사회적 타협은 사회 위계관계 상층에서 나타난 새로운 동맹으로 인해 해체되었다.
2. 상위계급들의 공격을 중단시킬 수도 있었던 유일한 세력인 세계 전역의 노동자 운동은 점점 그 결집력이 흐트러졌다. 이는 "민주주의"의 기본적인 형태를 수립하지도 못하고 기본적인 개혁도 달성하지 못한, 자칭 사회주의 국가들의 무능력과 주요 자본주의 국가들에 있는 좌파들의 편협한 관점이라는 두 메커니즘이 결합한 결과였다.
3. 상위계급의 이익을 목표로 자국의 국제적 헤게모니를 보존하고 강화하려는 미국의 존재, 따라서 세계적 차원의 제국주의적 경쟁에 내포된 욕망과 계급적 결정 요소들 사이의 대립이 세 번째 중요한 요소였다. 이를 우리는 "국가적 요소national factor"라고 부른다. 예를 들어 1950년대 말 미국은 국가 차원의 여러 규제를 회피할 수 있는, 은행들이 그들 나라 바깥에서 활동할 수 있는 유로시장의 성장을 용인했고, 이는 금융 세계화의 초기 단계로 이어질 수 있었다.
4. 1970년대 수익성 위기가 벌어지는 가운데 케인스주의적 정책들이 거시경제적 상황을 회복시키는 데 실패했고, 주요 국가들에서 두 자릿수의 인플레이션이 나타난 구조적 위기가 발생했다. 이러한 1970년대의 구조적 위기로 인해 필수적인 기초 경제 조건이 마련되었고, 그러한 높은 인플레이션으로 1979년 격변이 일어났다.[9] 이자율이 급격히 인상되었으며 이를 통해 신자유주의로 빠르게 이동할 수 있었다.

---

9 Duménil, G. and Lévy, D. (2011b) 각주 6. 그림 4.2.

영국의 마거릿 대처로부터 시작하여 그 후 로널드 레이건은 국내외
적으로 파괴적 효과를 갖는 신자유주의 (반)혁명counter revolution을 시도
했다. 이는 우선 라틴 아메리카 나라들의 외채 위기로 이어졌다. 또한
1980년대에 미국과 북유럽 국가들에서 금융위기가 발생했다.

관리의 세 가지 새로운 측면들을 강조할 필요가 있을 것이다. 1) 기
업의 자기자본수익률의 극대화 또는 주주가치 극대화. 이를 통해 전후
타협 기간 동안에 존재했던 비금융 기업 관리자들의 자율성이 상실되
었다. 2) 배당의 증가. 3) 임금 및 보너스(특히 스톡옵션)와 같은 상위 관
리자들 보수의 대폭 인상.

1980년과 2000년 사이 배당 지급의 급격한 증대를 그림 10.3에서
확인할 수 있다. 이러한 전개와 더불어 그림 10.4에서 확인할 수 있듯이
주식시장 지수(인플레이션으로 보정)가 치솟았다. 지수는 1982년을 기준
으로 1987년에 2배 상승하였으며 1995년 3배, 1996년 4배, 1999년에
는 6배까지 상승하였다. 1965년의 최고치와 1982년 사이에는 2분의 1로

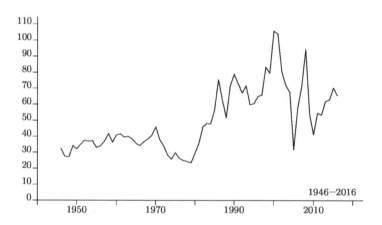

그림 10.3 이윤에 대한 순배당 비율(%)
세후 이윤(조정 없음); 법인기업
출처: National Income and Product Accounts Tables(NIPA), Tables 1.14 and 7.10.

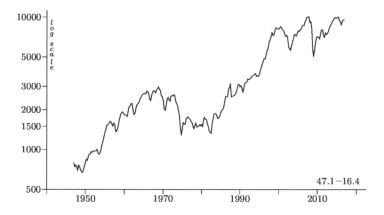

그림 10.4 NYSE(New York Stock Exchange) 종합지수
GDP 디플레이터를 이용하여 조정.

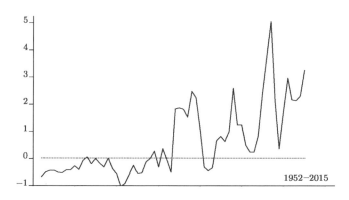

그림 10.5 자사주 매입과 신주발행의 차이(유형자산에 대한 비율)
분석 단위는 비금융 법인 부문이다. 기업이 자금 조달을 위해 주식을 순발행하였다면, 변수
는 음의 값을 가리킨다. 양의 값을 갖는 부분을 음의 축적 과정을 표시하는 것으로 해석할
수 있다. 예를 들어 수직축의 3이라는 값은 그해에 기업이 자사주 구매(즉, 음의 자본축적)
를 유형자산에 3% 했다는 것을 의미한다.
출처: Flows of Funds accounts, Tables F.103 and B.103, "Nonfinancial corporate business"
(flows and balance sheets).

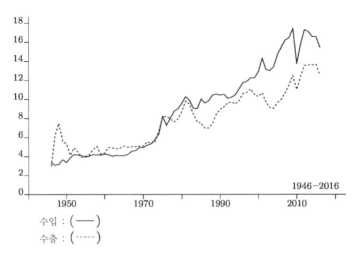

수입 : (——)
수출 : (-----)

그림 10.6 재화와 서비스의 수입과 수출(GDP 대비 %)
출처: NIPA, Table 1.1.5.

감소하였는데, 이는 1970년대 위기의 결과이다. 기업들은 주가를 상승시키려는 목표로 자사주 매입에 뛰어들었다. 그림 10.5에서 자사주 매입이 엄청난 규모로 행해졌음을 확인할 수 있다.

　동시에 신자유주의 세계화로 국제 경제관계의 틀이 변화하였다. 재화 및 서비스에 대한 무역자유화가 그 첫 번째 측면이다. 제2차 세계대전 직후 이루어진 국제 무역 협상의 초기 진전 상황을 예로 들면서 세계화가 전쟁 이후 지속된 현상이라고 주장하는 사람들도 있다. 하지만 그림 10.6에서 보이듯, 1970년대에 국제무역의 새로운 변화가 나타났다(이 시기의 유가 상승을 반영하고 있다). 미국의 대외직접투자 및 미국에 대한 직접투자의 증가와 더불어 국제적 자본흐름과 관련하여 유사한 변화가 일어났다.[10] 전 세계 노동자들을 경쟁 상황에 밀어 넣고 선진국 노동자들의 임금을 억제하려는 계획적인 움직임으로 신자유주의 세계화를 해석할 수 있다.

10　Duménil, G. and Lévy, D. (2011b), 그림 8.2.

그림 10.1에서 보았던 것처럼, 이러한 새로운 환경으로부터 상위 가계들이 끌어 간 엄청난 이익을 다시 한번 이야기해 보려 한다. 99.99~100분위의 상위 분위에서 획득한 엄청난 소득이 이를 말해 준다. 또한 그림을 통해 이 상위집단들의 구성원이 신자유주의 기간에 받은 임금이 이집단 총소득의 3분의 1에 달한다는 점 또한 확인할 수 있다. "자영업 소득"도 상당히 증가하였다. 사업소득으로 S-법인S-Corporation(법인세를 내지 않으며 그 소득을 개인 소득으로 취급하여 과세한다)의 소득을 설명할 수 있다. 바로 밑에 있는 99.9~99.99분위에서도 유사한 양상이 나타난다(두 분위는 가계 중 0.1%로 2015년 16만 7천 가구다). 이 분위 총소득의 2분의 1은 임금이며, 다른 절반은 자본소득과 자영업 소득이다. 이러한 관찰을 통해 그림 2.2(29쪽)에서 묘사된 상위 소득 중 임금 비중의 일반적 상승을 확인했고, 우리는 이를 관리주의적 추세가 증가한 것으로 해석했다.

그림 10.2를 통해 고소득자들에 대한 세율이 감소했음을 확인할 수 있다. 상위 소득에 대한 세율은 1981년과 1982년 사이 66%에서 48%, 1986년과 1988년 48%에서 28%로 두 단계에 걸쳐 하락하였다.

임금 소득과 자본소득의 총합인 고소득만 경제의 새로운 변화 과정에서 혜택을 입은 것이 아니다. 금융 관리자들이 새로운 힘을 획득했다는 점이 새로운 사회질서의 구체적인 특징이다(11장에서 그들이 어떤 역할을 하고 있는지 다룰 것이다). 우리는 구체적으로 금융 관리자와 그 밖의 관리자들 사이를 분리하여 관찰할 수 있는 자료를 찾지는 못했다. 하지만 민간 부문 총 임금 소득자의 평균임금과 금융 부문의 평균임금을 비교할 수는 있다. 그림 10.7에서 그 결과를 확인할 수 있는데, 이 그림은 금융 부문과 총 민간 부문에 고용된 사람들의 평균임금의 비율을 보여준다.

1946년과 1978년 사이 이 비율은 변동하고 있으나 2에서 0.7까지 하락하였다. 20년이 채 안 되는 기간 동안 이 비율은 3.5까지 증가한다. 금융 부문의 상대적인 고임금으로 이 비율이 증가하였으며, 신자유주의가 금융 관리자들에게 좋은 환경을 제공했다고 정리할 수 있을 것이다.

그림 10.7 평균임금의 비율: 금융 보험업과 민간 산업 부문
수직축의 2라는 값은 금융 보험업 부문의 평균임금이 전체 민간 부문의 2배라는 의미다.
출처: NIPA, Table 6.6: "Wage and salary accruals per full-time equivalent employee by industry."

임금 불평등만 있었던 것은 아니다. 이러한 추세가 나타난 것은 고임금 지급을 가능하게 하는 금융 부문에 이득이 되는 부문 간 소득의 더 일반적인 구조 변화(수수료, 이자, 배당)를 배경으로 한다.

여기서 이미 다른 연구를 통해 보여주었던 2007~2008년 신자유주의 위기로 이어진 과정을 분석하지는 않겠다.[11] 1) 금융화, 세계화(특히 금융 세계화) 및 규제완화와 관련된 신자유주의의 일반적 특징들, 2) 특히 가계부채 증가, 대외무역적자, 대외부채 증가(이 세 가지 메커니즘은 서로 관련되어 있다)와 같은 미국 거시경제에서 나타난 불균형이라는 두 가지 범주의 요소가 이 위기와 관련되어 있다는 점을 알아 두자.

갤브레이스와 챈들러 분석의 전성기와 쇠퇴

전후 타협과 신자유주의에 대한 분석을 마무리 짓기 전에 7장에서

---

11   Duménil, G. and Lévy, D. (2011b).

논의했던 갤브레이스의 작업으로 돌아가는 것이 유용하다. 그는 기술구조라는 개념으로 생산관계의 전반적 수정(그 근본적 요소)과 더 구체적으로는 기업관리에서 이윤율 극대화라는 결정적 기준이 쇠퇴하는 사회질서의 변화가 일어났음을 보여주었다.[12]

챈들러는 저서 《보이는 손》에서 신자유주의가 등장하기 전에, 적어도 단기적으로 관리자본주의 내에서 수익성이 부차적인 역할을 했음을 지적하였다. 챈들러는 이를 일곱 번째 명제로 제시하였다. "기업 경영에 대한 결정을 내릴 때, 관리자들은 현재의 이윤율을 극대화하는 정책보다는 기업의 장기적인 성장과 안정성에 필요한 정책을 선호한다."[13] 한편으로 관리자본주의는 선진적인 형태에 도달하였고, 다른 한편으로 관리자들은 정책의 실행과 기업관리 측면에서 높은 정도의 자율성을 획득하였다.

갤브레이스와 챈들러는 1) 관리자들이 생산관계를 이끄는 역사적 추이와 2) 전후 타협 기간에 관리자들의 사회적 지도력이 조합된 사회 환경을 묘사하였다. 이러한 이론들은 앞선 두 유형의 발전 과정이 역사 속에서 조우함에 따라 그 절정에 이를 수 있었다. 자본가들과 관리자들이 상층부에서 맺은 신자유주의 동맹의 한 축이 상층 관리자들의 보수를 이윤 증대, 더 직접적으로는 주식시장 활동을 기준으로 하여 정했다는 사실은, 전후 수십 년 동안 이윤율 극대화와 관련된 실천이 중지되었다는 점을 대칭적으로 확인해 준다고 되돌아볼 수 있다.

위기에 대한 대응―사회질서의 보전, 2008년 이후 네 번째 사회질서?

2007~2008년 신자유주의 위기는 그 이전 세 번의 위기와 마찬가

---

12 그는 《새로운 산업국가》(Galbraith, 1989)에서 이윤율 극대화에 대해 광범위하게 논의한다.

13 Chandler, A. (1977). *The Visible Hand. The Managerial Revolution in American Business.* Harvard University Press, Cambridge, MA, London, p. 10.

지로 새로운 사회질서로의 진입을 나타내는 구조적 위기였다. 확실히 이 위기는 신자유주의에 고유한 내부적 메커니즘들로부터 발생한 "신자유주의의 위기"였다. 위기 이후 거의 10년이 지났지만, 새로운 사건들의 방향을 진단하기에는 아직도 어렵다. 한 가지 명확한 점은, 신자유주의 내에 존재했던 계급적 기초가 여전히 유지되고 있다는 점이다. 사회 위계관계 상층부에서 동맹은 해체되지 않았다.

위기에 대응하는 과정에서 자유시장 경제학과 상충하는 중앙은행 및 정부와 같은 중앙기관들의 강력한 개입이 요구되었다. 신자유주의로 이행할 때처럼 미국의 국제적 헤게모니의 쇠퇴를 염려하는 국가적 요소가 결정적 역할을 하였지만, 대공황의 교훈은 강력한 개입을 지지하는 동기부여가 되었다. 상위 정부 관료들은 이전에 발생한 위기들에 대응하는 과정에서도 적극적이고 주요한 역할을 했다. 2007~2008년 위기에도 변한 것은 없었다. 미국뿐만 아니라 전 세계 다른 나라들에서도, 정부기관들은 대공황과 유사한 파국을 회피하기 위해 적극적으로 행동하였다. 신자유주의가 근본적으로 변화하지 않은 것은 이러한 행동들 때문이다.

2018년 현재,[14] 금융 규제 및 거시경제정책들을 위기 이전 상황으로 완전히 돌리는 것은 불가능하다(2010년 도드-프랭크 법 통과). 중앙기관들의 개입도 위기 이전보다 여전히 강하다. 새 정책들은 적어도 10년 동안 지속될 가능성이 있다. 2010년에는 조세 도피를 규제하기 위한 해외금융계좌신고법Foreign Account Tax Compliance Act, FATCA이 통과되었다.[15] 미국 시민은 해외에 보유하고 있는 계좌를 보고해야만 한다. 해외 금융기관들은 이러한 계좌의 존재를 미국 국세청에 보고해야만 하고, 그렇지 않을 경우 제재 대상이 될 수 있다. 조세 천국을 포함한 많은 나라가 미국과 협정을 맺었다.

---

14 [옮긴이] 저자들은 이 원고를 2018년 7월에 작성하였다.

15 이는 고용회복을위한채용장려법Hiring Incentive to Restore Employment Act의 일부다.

다가올 시기에도 지금 나타나고 있는 정치적 지향이 공고화될지 또는 단명하고 말 것인지는 아직 결정할 수 없는 문제다. 첫 번째 선택지를 "관리된" 신자유주의라고 묘사할 수 있다. 즉, 신자유주의와 강력한 정책들이 결합하는 것이다. 만약 이러한 새로운 흐름들이 지속되거나 강화된다면, 관리된 신자유주의를 언급하는 것은 적절하지 못할 수 있다. 그리고 "신관리주의neomanagerialism"와 같은 용어를 사용하는 것이 새로운 질서를 정의할 것이며, 점점 더 이러한 용어의 사용이 빈번할 것이다. 하지만 도널드 트럼프의 당선과 유럽에서 증대하고 있는 "포퓰리즘"으로 인해 새로운 관점이 필요할 수도 있다.

위기 이후 나타난 여러 정책을 통해 위기 이전 미국 경제가 보여주었던 모습들이 지속될 수 있을지 증명할 수는 없다. 낮은 이자율과 여러 정책을 통해 위기 이후에도 느리지만 안정적인 성장이 가능하였다. 저유가와 셰일가스에도 불구하고, 미국 경제의 대외부문적자는 2016년 GDP의 2.5%에 달한다(영국도 마찬가지인데 2010~2016년 사이 평균 대외 적자가 GDP의 2%에 이르고, 서비스를 제외하면 6%에 달한다). 어떤 나라가 이러한 종류의 어려움을 겪고 있다면, 국내 수요를 촉진하는 정책을 취해야만 한다. 재정적자를 증가시키고 가계 차입을 늘리는 것 외에는 다른 선택지가 없다. 위기 이전에는 가계들이 차입하기 좋은 금융 조건이 존재했지만, 잘 알려진 바대로 이는 파괴적인 결과로 이어졌다. 2008년 이래로 정부 차입을 위한 새로운 정책들이 이어졌으며(별도의 선택지가 없었다), 가계부채는 천천히 감소하였다. 하지만 문제가 없는 것은 아니다.

신자유주의(관리된 신자유주의)의 변화 과정에서, 신관리주의를 완전한 의미의 관리주의를 향한, 자본주의를 넘어선 생산관계의 점진적 수립으로 이해해야만 한다. 하지만 이러한 동역학을 합리적으로 이해하려면 역사적 거리두기가 필요하며, 우리가 생각할 수 있는 가장 회피하고 싶은 선택지들이 나타났던 양차 대전 시기를 떠올릴 수 있다.

국가: 좌파와 우파의 사회질서들

앞에서 우리는 "계급지배" 또는 "동맹"을 사회질서 분석의 주요 개념으로 삼았다. 이러한 계급 분석을 회피해 버린 정계, 학계, 미디어에서 사용하는 용어와는 상당히 대조적이게도 말이다. 이번 절에서는 사회질서와 관련하여 현재 사용하고 있는 개념들이 어떤 내용인지 이야기하려고 한다. 국가이론 및 좌파 또는 우파적인 정치 지향과 같은, 광범위한 문제들을 다룰 것이다.

우리는 기본적으로 마르크스적 관점에서 국가(범국가기관)를 분석한다. 여기서 마르크스의 이론을 사회질서와 관련하여 재평가한다. 우리는 이를 마르크스 분석틀을 "구체화"하고 갱신하기 위한 중요한 보충 작업이라고 생각한다. 국가가 단지 지배계급의 대리인이 아니라는 점을 알아야 한다. 상당히 복잡화된 계급사회 내에서, 국가는 계급들 사이의 동맹이 일어나고 특정 계급 분파의 지배가 이루어지는 동시에 상응하는 권력관계를 강화하는 제도적 틀이다.

(국가를 매개하여) 사회질서 내에서 벌어지고 있는 지배와 동맹의 구조를 통해 좌파 또는 우파적 정치 지향을 정의할 수 있다. 예를 들어 첫 번째 사회질서 내에서 이루어진 자본가와 중소 자본가, 신흥 관리자 계급 사이에서 일어난 불균등한 동맹을 우파의 동맹으로 이해해야만 한다. 신자유주의 내에서 일어난 자본가계급과 관리자 사이의 동맹 또한 마찬가지로 우파의 동맹이다. 첫 번째 사회질서에서 자본가들이 주도적이었던 반면, 관리자들은 두 번째 금융 헤게모니로의 전환을 주도하면서 신자유주의를 수립하였다. 반대로 전후 타협 과정에서 관리자들과 민중 계급은 타협을 이루어 냈으며, 이는 관리자들이 여전히 헤게모니를 가진 채 이루어진 좌파적 동맹이었다.

부록 10-1. 관리자본주의와 유럽 사회질서

유럽 나라들은 일찍이 19세기 동안 새로운 형태의 기술변화 및 관리와 소유 제도의 일반적 진보 과정을 이끌고 있었다. 영국 같은 초기 산업혁명을 이룬 나라와 19세기 동안 산업화가 이루어진 프랑스, 상대적으로 늦었지만 산업화 과정에서 괄목할 만한 성과를 이룬 독일 사이의 차이는 아주 명백하다. 아마도 우리가 6장에서 주장한 바와 같이, 이것은 경제 및 정치적 측면에서 국제 헤게모니를 장악할 수 있도록 해 준 19세기와 20세기에 일어난, 갑작스럽고 지대한 영향을 가져오게 될 미국의 제도적 혁신과는 다를 것이다. 이 책 초반부에서 이야기했던 것처럼, 미국에 아주 심각한 사회갈등이 존재하는 것은 아니었지만, 19세기 말과 20세기 초 그들은 정치 상황을 더 엄격하게 통제할 수 있었다.

20세기 초, 일반적인 정치구조에서 미국과 유럽은 큰 차이를 보인다. 아르노 메이어Arno Mayer는 슘페터의 초기 작업[16]을 정교화하여 제1차 세계대전의 원인을 분석하였다. 그는 자본가계급과 유럽 제국들 내의 영국의 하노버 왕가, 독일의 호엔촐레른가hohenzollern, 오스트리아의 합스부르크가, 헝가리의 에스테르하지Esterházy, 러시아의 로마노프가의 후손들 사이의 사회 위계관계 상층에서 맺어진 동맹을 지적한다. 각 나라에서 외교 및 군사의 지도적 위치에 이 후손들이 자리를 차지하고 있었으며, 프랑스 제3제국만이 예외였다. 이러한 계급들은 토지뿐만 아니라 여러 곳에서 재산을 끌어모으고 있었다.[17] 미국에서는 남북전쟁을 통해

16　Shumpeter, J. (1919). *State Imperialism and Capitalism*. https://www.panarchy.org/schumpeter/imperialism.html "유럽을 이해하려고 하는 자는 누구나 심지어 오늘날에도 유럽의 생활, 이데올로기 그리고 정치가 "봉건적 실체"를 갖는다는 점, 부르주아들이 어디서나 자신들의 이해를 부르짖지만 그것은 오직 예외적 환경에서, 일시적으로만 통한다는 점을 잊어서는 안 된다."

17　Mayer, A. (1981). *The Persistence of the Old Regime: Europe to the Great War*. Verso, London, New York.

북부에서 더 진보된 형태의 자본주의적 흐름을 확인할 수 있지만, 제국적 지향의 봉건사회 잔존물을 제거하려는 길고도 끔찍한 노력이 있었던 적은 없다.

우리는 이러한 해석이 칼 폴라니가 제2차 세계대전 동안 집필한 《거대한 전환》의 대칭적 역사 독해와는 어울리지 않는다는 점을 지적할 수 있다. 그는 세계대전이 "시장"의 이상한 특징에서 비롯되었다고 말한다. 폴라니는 좌파 내에서 상당히 공유되고 있던 황당한 해석에 따라 자본주의를 이해하였다.

> 시장의 자기조정이라는 이념은 완전히 유토피아적이다. 그 제도는 인간과 사회의 자연적 본질을 파괴하지 않고서는 존재할 수 없다. 그러한 제도는 인간을 파괴하고 주변을 황폐화시킨다. 사회는 스스로 보호할 수 있는 수단을 갖지만, 그러한 수단이 무엇이든 간에 시장의 자기조절성self-regulation을 손상시키고, 산업 생활을 파괴하며, 그러한 삶을 다른 위험에 노출시킨다. 이는 시장 시스템의 발전을 통제하였지만, 그것에 기초한 사회조직을 파괴하는 [시장의 파괴적 성격과 그것을 통제하는 파괴적 잠재성 사이의] 딜레마이다.[18]

칼 폴라니는 유럽의 평화를 확보할 수 있는 능력을 보유한 주요 세력을 고도 금융haute finance이라고 보았다. "로스차일드는 어떤 정부에도 속해 있지 않다. 그들은 추상적 국제주의 원칙을 구현한 가문이다." "만약 강대국들 사이의 전쟁으로 인해 그 체계의 화폐적 기초가 흔들린다면, 그들의 사업에도 영향을 줄 것이다."[19] "고도 금융의 강대국에 대한 영향력은 언제나 유럽 평화에 우호적이다."[20] 고도 금융이 오늘날 신자유

---

18   Polanyi, K. (1944). *The Great Transformation*. Reinhart, New York. pp. 3-4.

19   Polanyi, K. (1944), p. 10.

20   Polanyi, K. (1944). p. 13.

주의 안에서 권력을 확보했고, 이제 제국은 과거의 일에 불과하다는 점을 신에게 감사드린다!

두 번의 세계대전과 러시아 혁명 외에도 유럽에서는 극적이면서 대체로 끔찍했던 사건들이 있었다. 독일 혁명의 실패, 제2인터내셔널의 사회민주주의 정당들과 제3인터내셔널의 공산주의 정당들. 1922년에는 이탈리아에서 파시스트 정권이 출현했고, 1934년 독일에서 나치즘이 나타났다. 무정부주의자들의 봉기, 인민전선과 1936년 스페인 내전 그리고 이러한 유형의 다양한 비극적 사건들이 있었다. 현재의 분석틀 속에서 20세기 전반 동안 유럽에서 일어난 사회 대립이 어느 정도였는지 명확하게 볼 필요가 있다.

연속적으로 벌어진 혼란스러운 사건들 덕분에, 유럽의 관리자본주의로의 이행 과정을 설명하기는 미국보다 어렵다. 유럽은 두 번째 사회질서 가운데서 사회적 긴장을 통해 고조된 사회-정치적 실험실이었다. 이러한 면에서 미국과는 확실히 다르다. 전후 나타난 사회질서와 노동자 운동의 관계를 보면, 유럽이 훨씬 더 역동적이었다.

미국처럼, 특히 관리자들 중에서도 정부 관리자들은 나치 독일을 포함한 모든 나라에서 대공황과 양차 세계대전 동안 중요한 역할을 했다. 이러한 다양한 상황에서 일어난 관리자들의 활동 외에도 민중 계급들의 투쟁, 특히 엄격한 의미에서 노동자 운동이 결정적 요소였다.

단명하고 말았지만, 1936~1938년 사이의 프랑스 인민전선을 유럽에서 일어난 노동자 운동이 안겨 준 첫 번째 충격의 사례로 이야기할 수 있다. 레옹 블룸Léon Blum은 인민전선이 프롤레타리아 계급 승리의 결과가 아니라 중간계급 소규모 고용주들과 하위 종업원들 그리고 프롤레타리아 계급 사이 타협의 표현이라고 선언하였다(놀랍게도 이러한 논쟁 속에서 관리자 계급에 대한 언급은 없다).[21] 이러한 새로운 지향을 경제의 주요

---

21 Matériaux pour l'histoire de notre temps (1989). Vol. 17, *Socialisme et classes moyennes en France et en Allemagne dans l'entre-deux-guerres*. Dossier préparé par René Girault. Bibliothèque de documentation internationale contemporaine, Nanterre.

부문에서 생산수단에 대한 사적소유를 보존하고 경제의 주요 거대 부문을 국유화하는 "사회-민주주의적인 것"이라고 지칭하였다. 유급휴가, 40시간 노동, 기업 내의 단체협약과 같은 광범위한 복지 프로그램이 실행되었다. 이러한 정치적 추세가 강력한 공산당의 존재와 함께 프랑스 전후 타협의 요람으로 존재했다. 제2차 세계대전 이후 제4공화국이라는 틀, 중도파 연합MRP, 사회주의자들SFIO 그리고 공산주의자들PCF 사이의 연합을 표현하는 "3당 연립정부Tripartisme"에서 전쟁 이후부터 1947년까지, 처음에는 샤를 드골과 함께 그리고 다음에는 그 없이 진정한 사회-민주주의적 타협을 재수립하였다. 은행, 보험, 교통, 에너지 부문에 대한 광범위한 국유화가 이루어졌으며 유도 계획indicative planning을 통한 국가의 경제개입이 있었다. 사회보장이라고 하는 광범위한 복지 시스템이 실행되었다. 1947년 강력한 프랑스 공산당이 정부에서 나간 이후, 제5공화국까지 좌우파가 교대로 들어섰으며, 그 당시의 경제를 혼합경제라고 불렀다. 제5공화국의 대통령이었던 드골의 정책은 경제에 대한 강력한 개입을 지속하면서 복지 프로그램과 경제적 정책에서 사회적 타협을 펼치는 "안정적" 형태로 해석된다.

영국에서는 윈스턴 처칠 이후, 클레먼트 애틀리Clement Attlee가 1945년 총리가 되었으며, 프랑스에서 벌어진 사건들과 유사한 새로운 구조의 사회적 합의에 도달한다. 케인스주의와 비버리지Beveridge 계획이 보여준 새로운 맥락에서 우리가 이야기하는 사회-민주주의적 타협과 일치하는 프로그램들을 제시하였다. 국유화, 복지 프로그램, 교육, 주택과 관련된 것들이 주요 특징이었다.

나치가 물러난 이후, 공산주의 독일인민공화국(동독)과의 대립 가운데 서독에서는 공동경영제([옮긴이] 또는 공동결정제Mitbestimmung)라는 틀로 전후 타협이 이루어졌다. 1951년 제정된 몬탄-공동경영법Montan-Mitbestimmungsgesetz은 임금 소득자와 주주 대표 사이의 균형을 잡는 것이었다. 1952년에는 좀 더 완화된 형태이기는 했지만 주주의 우위를 바탕으로 한 경영조직법Betriebsverfassungsgesetz으로, 모든 부문에서 공동경영제와 유사한 조치를 확대했다.

스웨덴은 유럽의 새로운 길을 보여주는 훨씬 상징적인 사례이다. 그것은 대륙에서 나타난 전후 질서의 극적 측면들을 잘 보여준다. 스웨덴사회민주당SAP은 1932년에 집권했다. 그들은 1976년까지 정권을 유지했다. 스웨덴 노총LO이 이러한 새로운 제도의 중심에 있었다. 그들의 명확한 목표는 사회주의로의 점진적 이행이었지만, 동시에 적극적인 케인스주의적 거시 안정화 정책을 실시하였다. 스웨덴에서 엄격한 의미의 "사회-민주주의"가 실행된 전형을 찾을 수 있다.

전반적으로 보면, 미국보다는 유럽에 대해서 "사회-민주주의적 타협"이라는 용어를 사용하는 것이 더 적절하다. 하지만 미국에서 매카시즘 시기에 나타난 공산주의 경향에 대한 억압 속에서도, 북대서양 양편에서 일어난 사회 과정들 사이에 상당한 유사성이 존재한다는 점을 강조할 필요가 있다. 제2차 세계대전 이후 미국에서 관찰된 새로운 흐름이 러시아 혁명과 정치적 방향이 정해지지 않았던 유럽에 깊은 영향을 주고 있었다고 상상하기는 어렵다. 사회적 타협의 시간이 도래하였다. 상위계급들은 이러한 정치적 과정에 순응해야만 했다. 또한 미국 복지의 확대가 유럽 수준에 이르지 못했는지에 대한 이유를 서로 다른 역사적 과정을 통해 설명할 수 있다.

노동자 운동과의 관련 속에서 프랑스는 공산당과의 동맹을 통해 국유화 프로그램과 국가개입을 주장했던 프랑수아 미테랑 대통령의 당선 이후 갑작스러운 이행 과정을 겪게 되었다. 자크 들로르Jaques Delors가 주도한 신자유주의로의 이행은 순식간에 벌어졌으며, 1992년 마스트리히트 조약의 금융 세계화와 관련된 새로운 규칙들의 수립으로 이어졌고, 1995년 11월 마드리드에서 열린 유럽정상회의the Madrid European Council에서의 유로화 출범 선언으로 이어졌다.

마스트리히트 조약과 같은 유럽의 국제무역과 전 세계적 자본의 자유 이동에 대한 개방과 또 다른 한편으로 공통 통화의 수립은 중대한 실수였으며, 그 결과는 뻔하다. 유로를 만들어 낸 것 그 자체를 실수라 할 수는 없지만, 유럽의 화폐 통합은 무역 및 금융 국경에 대한 개방 이전에 이루어졌어야만 했다. 유럽의 다른 덜 발전된 국가들을 더 발전된 국가들을 위한 우선적 지역으로 만들어 유럽 내부의 네트워크를 강화했어야 했다. 신자유주의는 이와는 정반대의 순서로 발전하기를 원했다.

세계화와 금융화의 격랑 속에서 마스트리히트 조약에 서명한 유럽 공동체 회원국들은 신자유주의를 부정할 수 없었다. 대륙 유럽의 신자유주의로의 전환이 시작되었다. 그러나 그건 아마도 독일을 중심으로 한 "금융적 교리"였다고 보는 것이 더 적절하다. 프랑스는 신자유주의적 금융 세계화로 뛰어들려고 했지만, 실망스러운 결과만이 있을 뿐이었다.[22]

부록 10-2.
미셸 푸코의 "통치합리성" 개념을 신자유주의에 적용하기

미셸 푸코가 1978~1979년에 콜레주 드 프랑스에서 행한 강의가 《생명관리정치의 탄생》이라는 제목으로 출간되었다.[23] 이 책의 주된 대상은 자유주의이다. 이 강의는 우리가 "신자유주의"라고 부르는 새로운 특징들이 막 등장하기 시작하던 1970년대 말에 행해졌으나, 푸코는 (이미 제2차 세계대전 이전에 만들어진) 신자유주의라는 용어를 사용했다. 푸코는 우리가 행한 해석과는 완전히 반대되는 해석을 내놓았다. 더 일반적인 분석의 수준에서, 이 해석은 마르크스 분석틀에 대한 푸코의 해체라는 맥락에서 제기되어야 할 필요가 있다.

생명관리정치라는 문제를 다루기 위한 프로젝트를 언급할 때를

---

22 Duménil, G. et Lévy, (2014). D. *La Grande Bifurcation: En finir avec le neoliberalisme*. La Decouverte, Coll. L'horizon des Possibles, Paris, 2014, Chapter 8.

23 Foucault, M. (2004). *Naissance de la biopolitique*. Seuil/Gallimard, Paris.

162   관리자본주의: 소유, 관리, 미래의 새로운 생산양식

제외하고는, 생명관리정치라는 말을 푸코의 책에서 찾을 수 없다(아래 소개되는 이후 저작에서 그 정의를 찾을 필요가 있다). 강의의 주된 대상은 "통치합리성"이라는 이름에서 행해지는 통치 실천들이다. "통치합리성la ratio governementale(어떤 원칙들과 규칙들)은 어떤 주어진 상태를 숙고되고, 합리화되고, 계산된 방식으로 그 존재의 최대치에 도달하도록 해 준다."[24] 푸코가 의미하려는 것은 실천 그 자체가 아니라 그러한 실천들에 대한 성찰이다.

> 나는 현실적인 통치적 실천의 전개를 연구하지 않았고 연구하기를 원하지도 않는다. 나는 통치적 실천 내에서의 그리고 통치적 실천에 대한 성찰의 심급을 포착하려고 했다. 어떤 의미에서, 만약 여러분이 원한다면, 나는 통치적 의식을 연구하고 싶다.[25]

우리가 순수한 이데올로기라고 부를 수 있는 "중세시대에는 내세에 구원을 얻으려는 신민들을 도와야만 하는 어떤 사람으로서 군주를 정의한다"[26]는 것으로부터, 푸코가 통치적 실천에 대한 숙고를 통해 이해하려고 했던 것이 무엇인지 명확하게 알 수 있다.

그러한 목적으로, 푸코는 통치합리성 개념을 두 가지 주요 영역에 적용하고 있다.

1. 18세기 곡물 무역 규제완화. 푸코는 앙시앵레짐 시기의 새로운 통치합리성과 관련하여 18세기(이미 17세기)에 있었던 "정치경제학(프랑스에서는 튀르고 같은 중농학파)"의 프랑스 왕가에 대한 영향을 왕권에 대한 "자기-제한" 과정, 즉 통치합리성의 변화로 해석한다[27]. 푸코가 위에서

---

24 Foucault, M. (2004). p. 6.

25 Foucault, M. (2004). p. 2.

26 Foucault, M. (2004). p. 6.

27 Foucault, M. (2004). 1979년 1월 10일 강의.

말했던 것처럼, 왕의 "자기의식" 변화를 생각한 것일까? 아니면 통치적 실천의 실질적 변화를 대상으로 삼았던 것일까? 푸코가 생각했던 것이 무엇이든, 푸코는 생산관계의 변화, 계급투쟁, 이데올로기들에 대해서는 논의하지 않았으며, 사회경제적 메커니즘에 대한 마르크스적 분석을 거부하고 있다.

앙시앵레짐 시기의 주요 발전 과정에 초점을 맞춰 아주 단순하게 정리하자면, 곡물 가격과 거래는 상당히 엄격한 규제의 대상이었다(상상하기 어려울 정도로 엄격했다[28]). 곡물 부족과 투기로 인한 주기적인 농민 반란jacqueries을 막기 위해서였다. 왕가는 물론이고, 그러한 실천들은 국지적인 사회관계와 관련하여 다소 농민들의 관점에서 규칙들이 만들어지는 것과 이를 통한 사회적 평화의 유지를 목표로 삼는 관습적 법칙(가부장적 모델)을 통해서 이루어진다. 이른바 경제학자들은 자본주의 생산관계의 발전을 방해하는 모든 규제를 철폐하라고 왕을 설득하였다. 너무나도 파괴적인 규제완화로 인해 간신히 취해진 조치들도 (반복적으로) 폐지되기에 이르렀다.

어떤 의미에서도(현실적으로 또는 그의 의식 속에서도) 왕은 자신의 권력을 스스로 제한하지 않았지만, 신흥 세력(구체적으로 자본가계급의 이해와 얽혀 있는)과는 협력하였다. 중농주의자들이 주장한 것처럼 이러한 규제완화는 "법적 행위"였기 때문에, 왕권을 통해서만 이러한 기획이 성공할 수 있었을 것이다. 하지만 이러한 정책들은 실패하고 말았다(현실적으로 너무 늦게 실행되었다).

E. P. 톰슨이 영국 고전학파 경제학자들과 자본주의의 부상에 대해서 유사한 이야기를 작업을 통해 설득력 있게 이야기한 바 있다.[29]

---

28   Thompson, E., Bertrand, V., Bouton, C., Gauthier, F., Hunt, D. et Ikni, G. (1988). *La guerre du blé au XVIIIe siècle*. Les éditions de la passion, Montreuil.

29   참고할 만한 곳이 여러 군데에 있지만, 그중에서 p. 565, p. 586을 참고할 수 있다. Thompson, E. P. (2013). *The Making of the English Working Class*. Penguin Books, London, New York.

2. **신자유주의.** 푸코는 위와 같이 분석하면서 통치합리성의 형태로 신자유주의를 해석할 수 있는 길을 열었다. 그는 생명관리정치라는 용어를 사용하지는 않지만, 생명관리정치로 갑작스럽게 도약하면서 정부 행위의 자기 제한으로서 경제적 자유주의를 해석하는 아주 의심스러운 분석과 전통적인 분석을 결합하고 있다. 원래 다른 곳에서 출판된 《생명관리정치의 탄생》 말미에 있는 강의 요약에서는 생명관리정치를 정의하고 있다.[30]

> 이번 강의의 주제는 "생명관리정치"였다. 나는 이를 통해서 18세기에 시작된 인구를 형성하는 살아 있는 존재 전체의 고유한 현상들에 의해 통치적 실천들에 제기되는 문제들을 합리화하려고 시도(보건, 위생, 출산률, 기대 수명, 인종…)했던 방식을 가리키려고 했다.

푸코가 케인스주의를 시장 메커니즘과는 대립적인 가격 통제 및 계획화와 과도하게 동일시하는 것은 사회 동역학에 대한 잘못된 이해로 이어진다. 특히 푸코가 주장하는 것과는 달리 1) 독일의 질서자유주의ordoliberalism(푸코가 오랫동안 할애한)와 발레리 지스카르 데스탱Valéry Giscard d'Estaing과 레이몽 바르Raymond Varre의 정치와 정책[31]과 2) 생명관리정치 사이의 최소한의 관련성도 찾기가 힘들다. 위에서 인용한 목록들을 보면, 신자유주의보다는 제2차 세계대전 이후의 초기 동안 유럽에서 일어난 사회-민주주의적 타협의 전형적인 복지 메커니즘의 등장에 적용할 때, 생명관리정치를 언급하는 것이 더 적절할 것 같다.

푸코는 반복적으로 게리 베커Gary Becker의 인적자본(이후 가족 또는 범죄 경제학)과 관련된 경제적 분석을 개인들의 삶에 대한 경제적 합리성의

---

30 *Annuaire du Collège de France,* 78e année. Histoire des systèmes de pensée, année 1977-1978, pp. 445-449, 1978.

31 지스카르 데스탱은 1974년부터 1981년까지 프랑스의 대통령이었으며, 바르는 1976년부터 미테랑이 당선된 1981년까지 총리였다.

포획으로서 언급한다.[32] 베커가 인간관계에 일반균형 경제학을 적용한 것은 끔찍하지만, 어떤 면으로든 개인의 행위가 경제적 합리성rationalité économiques 형태에 종속되어 있고(경제의 합리성la rationalité de l'économie에 종속되는 것과 혼동하지 말 것), 과도한 불합리성을 볼 필요가 있었을 것이라는 점을 증명하려는 것은 아니었다!

우리는 권력관계의 철학이 존재할 수 있을지 몰라도 생산관계, 계급구조, 계급투쟁이 없는 (사실과 이데올로기에 대한) 역사이론은 존재하지 않는다고 본다.

푸코가 마르크스 분석틀의 근본적 원칙을 반박하는 두 번째 측면에 아주 경멸에 찬 어조로 변증법이 등장하고 있다는 점을 충분히 예상할 수 있다.

> 만약 우리가 단순화의 논리를 벗어나고자 한다면, 이러한 경우 우리가 비변증법적 논리를 강조하고 또 강조해야만 한다는 것이 분명하다. 도대체 변증법적 논리가 무엇이냐? 변증법적 논리란 내가 전략적 논리라고 부르는 것 내에서 모순적인 용어를 이용하는 것이다.[33]

피에르 다도Pierre Dadot와 크리스티앙 라발Christian Laval은 신자유주의가 개인들이 삶을 살아가는 방식에서 기업관리를 지배하는 합리성을 확장해 버렸다고 주장하면서 푸코의 통치합리성 개념을 정교화했다.[34] 우리는 솔직하게, 신자유주의 내에서 개인들의 사적인 생활이 신자유주의의 계급적 목표들에 종속되었다고 주장한다(같은 식으로 19세기 사회주의자

---

32 Becker, G. (1993). *Human Capital: A Theoretical and Empirical Analysis, with Special Reference to Education* (1964). University of Chicago Press, Chicago; 푸코의 강의 이후 나온 첫 번째 책으로는 Becker, G. (1991). *A Treatise on the Family* (1981). Harvard University Press, Cambridge, MA.

33 Foucalut, M. (2004). p. 44.

34 Dardot, P. and Laval, C. (2014). *The New Way of the World: On Neoliberal Society*. Verso, London, New York.

들은 자본주의가 가족생활을 파괴한다고 주장했다). 당연히 가족들은 신자유주의의 새로운 사회 경제적 법칙들에 적응해야만 한다. 예를 들어 장성한 실업자가 된 자식들을 보살펴야 하는 부모들, 직장을 옮겨야 해서 떨어져 있어야 하는 커플들을 보라. 그러나 이는 가족의 "통치합리성"를 살펴보는 문제가 아니라 그와는 반대로 기업의 신자유주의적 합리성과 관련된 것이다.

11
계급과 제국주의 권력구조

이번 장에서는 현대 신자유주의적 관리자본주의 내의 권력구조, 즉 계급과 국제적 위계관계를 살펴본다. 우리는 9장과 10장에서 했던 것처럼 일반적 해석으로 이어질 수 있는 기술적 자료들을 사용하여 설명 과정을 이어 갈 것이다. 우리는 이러한 기술적 자료들을 경제물리학자 (2장에서 소개한 사람들과 또 다른) 집단의 연구로부터 빌려 왔다. 그들은 기업 소유권, 통제 및 관리의 글로벌 네트워크에 대해 연구하였다. 그들은 거대 금융기관들, 관리자들의 통제(즉, 거대 금융기관의 관리자들) 그리고 미국의 전 세계적 헤게모니가 행하는 역할을 하는 모습을 시각화하였다. 이 시각화 과정에서 드러나는 미국 헤게모니는 이른바 제국주의 관계라고 부를 것과 명확히 연결되어 있다.

소유와 통제

신자유주의적 관리주의의 소유 및 관리 구조를 분석하기 위해서는 서로 다른 두 메커니즘, 즉 1) 현 단계 관리자본주의 생산관계의 구체적 특성들, 2) 현실 사회질서로서 신자유주의의 특징들을 언급할 필요가 있다. 두 가지 범주의 결정 요소들은 서로 복잡하게 상호작용하며, 그렇기 때문에 이들을 구분하기는 때때로 어렵다. 게다가 나라들 사이에도 상당한 차이를 보이고 있어 더 복잡한 분석이 필요하다.

여기서 참고하는 경제학자와 물리학자 집단의 작업은 잘 알려져 있다.[1] 이들은 2007 오르비스 마케팅 데이터Orbis 2007 marketing database를 이용하여 2007년 194개국의 기업, 부자, 뮤추얼펀드 또는 일반적으로 기관투자가라고 하는 주식을 보유한 수많은 기관들을 포함한 3,700만 경제주체를 확인하였다. 경제주체들은 1,300만 소유권 링크로 연결되어 있다. 소유권 링크란 기업 주식의 보유를 뜻한다. 이는 주식에 대한 직접 보유 외에도 주식에 대한 관리를 포함하는 광범위한 개념이다.

이 연구 중에서 주체들의 하위 집합은 116개국에 위치한 초국적기업 4만 3천 개를 확인하는 것에서 시작한다. 이러한 초국적기업에다가 또 다른 기업 50만 개와 7만 7천여 명의 개별 주주들을 추가한다. 이들은 초국적기업과 직접 또는 간접적인(한 경제주체가 다른 경제주체의 주식을 보유한다) 소유관계를 가지고 있다.

다음 쪽 그림 11.1은 네트워크의 주요 구성 요소들을 도식적으로 재현하고 있다. 그림 아래 설명으로부터 확인할 수 있는 바와 같이, 중간에는 "강력하게 연결된 구성 요소Strongly Connected Components: SCC"가 있으며 왼쪽에 IN, 오른쪽으로는 OUT이 있다(튜브와 위쪽 꼬리들In-Tendrils/OT-Tendrils이 있다). 그다음 그림 11.2의 도표를 통해 실제 네트워크를 해석할 수 있다. 이를 통해 상당히 흥미로운 점을 발견할 수 있는데, 다음과 같다.

1. 그림 11.2에서 "가장 크게 연결된 구성 요소Largest Connected Component: LCC"라고 부를 수 있는 거대한 구조를 먼저 발견할 수 있다. 그림 11.1로부터 확인할 수 있는 부와 같이 이 LCC는 강력히 연결된 구성 요소SCC를 중심으로 나비 모양이며, IN 부분과 OUT 부분이 있고, 튜브와 꼬리들로 구성되어 있다. 왼편 아래를 보면 다르게 연결된 구성 요소Other Connected

1 Vitali, S., Glattfelder, J. and Battiston, S. (2011a). The network of global corporate control. *PLOS ONE*, 6(10): 1-6. https://doi.org/10.1371/journal.pone.0025995; Vitali, S., Glattfelder, J. and Battiston, S. (2011b). Supporting information: The network of global corporate control. *PLOS ONE*, 6(10): 1-19. https://doi.org/10.1371/journal.pone.0025995.s001; Duménil, G. et Lévy, D. (2014b). *La grande bifurcation. En nir avec le néolibéralisme*. La Découverte, Coll. L'horizon des Possibles, Paris.

Components: OCC라고 불리는 작은 구성 요소들을 확인할 수 있다.

그림 11.2에 있는 비율들은 다음과 같은 의미를 지니고 있다. 오른쪽에 있는 비율은 어떤 구성 요소가 초국적기업에서 차지하고 있는 비중을 나타낸다. 즉, 초국적기업들의 64%가 OCC에 속해 있으며, LCC에는 36%가 속한다는 점을 확인할 수 있다. 그러나 두 번째 비율은 OCC에 속한 초국적기업들이 전체 초국적기업의 이윤(영업이익) 중 5.8%를 차지하며 LCC에 있는 초국적기업들은 전체 이윤의 94.2%를 차지한다는 점을 보여주고 있다. 그러한 압도적 규모를 갖는 실체를 확인해야 한다. 우리는 이를 "거대 경제"라 부르려고 한다.

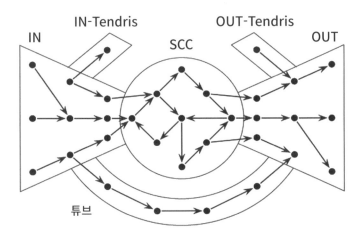

그림 11.1 소유권과 통제 네트워크의 "가장 크게 연결된 구성 요소"의 도식적 구조

경제주체들은 점으로 나타나고 소유관계는 화살표로 연결된다. 한 주체로부터 다른 주체로 가는 화살표는 전자가 후자의 주식을 소유하고 있다는 것을 표시한다. 중심의 원, 즉 "강력하게 연결된 구성 요소"는 "가장 크게 연결된 구성 요소"의 핵심을 나타낸다. 이는 상호적 소유권의 긴밀한 상호작용을 나타내기도 한다. 핵심은 OUT에 위치한 경제주체들이 소유한다. 핵심에 가까운 주체들이 핵심에서 멀리 있는 다른 이들의 주식을 소유하는 위계관계적 네트워크다. 대칭적으로 약간의 경제주체들은 핵심의 주식을 보유하면서 왼쪽 위로의 흐름 속에 위치해 있다. "튜브" 안에서 핵심을 둘러가는 소유관계 몇몇을 확인할 수 있으며, 기본 구조에 이식된 "꼬리"도 확인할 수 있지만, 앞에서 이야기한 소유권 채널에 비해 중요하지는 않다.

출처: Vitali, S., Glattfelder, J. and Battiston, S. "The network of global corporate control." *PLOS ONE*, 6(10): 1-6, 2011. https://doi.org/10.1371/journal.pone.0025995, Figure 2, A.

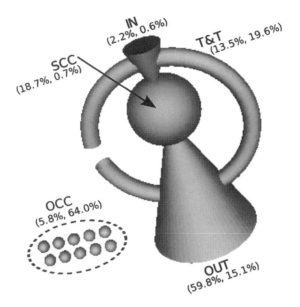

IN
(2.2%, 0.6%)

T&T
(13.5%, 19.6%)

SCC
(18.7%, 0.7%)

OCC
(5.8%, 64.0%)

OUT
(59.8%, 15.1%)

그림 11.2 소유권과 통제의 글로벌 네트워크: "가장 크게 연결된 구성 요소LCC"와 "다르게 연결된 구성 요소OCC"

출처: Vitali et al., "The network of global corporate control." Figure 2, B.

2. 네트워크의 핵심에는 SCC가 있는데, 상당히 작은 수인 1,318개 기업이 이를 구성하고 있다. 그들은 주로 거대 금융기관이며 거의가 배타적인 상호적 소유 네트워크를 형성하고 있다는 점이 중요하다.[2]

다음 쪽 그림 11.3을 통해 금융 핵심부에 대한 더 명확한 상(2007년 당시)을 확인할 수 있다. 두꺼운 화살표는 주요 소유관계를 표시한다. 2007년 이후 여러 변화가 있었다. 블랙록Black Rock은 현재 바클레이스Barclays 및 메릴 린치Merrill Lynch와 함께 오늘날 세계에서 가장 큰 자산운용사라고 할 수 있다. 2016년에 블랙록은 290억 및 2,200억 달러의 자본과 자산을 갖고, 5조 7천억 달러의 주식을 관리하였다.[3] SCC에 속한 기업들은 수는 작지만, 전체 네트워크 이윤의 18.7%를 벌어들였다.

---

2   Vitali, S., Glattfelder, J. and Battiston, S. (2011a). p. 3.

3   2016 Annual report of BlackRock.

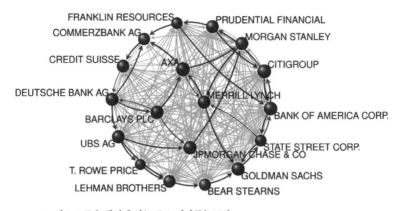

그림 11.3 금융 핵심에 있는 주요 기관들(2007)

출처: Vitali et al., "The network of global corporate control." Figure 2, D.

3. 그림 11.2에 있는 OUT 표시는 거대 초국적기업들과 그 계열사들을 나타 낸다. 총이윤의 59.8%가 여기서 발생하였다.

4. IN은 SCC의 지분을 가지고 있거나 튜브를 통해 OUT의 지분을 가지고 있는 개인들과 기업들을 의미한다. SCC로부터 IN으로 가는 소유관계는 존재하지 않는다.

이 연구의 연구자들은 지분을 보유하거나 관리하고 이윤을 얻어 들 이는 것과는 별도로, 통제권의 집중을 강조하고 있다(심지어 이 연구의 제목마저 "글로벌 기업 통제 네트워크"이다). 기업 지분의 50% 이상을 보유하 는 경제주체 집단이 있을 때, 완전히 통제되어 있다고 할 수 있다. 이러 한 기준에서 다양한 수준으로 통제권의 집중을 평가할 수 있다. 1) 737 개의 기업 또는 개인들(SCC에서 속해 있든 아니든)이 전 세계 초국적기업 의 경제적 가치 가운데 80%를 통제한다. 2) SCC에 속해 있는 147개 금 융기업들의 "수퍼 그룹super-entity"이 초국적기업 가치의 40%를 통제한 다. 이로부터 다음과 같은 중요한 결론에 도달한다. "이는 통제 네트워 크가 부보다 훨씬 불균등하게 배분되어 있음을 의미한다."[4]

---

4 Vitali, S., Glattfelder, J. and Battiston, S. (2011a). p. 4.

관리자본주의: 소유, 관리, 미래의 새로운 생산양식

우리는 여기에 "개인들이 다국적 권력 소유자로 나타나는 경우는 흔하지 않다"[5]는 점을 추가할 수 있다. 이는 소수의 억만장자 집단으로 막대한 부의 집중이 나타난다는 것과는 모순되는 것처럼 보이는 진술이다. 2016년에 100명의 부자들이 가진 재산이 세계 인구 절반의 가난한 사람들이 가진 재산과 같았다는 점은 충격적이다.

하지만 우리는 여기서 불평등을 분석하려는 것이 아니라 경제, 특히 거대 경제에 대한 통제권을 분석하는 것을 목표로 한다. 상층에 있는 100명의 부자들(세계 인구 절반이 보유한 재산과 같은 재산을 보유한)은 "겨우"(이렇게 말할 수 있다면) 글로벌 부의 1%만을 차지하고 있다. 이번 연구의 목표와 관련지어 보면, 그 100명의 재산이 글로벌 주식시장 시가총액의 3.5%와 같으며, 2,043명의 억만장자가 보유한 재산은 글로벌 주식시장 시가총액의 11.4%에 이른다고 말하는 것이 적절할 것이다.[6] 이러한 상황들로부터 현대사회가 신자유주의적 관리자본주의라는 점을 확인할 수 있고, 10장에서 이야기했던 것처럼 상위계층으로 부가 집중되어 있다는 점도 이야기할 수 있다. 이를 통해 이번 장에서 확인한, 거대 경제의 소유권 관리가 기본적으로 상위 금융 관리자들 수중에 있다는 주요 관찰이 변하는 것은 아니다. 억만장자들의 재산을 개인적 역량으로 관리하기는 역부족이며, SCC의 핵심에 있는 거대 금융기관들이나 억만장자 개인들이 이러한 목적으로 설립한 "민간" 금융기관들을 통해 그 정도의 재산을 관리해야 한다. 따라서 이것은 금융 관리자들의 수중에 있는 것이다.

---

5 Vitali, S., Glattfelder, J. and Battiston, S. (2011a). p. 19.

6 다음의 자료로부터 확인할 수 있다. (a) Wealth of the top 100 billionaires. https ://www.forbes.com/billionaires/list/; (b) Wealth of the poorest half of the world population: Credit Suisse (2016). Global wealth report 2016. Rapport technique, Research Institute. https://www.creditsuisse.com/corporate/en/research/research-institute/global-wealth-report.html; (c) Stock-market-capitalization-worldwide. https://www.world-exchanges.org/home/index.php/les/52/Annual-Statistics-Guide/453/WFE-Annual-Statistics-Guide2016.xlsx

분석에서 국제적 권력관계와 관련된 여러 문제를 배제하고는 있지만, 앞서 그림 11.2에서 묘사한 네트워크 속을 들여다보면 다양한 나라가 불균등한 역할을 맡고 있다는 점이 노골적으로 드러난다.

따라서 LCC의 국적 문제에 대해서도 살펴볼 필요가 있다. 서로 다른 세 가지 관점에서 문제가 제기될 수 있다. 1) 금융기관, 2) 상위 관리자, 3) 개별 자본 소유자. 이들 각각의 국적은 어디인가? 이러한 세 범주의 자격들 사이의 관계가 존재하지만, 항상 일치하는 것은 아니다. 독일 출신 관리자가 미국 금융기관에서 일하면서 부유한 중국인 가족의 자산을 관리할 수 있다.

앞의 분석에서 참고한 연구에서는 가장 큰 통제권 보유자 50개에 대한 정보를 제공한다.[7] 그중 24개는 미국이며 8개는 영국이다. 여러 다른 연구들을 통해서도 이 두 나라의 우위를 확인할 수 있다. 이 연구들에서 연구자들은 "커뮤니티community"라는 개념을 사용한다.[8] 커뮤니티는 개인 또는 기업과 같은 경제주체들의 집합이며, 다른 주체들보다 더 단단하게 소유권 네트워크로 연결되어 있다. 1) 동일 커뮤니티 내의 기업들을 연결하는 공통적 특징은 그들의 활동 영역(서비스 또는 특정한 범주)보다는 그들이 특정한 국가들에 소속되어 있다는 점이다. 2) 만약 금융기업들을 제외한다면, 이러한 커뮤니티의 공간적 범위는 상당히 줄어든다. 그리고 이는 금융기관들이 커뮤니티를 정의하는 데 중요한 역할을 한다는 점을 증명한다. 소수의 개인 및 가족 자본가들만이 거대 통제권 보유자들 중 자기 나라 커뮤니티에 속해 있다.

---

7 Vitali, S., Glattfelder, J. and Battiston, S. (2011b). Table S 1.

8 Vitali, S. et Battiston, S. (2014). The community structure of the global corporate network. *PLOS ONE*, 9(8). http://dx.doi.org/10.1371/journal.pone.0104655; 유럽에서 대해서는 Vitali, S. et Battiston, S. (2011). Geography versus topology in the European ownership network. *New Journal of Physics*, 13: 1-18.

그림 11.4에서 가장 중요한 커뮤니티 8개를 대상으로 한 네트워크의 일반적 구조를 확인할 수 있다(그림 설명을 통해 기술적인 부분을 확인할 수 있다). 미국과 영국을 중심으로 이러한 공간적 네트워크가 구성된다는 점이 주요 특징이다. 영국은 미국과 유럽 다른 지역 사이의 전달 벨트 역할을 하고 있다. 두 나라 사이의 관계는 단단하며, 영국으로부터 대륙 유럽을 향해 네트워크가 형성되어 있다.

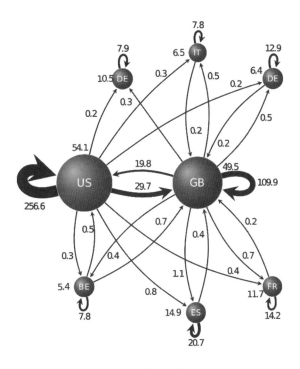

그림 11.4 8개의 가장 큰 소유권 "커뮤니티" 네트워크

각 원은 하나의 공동체를 가리킨다. 미국US, 영국GB, 독일DE, 이탈리아IT, 벨기에BE, 스페인ES, 프랑스FR. 원 옆에 있는 숫자는 천 단위로 표시된 기업들의 수다. 화살표는 주식의 소유를 의미하며, 화살표 옆 숫자는 천 단위로 표시된 연결고리(즉, 기업 소유권 관계의 숫자)이다. 동그랗게 말린 화살표closed-loop arrow는 커뮤니티 내의 소유관계를 보여준다. 주식 보유 숫자가 50 이상일 때만 화살표를 그렸다.

출처: Vitali, S. and Battiston S. "The community structure of the global corporate network." *PLOS ONE*, 9(8), 2014, http://dx.doi.org/10.1371/journal.pone.0104655, Figure 5.

미국과 영국 커뮤니티의 뚜렷한 지위는 도표 가운데에 명확히 나타나 있다. 윗부분 중간에는 이탈리아가 있으며 양쪽에는 독일이 있다 (독일이 2개의 커뮤니티로 정의된 점이 놀라운데 이는 소유와 통제의 이중적 양상이 존재함을 시사한다). 도표의 아래 부분에는 벨기에, 스페인, 프랑스가 있다. 미국과 영국 커뮤니티는 다른 나라(1만 5천여 개 기업 또는 그 이하)에 비해 매우 크고 각각 5만 4천여 개와 4만 9천여 개이다. 미국과 영국은 다른 커뮤니티와 관계 맺고 있는 수의 측면에서도 그 지위가 명백하다. 두 나라 사이의 상호관계 또한 매우 인상적이다. 소유와 통제의 영미 네트워크는 매우 밀도가 높고, 유럽 대륙의 주요 국가들 사이의 연결고리들과 비교하면 더 많다.

유럽 대륙 국가들 사이에 연결고리가 거의 없다는 것이 주요 특징이다. 도표에는 50보다 작기 때문에 나타나지 않는다. 유럽 통합을 위한 거의 70년의 노력 후에도 소유와 통제의 유럽 내 네트워크는 여전히 취약하다. 미국과 영국의 금융기관들은 대륙 유럽의 많은 국가에 대해서 최종 결정자 지위를 향유하고 있으며, 대륙 유럽 국가들 사이의 통제 수준보다도 높은 수준의 통제권을 보유하고 있다.[9]

그림 11.4를 통해 주요 8개 커뮤니티의 소유권-통제 네트워크를 확인할 수 있다. 이 네트워크는 명백히 북대서양 네트워크이다. 100개의 가장 거대한 커뮤니티만 보자면, 거의 대부분 말할 것도 없이 북아메리카 또는 유럽의 어떤 단일 국가 소속이다. 제일의 아시아 커뮤니티가 20번째에 위치하고 있다. 가장 거대한 두 커뮤니티는 미국과 영국이며 강력하고 단단하게 결속된, 핵심적 기업들이 자리 잡고 있다. 반대로 다른 커뮤니티의 경우, 그 결속력이 영미 커뮤니티만큼 단단하지 않으며, 그 위계관계도 약하다.

---

9 이러한 관찰을 대륙 유럽의 신자유주의 세계화로의 개방과 유로존의 형성과 관련하여 금융화된 유럽의 진정한 형성을 막았던, 유럽의 사회질서와 관리자본주의를 다룬 10장의 부록과 비교해 볼 수 있다.

"신자유주의적인 금융 사회화"과정의 핵심에 이러한 영국과 미국의 소유 및 통제 네트워크가 있다. 하지만 그로부터 기인하는 구조를 이윤율의 상대적 평가에 기초한 엄격한 금융적 차원으로 환원되는, 어떤 구체적인 상호작용 형태로 이해해야만 한다. 비금융 기업 이사회 임원들 사이의 직접적인 상호작용이나 국가의 조정 행위를 통해 이전에 존재하고 있었던 네트워크가 해체됨에 따라 이러한 네트워크가 수립된다. 다음 절에서 볼 것처럼, 새로운 구조에는 주식의 직접 보유 및 직접적인 상호작용 메커니즘 또한 존재한다.

소유-통제 및 관리 사이의 인터페이스

비금융 기업들의 상위 관리자들과 상호작용하면서, 금융기관들 관리자와 같은 상위 관리자들이 147개 기업의 수퍼 그룹에 속한 기업들을 통제한다. 이러한 특권적 지위는 다른 사회관계의 피라미드 내에서와 마찬가지로 그 정도는 감소하지만, 위계관계 하위 단위로 확장된다.

금융기관들은 세 가지 광범위한 범주의 수단을 통해 비금융 기업들에 대한 집합적인 통제를 수행한다.

1. 금융기관들은 실현 이윤과 주식시장에서 기업 평가 간의 비율을 기준으로 기업의 주식을 매입하고 매도한다. 성과가 불충분하다고 판단하면 금융기관들은 주식을 매도하여 기업 상위 관리자들(그들이 얻을 수 있는 스톡옵션을 통한 잠재적 이익)을 제재하거나 구조조정을 목적으로 직접 인수하기도 한다.
2. 여러 전문 헤지펀드들이 "행동주의 주주들", 즉 금융 경찰 역할을 한다. 과도한 자금 조달 상황에 있는 기업들은 자사주를 구입하도록 강요받는다. 따라서 금융기관들이 기업들 사이의 자금 배분을 지배하고 주가를 자극한다.

3. 이사회 내에서 일어나는 비금융 기업 관리자와 금융 관리자들 사이의 직접적인 접촉이 세 번째 수단이다. 우리는 이를 "소유권 통제" 및 "비금융 기업들의 관리" 사이에서 일어나는 인터페이스(소유/통제-관리 사이의 인터페이스)라고 부른다.

비금융 기업들의 이사회 내에서는 금융기관을 대표하는 임원들을 외부자라고 하고 비금융 기업들에서 활동하는 상위 관리자들을 내부자라고 한다. 이러한 이사회는 정부를 공유하고, 의사결정이 이루어지며, 금융기관들에 규율을 부과하는 핵심 제도이다. 주주총회에서는 임원들을 임명하기는 하지만, 이사회에서 이루어지는 일들이 일어나지는 않는다. 이사회 내에서 이윤에 대한 요구 조건들이 만들어진다. 이사회는 (국내 또는 해외를 통한) 투자 자금 조달과 배당 분배, 상위 관리자들에게 지급할 임금과 보너스를 결정한다. 9장과 10장에서 묘사한 소득의 추이가 규정되고, 핵심적인 경영 관련 의사결정이 이루어지는 것이 바로 이사회 내에서다.

금융기관으로부터 온 금융 관리자와 내부자들 사이의 관계는 협력적이며, 금융 관리자들은 내부자들을 지배한다. 다양한 이사회에 자리 잡고 있는 금융기관 관리자들이 지배적인 지위를 향유하고 있지만, 동일 개인이 한 범주의 기관에서 다른 범주의 기관으로 옮겨 가기도 한다.

국내 관리 엘리트들과 초국적 관리 엘리트들

이전에 우리는 소유와 관리의 글로벌 네트워크를 묘사했다. 이는 글로벌 엘리트들이 지배하는 집합적 통제 및 관리의 국제적 틀이 존재함을 이야기해 준다. 하지만 많은 연구자들이 이보다 더 복잡한 상황을 보고한다.

첫 번째, 강력한 관리자들의 국가적 네트워크가 여전히 존재한다는 점을 관찰할 수 있다. 거대 초국적기업 CEO들의 국적과 그 기업들의 국적이 일치하는 경우가 생각보다 더 많다. 1996~2006년 사이 독일, 중국, 스페인, 미국, 프랑스, 영국, 이탈리아, 일본과 같은 8개 국가를 고려한 연구[10]에서는, 심화된 연구를 통해 다른 결론에 이를 수 있다는 점을 배제하지는 않았지만, 글로벌 엘리트는 존재하지 않는다는 결론에 도달하기도 했다.

하지만 더 강력한 권력집중이 위계관계 최상층부에서 일어나고 있는 것처럼 보인다. 우리는 여기서 주로 북대서양 국가들을 기원으로 하고 초국적인 성격을 갖는, 영미식 표현에 따르면 "파워엘리트"라고 할 수 있는 상위 구성원들 중에서 극소수의 사람들에 대해 이야기하려고 한다. 1996~2006년 사이 세계 500대 대기업 이사회를 분석한 연구를 보자.[11] 연구는 적어도 2개 이사회에 출석하는 이사들을 대상으로 했다. 초국적 집단의 수가 해당 기간 동안 142개에서 200개로 증가했다. 이러한 초국적 이사들은 "글로벌 기업 엘리트들 내부에서 다양한 국가적 요소들과 더불어 수립된 광범위한 상호적 유대를 통해 우월한 지위를 점하고 있으며, 그러한 네트워크 안에 확고히 뿌리내리고 있다."[12] "하지만 글로벌 엘리트들에 관해 가장 주목해야 할 점은 유럽-북미 중심주의적이라는 점이다."[13] "유럽과 북미 이외의 많은 기업들이 상위 500대 집단에 진입했지만, 그 지역의 국적을 가지고 있는 극소수만이 '기업 수퍼-엘리트'가 될 수 있었다. 몇몇 반주변 국가들의 경제적 힘이 증가했다는

---

10 Lenger, A., Schneickert, C. and Schumacher, F. (2010). National elites. *Transcience Journal*, 1(2): 85-100; Hartmann, M. (2011). Internationalisation et spécificités nationales des élites économiques. *Actes de la recherche en sciences sociales*, 5(190): 10-23; Burris, V. and Staples, C. (2012). In search of a transnational capitalist class: Alternative methods for comparing director interlocks within and between nations and regions. *International Journal of Comparative Sociology*, 53(4): 323-342.

11 Carroll, W. (2009). Transnationalists and national networkers in the global corporate elite. *Global Networks*, 9(3): 289-314.

12 Carroll, W. (2009). p. 289.

13 Carroll, W. (2009). pp. 297-295.

점은 남반구에 있는 기업들의 이사의 수도 증가했다는 것을 의미하지만, 이러한 증가는 겸직 이사들 외부에서 일어났다."[14]

모든 나라의 상위계급들이여
제국주의 기치 아래 단결하라!

글로벌 지배계급의 잠재적 형성을 둘러싸고 논쟁이 진행되었다.[15] 현대사회 내에 민족 지배계급을 뚜렷하게 분류할 수 있는지 또는 단일 글로벌 지배계급을 구별하는 것이 더 적절한지가 쟁점이었다.

대체로 관리자본주의처럼 두 지배계급(자본가와 관리자)의 공존이 문제가 된 것은 아니다. 우리는 이와 같은 이유로는 설득력 있는 결론에 도달하지 못할 것이라 생각한다. 이중적 질문이 제기될 수 있다. 우선 세계적 차원에서 자본가들이 융합되고 있는 과정이 존재하는가? 둘째, 관리자들, 특히 상위 관리자들 사이에서 유사한 메커니즘이 발생하고 있음을 발견할 수 있는가? 두 번째 질문에 대한 대답은 금융기관과 비금융 기관의 관리자들에 대해 필연적으로 동일하지 않다.

앞 절에서 행한 분석을 통해 많은 답을 할 수 있을 것이다. 세계의 주식 보유자들이 동일한 금융기관들에 자신들의 지분에 대한 관리를 맡기는 한에서 자본가들의 이해는 수렴한다. 그들이 지분에 대한 통제권을 상실한다면, 그들은 수동적인 지대 수익자에 불과하다. 이러한 두 가지 지반 위에서 보면, 글로벌 자본가계급의 제도적 정체성이 부족하고, 실질적인 힘을 확보하고 있다고는 할 수 없다 할지라도, 그러한 계

14　Carroll, W. (2009). p. 294.

15　특히, Panitch, L. and Gindin, S. (2012). *The Making of Global Capitalism: The Political Economy of American Empire*. Verso, London, New York; Robinson, W. (2014). The fetishism of Empire: A critical review of Panitch and Gindin's The making of global capitalism. *Studies in Political Economy*, 93: 147-165; G. Duménil (2016). Une classe dominante mondiale? *Actuel Marx*, Vol. 60, Presses Universitaires de France, Paris.

급을 언급하는 것이 점점 적절해지고 있다고 판단할 수도 있겠다. 거대 자본 소유자들의 경우는 확실히 다르다. 하지만 그들이 실질적 통제권자로 행동하는 경우는 드물며, 그들의 행위는 특정 공동체 내로 구체적으로 한정되어 있다. 그것은 글로벌 자본가계급에 기대되는 것과는 정반대이다.

앞에서 말한 바와 같이, 금융기관들의 국적은 여전히 더 지리적 네트워크 안에 뿌리박고 있다. 이는 글로벌 지배계급이라는 개념과는 확연히 구별된다. 상위 관리자들도, 여전히 위계관계 상층의 경우는 그렇지 않지만, 대체로 지리적 공동체들과 연결되어 있다고 결론지을 수 있다.

소유권과 통제권 수준에서 영미 네트워크의 우위는 거대 금융기관 관리자들의 우위로 연결된다. 즉 이들이 비금융 기업 이사회에 외부자로서 포진하고 있다. 그들의 힘은 이미 막대하며, 점점 커지고 있다. 이 엘리트들은 글로벌 지배계급 형성의 주요 행위자이지만, 지금까지 그들은 어떤 글로벌 지배계급이라기보다는, 이 수퍼 엘리트들이 대부분 영국-미국의 기업에서 일하고 있기 때문에, 미국 또는 북대서양 지배계급의 국제 헤게모니를 표현한다고 말할 수 있다.

기본적으로 이러한 분석에서는 국가관계 및 국제적 경쟁관계가 충분히 고려되지 못하고 있다. 국제적 차원에서 국가들은 역사, 사회, 문화, 정치적 정체성의 매개체이며, 이렇게 보면 협력과 갈등의 글로벌 네트워크 안에 있는 행위자이다. 과거에는 국민국가 형성으로 이어진 다양한 통일 과정이 헤게모니 국가들의 비호 아래서 이루어졌다. 유럽, 중국, 아마도 다른 곳에서도 국민국가의 형성이 이루어져 왔다.

영미 기관들의 지배와 미국의 국제적 헤게모니라는 두 가지 특징들을 결합해 볼 때, 미국이 이끄는 북대서양 공동체의 강화를 예상해 볼 수 있지만, 그것이 어떤 결과로 이어질지는 여전히 상당히 미지수다. 이것이 우리가 이번 절의 제목으로 암시하려던 것이다. 당연히 우리의 슬로건은 아니다!

생산관계와 국제적 헤게모니

마지막으로 계급과 국제적 지배에 대해 다루면서 1부에서 이야기했던 생산력/생산관계, 계급구조, 계급투쟁으로 다시 돌아가야만 한다.

역사 동역학과 관련된 한 나라(앞선 나라든 뒤처진 나라든)의 발전과 그 나라의 국제 헤게모니 사이에는 깊은 관계가 있다. 우리가 보기에 20세기 동안 이루어진 미국의 세계 지배에는 19세기로부터 20세기로의 이행기 동안 벌어진 소유 및 관리 제도들의 변화가 깊이 관련되어 있다. 그 시기에 미국에서는 기업, 금융, 관리 부문의 혁명이 발생했다. 그이후 미국은 몇십 년간 발전했고, 20세기 전반부 동안의 극적인 생산력 발전의 기초가 되었다(13장을 보라).

미국은 19세기 말 공식적인 제국을 수립하기 위해 제국주의적 경쟁에 뛰어들었지만(특히 필리핀), 새로운 미국의 국제적인 경제 지배를 표현하는 비공식적(분명히 비폭력적인 것은 아니다) 제국주의로의 윌슨주의적 전환으로 전통적인 제국주의적 확장을 포기했다.[16] 그와 동시에 알프레드 챈들러가《규모와 범위》에서 잘 이야기한 것처럼, 상위계급들이 전통적인 사회구조를 고수하면서 소유 및 관리 제도를 변화시키는 데 실패한 영국은, 결국 국제적 헤게모니의 지위를 상실하고 말았다.[17]

미국은 관리자본주의로 맨 먼저 이행했으며, 세계를 주도했다.

---

16 Stephanson, A. (1995). *Manifest Destiny. American Expansion and the Empire of Right.* Hill and Wang, New York.

17 Chandler, A. (1990). *Scale and Scope: The dynamics of industrial capitalism.* Harvard University Press, Cambridge, MA, London.

12
사회변화의 정치학

계급 전략을 언급하는 것은 필연적으로 역사적 과정의 행위자들이 자신이 원하는 것, 목표로 삼고 있는 것 그리고 그 결과들을 알고 있다는 점을 가정한다. 이전의 경험과 현재의 상황이 갖는 엄중함에도 불구하고, 대공황과 제2차 세계대전 직후 미국의 개혁과 정책들은 상당히 의식적인 미국 공적 관리자들의 혁신적인 행동으로부터 비롯되었다고 할 수 있다. 반세기가 흐른 후, 신자유주의 내에서 이루어진 관리, 규제-제도적 틀, 소득분배의 극적인 변화가 "미리 계획된" 행위들의 결과가 아니라고 주장하기란 어렵다. 이번 장에서는 다음과 같은 질문을 제기한다. 어떤 이들의 이해를 위해 누가 결정하는가? 마지막 부분에서는 앞에서 묘사한 정책들의 실행과 관련한 경제이론을 다룰 것이다.

지배의 정치 및 경제 핵심

현대사회에서 이사회와 금융기관 내의 관리자들은 자본가계급과 동맹을 맺고 전통적 의미에서의 정부의 힘이 증대하는 과정에서도 자신들의 힘을 거대하게 확대하였다. 우리는 두 제도적 핵심인 "지배의 정치 핵심centre politique de gouvernement"과 "지배의 경제 핵심centre économique de gouvernement"을 비교하고, 두 가지 모두 관리자들의 지도력 아래 움직이고 있다는 점을 이야기할 것이다.[1]

---

1   Duménil, G. et Lévy, D. (2014b). *La grande bifurcation. En nir avec le néolibéralisme.* La Découverte, Coll. L'horizon des Possibles, Paris, p. 40.

1. "지배의 정치 핵심"은 전통적인 국가 및 준국가기관들을 의미한다.
2. "지배의 경제 핵심"은 소유 및 통제와 관련된 제도들 및 이전 장에서 이
   야기한 소유-통제/관리의 인터페이스, 즉 "슈퍼-그룹"을 말한다.

공공 및 민간 부분 관리자들에게 고유한 다양한 전문적 활동들과 그에 상응하는 사회관계의 네트워크가 각 핵심 내부 관리자 계급의 활동들의 구체적 모습을 만들어 낸다. 전문가적 실천을 통해 결과들에 대한 다양한 평가가 이루어지며, 두 가지 핵심에 속해 있는 서로 다른 범주의 관리자들은 적어도 특정한 범위 내에서 어쩌면 상당히 다른 방식으로 세계를 이해하고 있다. 잉여가치에 접근하는 방식도 서로 다르다. 예를 들어 정부 관료들은 금융 메커니즘에 대한 규제완화에 대해 금융 관리자들과 같은 이해관계를 갖지 않는다. 하지만 그것은 계급 간 적대로부터 비롯되는 것이 아니라 계급 내부의 분할로 인한 것이다. 두 집단에 속한 개인들을 사회적 관점에서 보면 근본적으로 서로 다르지 않다. 많은 이들이 두 범주에 같이 속해 있을 수 있고, 파워엘리트라는 관점에서 보면 가족관계를 통해 그러한 사회적 경계에 걸쳐 있을 수 있다.

10장에서 우리는 사회질서들의 정치학과 이데올로기를 논의하면서 지배를 위한 두 가지 핵심 사이에서 벌어지는 협력과 갈등의 복잡한 상황에 대해 이미 지적하였다. 어떤 환경에 있는지에 따라, 상위 관료 또는 의회 구성원들에게 경제 핵심부의 구성원들(민간 부문의 최고 관리자들)은 매우 강력한 영향력을 행사할 수 있으며, 다른 조건에서는 그렇지 않을 수도 있다. 예를 들어 구조적 위기 기간에는 상위 관료들의 상대적 영향력이 강화될 것이며, 반면 호황기에는 경제 핵심에 있는 관리자들은 개혁 과정과 정책들이 자신들의 행동을 과도하게 제한하도록 하지 않게 할 것이며, 더 나아가 자신의 이해관계에 봉사하도록 할 것이다.

다보스 세계경제포럼 같은 것이 두 가지 핵심의 응집을 표현하는 상징적 기관이다. 국제적인 상위 관료들, 경제학자들, 언론인들이 재계

의 상위 임원들 주위에 매해 모여든다. 수많은 매체에서 전통적인 정치
제도와 나라의 경계를 넘는 새로운 세계 통치 형태(또는 "세계적 지배구조")
에 대해서 이야기한다.

우파와 좌파 사이에서?

10장에서 우리는 세 가지 사회질서에 대해 정의하였다. 1) 20세기
초부터 대공황까지 이어진 거대 자본가들의 첫 번째 금융 헤게모니(이번
장에서 간략히 요약한다), 2) 1970년대 후반까지 이어진 관리자들과 민중
계급 간의 사회-민주적 타협, 3) 신자유주의자라고 불리는 관리자들과
자본가들 사이의 두 번째 금융 헤게모니. 10장 말미에서 주장한 바와
같이 이러한 사회질서들을 각각 우파, 좌파, 우파라는 정치적 스펙트럼
속에 위치 지을 수 있다. 민중 계급과 관리자들 사이의 전후 타협이 좌
파적 동맹이었던 반면, 신자유주의 기간 벌어진 관리자들과 자본가들의
동맹은 우파적 형태다.
　　따라서 좌파 또는 우파라는, 정부에 대한 통상적인 분류 사이의 조
화와 부조화 및 위에서 사회질서들과의 관계 속에서 정의된 분류에 대해
질문할 필요가 있다. 미국에 대해서는 다음처럼 두 가지를 이야기할 수
있다.

1. 전통적으로 좌파와 우파(적어도 상대적으로)라고 불리는 민주당과 공
　화당 정부 시절에 각각 전후 타협(좌파적 사회질서라고 할 수 있는)과
　신자유주의(우파적 사회질서)가 시작되었다.
2. 반대로 각 사회질서가 진행되는 와중에 계급 동맹 및 지배와 관련하여,
　우리가 부여한 사회질서들의 위치와는 관계없이 민주당과 공화당 사이
　의 정권교체가 진행되었다. 어느 당에 속해 있느냐는 그 행동과 결과에
　거의 영향을 미치지 않았다.

따라서 신자유주의와 전후 타협 초기에 미국을 통치했던 민주당의 프랭클린 루스벨트와 공화당의 로널드 레이건에 대해 구체적으로 이야기해 볼 필요가 있다. 두 경우 모두 보통의 정치적 스펙트럼 및 이에 기초한 계급동맹이라는 측면에서, 좌파와 우파 사이의 직접적 관계이다. 우리는 전후 타협을 사회-민주적 타협이라고 불렀는데, 이는 미국에서 사회민주주의 정당이 집권했다는 의미는 아니며, 실행된 정책이나 개혁 조치들이 전통적 의미의 좌우파 교체와는 별개의, 민중 계급과 관리자 계급 사이의 동맹의 기초를 나타내고 있기 때문에 사용한 것이다. 관리자들과 자본가들 사이의 동맹이 지속되고 있지만 이는 신자유주의 기간 동안에 민주당과 공화당 사이의 정권교체가 이루어지는 것과 유사하다.

대공황 이후 그리고 세계대전이 끝난 이후에 사회적 타협이 이루어진 정치적 환경에 대해서는 잘 알려져 있다. 허버트 후버의 공화당 행정부가 프랭클린 루스벨트의 민주당 행정부로 교체되면서 극적인 결과를 가져왔다. 사람들은 종종 "뉴딜 연합"(1960년대까지)에 대해 이야기하곤 하는데, 한편으로 노동조합, 노동자, 농민, 은퇴자, 지식인과 소수자들이 뉴딜을 지지했고 다른 한편 민주당을 지지했다. 하지만 세계대전이 끝난 후에는, 뉴딜이 중요 영역에서 계승되기는 했지만, 사회적 타협의 상당 부분이 재정의되었다. 1946년에 고용법이 통과되었는데, 본래 이는 경제적 상황에 대한 케인스주의적 개입을 수립하기 위한 것이었다. 이른바 보수 연합이라고 불리는 집단의 요구로 말미암아 더 급진적이며 선명한 거시경제 관리를 목표로 한 조치들을 도입할 수는 없었다. 대신, 뉴딜을 통해 실행된 금융 규제는 계속 유지되었다.

경제적 측면에서는 민간 부문의 기능과 정부 관료들에게 위임된 업무의 명확한 분리가 세계대전 이후 사회의 새로운 특징적 구조의 핵심에 자리한다. 민간기업들은 생산 및 투자를 하고, 중앙기관들은 거시경제에 대한 관리를 행하는 것이다. 이와 더불어 중앙기관들의 일시적인 개입들 외에는, 기본적으로 기업들이 가격과 임금을 결정했다는 점을 추가할 수 있다. (조세를 통해) 불평등의 확대를 막고, 복지 지출을 하는 것도 정부의 중요한 기능이다. 거시경제 관리에 활용되는 구체적인 거시 정책들, 구체적 특징들(엄격한 의미의 "케인스주의")에 대한 논의 이외에도, 이러한 경제적 기능의 배분으로 케인스주의를 근본적으로 정의할 수 있다.

1960년대 케네디와 존슨 행정부 시절은 케인스주의의 전성기였다.[2] 리처드 닉슨과 제럴드 포드(1969년에서 1977년까지)가 인플레이션을 막기 위해 사용한 방법도 케인스주의적인 정부개입에 의한 것이었다. 경제안정화법Economic Stabilization Act이 1970년 제정되었는데, 대통령이 임금과 물가에 대해 통제할 수 있도록 하는 법안이었다. 닉슨은 나중에 "정통 경제 메커니즘에 대한 개입"이었다고 이러한 정책을 후회했지만, 이러한 정책들을 1971년과 1973년에 실행하였다.[3] 카터 행정부(1977~1981)로 민주당이 복귀하고서 험프리-호킨스Humphrey-Hawkins 완전고용법이 1978년 제정되었다. 이는 1970년대 위기들에 대한 케인스주의적 부양책의 의존을 확인하는 것이었다.

카터 행정부에서 일어난 "1979년의 격변1979 coup"[4]으로 준비되었다고 볼 수 있지만, 1980년 말 로널드 레이건의 당선 이후 신자유주의 정책으로 갑작스럽게 전환되기 시작했으며, 이는 규제완화로의 새로운 흐름이 나타났음을 말해 준다. 1980년 화폐 통제와 규제완화에 대한 법에서 확인할 수 있듯이, 뉴딜로부터 이어진 [금융 규제와 관련된] 글래스-스티걸 법과 Q 규제는 점차 폐지되었다(각각 1999년, 1986년과 2001년). 하지만 신자유주의로 진입함에 따라 통화정책을 완화시킨 것은 아니었다. 앞서 이야기한 새로운 법의 이름에서도 나타나듯이, 금융기관에 대

---

2   Stein, H. (1969). *The Fiscal Revolution in America.* The University of Chicago Press, Chicago, London.

3   *New York Times*, April 27, 1994. http://www.nytimes.com/1994/04/27/business/market-place-wall-street-is-closed-to-honor-a-bear-mark

4   [옮긴이] 1979년에 실행된 이자율의 급격한 인상을 말한다.

한 연준의 장악력은 강화되었다. 이후 2007~2008년 위기가 나타났고, 이는 정부개입의 강화로 이어졌다. 2018년에도 이러한 흐름이 끝날 기미는 보이지 않는다(92쪽 그림 6.1을 보라).[5]

유럽에서도 좌우파 정권의 유사한 정권교체를 찾아볼 수 있다. 특히 프랑스, 영국, 독일에서는 전후 타협 기간에도 좌우파 간의 정권교체가 일어났다. 프랑스에서는 좌파 정부하에서 신자유주의로 이행하는 역설적인 사건도 있었다(미국 경제에 관한 우리의 첫 번째 테제와는 반대로). 1970년대 후반에 이미 우파적 성격을 갖는 정책들이 나타나기 시작했다. 1976년에는 인플레이션을 막기 위한 "긴축 플랜"이 실행되었는데, 임금을 통제하고 세금을 인상하며 가격을 고정시키는 것이 주요 수단이었다. 프랑스 최고의 경제학자라고 불리는 레이몽 바르가 있었지만, 정책은 실패하였다. 결국 이러한 정책 실패로 인해 1981년, 공산당과 연합한 프랑수아 미테랑이 당선되었고, (코뮌 프로그램)이라는 "사회주의적" 프로그램이 진행되었다. 국유화가 이루어지고 강력한 정부개입이 행해졌다. 1983년에는 자크 들로르가 조언한 신자유주의로의 갑작스러운 전환이 일어났다.

사회질서들과 정부들, 주요 경제 변수

10장에서 이야기한 주요 경제 변수들의 변화를 통해 앞선 두 가지 테제를 확인할 수 있다. 한 사회질서에서 다른 사회질서로의 이행 과정에서 나타나는 주요 경제 변수들의 변화를 확실히 확인할 수 있지만, 각 사회적 질서 내에서 이루어지는 좌우파 행정부로의(공화당 정부에서 민주당 정부로) 정권교체를 데이터에서 확인하기는 힘들다. 소득분배, 소득세, 배당 지불, 자사주 취득, 무역에 관한 그림 10.1에서 10.6까지를 다

---

5   Duménil, G. and Lévy, D. (2011b). *The Crisis of Neoliberalism*. Harvard University Press, Cambridge, Massachusetts.

시 살펴보자(145쪽 이하). 그림 10.3에서 기업이윤에서 배당이 차지하는 비중이 1970년대 위기 시기까지, 즉 전후 타협 기간 30~40% 사이에서 변동하고 있다는 점을 확인할 수 있다. 이후 이러한 비중은 60~70%까지 상승한다. 그림 10.5를 보면, 1980년대 이전에는 자사주 취득이 마이너스인데, 기업은 자금 조달을 위해 주식을 발행했다. 신자유주의 기간에는 자사주 취득이 신주발행을 초과하며, 매우 거대해진다는 점을 확인할 수 있다. 이는 네거티브 축적 과정이다. 그림 6.1(92쪽)에서는 GDP 대비 정부지출(국방 지출을 포함 또는 제외)의 흐름을 보여준다. 정부지출은 전후 타협 기간에 빠르게 증가했고 신자유주의 기간에는 둔화했다. 공화당과 민주당 행정부의 정권교체 사이에 별다른 차이는 없다.

사회 지출 측면에서 행정부의 우파 또는 좌파적 성격을 살펴볼 수도 있는데, 그림 12.1에서 볼 수 있듯이 안정적이다. 정부 교체로부터 발생하는 어떤 차이를 발견할 수 없다. 예를 들어 닉슨과 포드의 공화당 행정부 기간에도 장기 추세 위에 있었음을 확인할 수 있다.

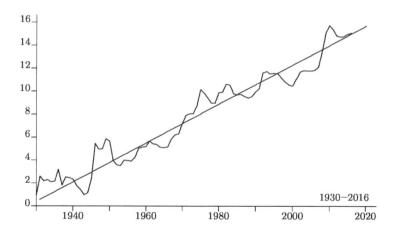

그림 12.1 GDP 대비 정부의 사회 지출(%)과 추세
출처: National Income and Product Accounts(NIPA) Tables, Table 3.1: "Government current receipts and expenditures."

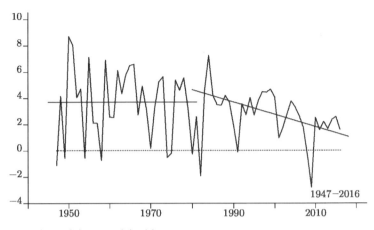

그림 12.2 연평균 GDP 성장률(%)
출처: NIPA(그림 12.1과 같음), Table 1.1.6: "Real Gross Domestic Product."

그림 12.2에서 보이듯 두 사회질서 사이의 차이를 분명하게 볼 수 있는 것은 성장률이다. 전후 타협 기간에 성장률은 예리하게 변동하고 있지만 1970년대까지는 상대적으로 높은 수준이었고, 신자유주의 기간의 성장률은 전반적으로 낮아졌고 하락 추세에 있다. 특히 2000년대에는 더욱 그렇다. 아이젠하워 행정부 기간에는 물가안정과 재정 준수에 특히 관심이 많았는데, 전쟁 부채를 상환하면서 실질 구매력을 하락시키지 않는 것이 정부의 의무라고 보았기 때문이다. 이러한 정책 역시 성장률에는 악영향을 끼치지 않았다.[6] 다소 높은 성장률 외에도, 1960년대는 경기후퇴 없이 안정적으로 긴 시간 동안 성장한 시대이다. 신자유주의로 인해 만들어진 일반적 흐름(기업관리 및 세계화 등)과 기술 및 조직적 변화의 추이로 인해, 성장률은 그 후 나타난 하락세(1990년대에 일시적으로 상승했음에도 불구하고)의 원인이었다. 이러한 하락세를 특정 정권의 거시경제정책 탓으로 돌릴 수는 없다.

---

6 Vatter, H. (1963). *The U.S. Economy in the 1950's. An Economic History.* The University of Chicago Press, Chicago.

관리자본주의: 소유, 관리, 미래의 새로운 생산양식

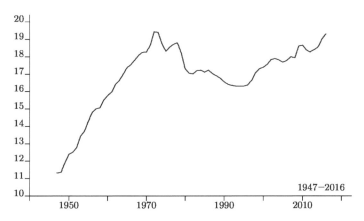

그림 12.3 생산 노동자의 시간당 급여(2009년 기준)
생산 노동자의 시간당 명목을 소비자물가지수로 조정하였다. 생산 노동자의 비중은 1947년 전체 종사자 중 88%에서 2016년에는 82%가 되었다.
출처: Bureau of Labor Statistics(BLS), Employment, Hours, and Earnings from the Current Employment Statistics survey.

두 사회질서에서 나타난 노동자 구매력의 차이를 그림 12.3에서 볼 수 있다. 신자유주의 기간 보이는 상승세와 하락세를 특정 행정부의 정책 변화로 볼 수는 없으며 오히려 기술 및 분배의 장기적 역학과 관련지어 보아야 할 것이다. 이에 대해서는 더 많은 연구가 필요하다.

지배의 경제 및 정치 핵심 사이에서 벌어지는 협력과 갈등

두 지배 핵심은 서로 긴밀하게 상호작용한다. 예를 들어 마거릿 대처와 런던 시티의 거물들 사이의 관계는 잘 알려져 있다. 다수의 연구에서 상위 관리자들이 싱크 탱크 내 주요 구성원으로 활동하고, 로비 현장에서도 두드러지며, 대학 운영에 영향력을 미치고, 정부 구성원이 아니라 하더라도 정부에 조언하는 전문가로 활동한다는 점을 이야기한다. 다보스 세계경제포럼은 1987년에 만들어졌는데, 신자유주의의 교황청 같은 곳이다.

미국 헤게모니를 통해 지배의 정치 및 경제 핵심의 수렴을 확고하게 뒷받침하는 중요한 공통의 지반이 형성된다. 이는 신자유주의로 진입하기 전에도 진실이었으며 특히 라틴 아메리카와 유럽에서 자국의 다국적기업들을 보호하기 위한 미국 제국주의의 표현이기도 하다. 국제무역 및 금융 메커니즘에서 신자유주의 세계화로 이어진 여러 추세에는 긴 역사가 존재한다. 시작은 케인스도 참여했던 브레턴우즈협정이다. 즉, "금 중의 금"으로 방코르Bancor 대신 달러가 선택받았다. 제2차 세계대전 이후 몇십 년간의 과정으로만 분석을 제한하면, 여러 정부에서 1947년 관세와 무역에 대한 일반협정General Agreement on Tariffs and Trade, GATT의 틀로 협상을 진행했고, 이는 자유무역을 촉진하기 위한 것이었다. 1957년, 뉴욕-런던을 축으로 하는 유로시장의 발전으로 브레턴우즈의 틀은 무너지기 시작했다. 이는 소속 국가 밖에서 이루어지는 은행들의 활동을 의미했으며, 따라서 여러 규제로부터 은행들을 해방시킨 것이었다. 미국 정부 일각에서 강력히 저항했지만, 브레턴우즈의 규칙들은 무너지기 시작했다. 정부는 1930년대 대공황 때 제정된 원칙들에 충실했지만, 완전하지는 못했다. 이것이 신자유주의로의 이행으로 이어졌고 신자유주의적 세계화로 그 절정에 이르게 되었다. 정부들이 키를 잡고 있었으나, 그들의 행위를 자기 억제하는 어떤 과정도 없었다.

전 세계에 미치는 미국 금융기관들의 권력과 미국의 국제적 헤게모니 사이의 관계는 잘 알려져 있으며, 국방대학National Defence University의 출간물에서 이를 분명히 확인할 수 있다. 예를 들어,

오바마 대통령은 미국 대외정책의 비전으로 국가적 이익이 강력한 국내적 기초를 가진다는 점을 제시한다. 그러한 비전은 국가권력의 모든 요소의 통합을 강조하기도 한다. 국가권력의 요소들은 서로 분리할 수 없다. 군사력과 경제력은 서로 함께 가야만 한다. 오늘날 국방부DoD가 이라크와 아프가니스탄에서 수행하고 있는 임무는 자본시장을 제공하는 월스트리트

의 역량만큼이나 중요하다.[7]

또는 같은 맥락에서,

금융·서비스 산업은 미국의 재산권과 글로벌 경제력의 기초다.[8]

하지만 우리는 전후 타협 체제의 해체와 신자유주의 (반)혁명에서 지배의 경제 핵심이 중요한 역할을 했다고 본다.

1. 지배의 경제 핵심이 활동하는 핵심적인 무대는 국제적 관계다.
2. 신자유주의에 특징적인 주주가치 극대화를 추구하는 증권시장 및 자본 소득과 관련한 기업관리가 직접적으로 소유 및 통제 네트워크 그리고 소유-통제와 관리의 인터페이스에 귀속될 수 있다(11장에서 이야기한 이사회의 역할을 보라).
3. 마지막으로 상위 관리자 임금 및 보너스에 대한 결정은 이사회에서 이루어진다. 이는 간접적으로 상위 관리의 전반적 소득 위계관계에 영향을 미친다. 따라서 9장에서 논의한 상위 임금 동역학에서 나타나는 극적인 단절은 신자유주의로의 진입을 보여주는 극적인 측면이며, 이는 지배의 경제 핵심의 계급 동역학에 직접적으로 영향을 미친다.

이는 미국과 영국의 거대 기업 및 재계의 정치활동 증가라는 부제를 단 마이클 유심Michael Useem의 책의 결론과 유사하다. 우리가 11장에서 사용한 소유권과 통제의 글로벌 제도들에 대한 작업을 이용할 수 없었던 1984년에, 그는 이 책을 집필했다. 우리는 경제물리학자들의 연구를 통해 유심의 분석을 확증할 수 있다고 보며, 무엇보다도 유심의 연구를 새

---

7 National Defense University (2012). Financial services industry. Spring, p. 2.

8 National Defense University (2012). p. 3.

로운 권력구조에 대한 탐구로 한 발짝 더 나아갈 수 있게 한 중요한 성취로 보고 있다.[9]

유심은 이른바 이너 서클Inner Circle의 구성원으로서, 겸직 이사회 네트워크에 속해 있는 상위 관리자들을 이야기한다. 그는 이너 서클을 "공공 부문과 비영리 조직, 정부에 영향을 미치는 재계의 전위대"[10]라고 말한다.

우리가 검토할 증거들에 비추어볼 때, 1970년대와 1980년대에 기업들의 정치적 활동이 전례 없이 증가하였다. 이는 후보자들에 대한 직접적인 후원, 정부 고위 집단들에 대한 비공식적 로비 또는 정부기관과 장관들에게 조언하는 재계의 권력 아래 있는 수많은 사람들에 의해 이루어졌다.[11]

유심은 1970년대 말 보수정당들의 자금 조달 규모가 막대하게 증대했음을 강조한다.[12] 더 일반적인 분석 수준에서 보면, 유심이 "제도주의적 자본주의institutional capitalism"로 자본주의의 새로운 단계를 이해하고 있었으며, 동시에 이를 관리자본주의를 넘어서는 단계로 이해하고 있었다는 점에서 우리의 분석과는 차이가 있다.

정치적 혼란 속의 경제이론

일반적으로, 이론적 규범들을 새로운 사회질서 구조 내에서 보조적 역할을 하는 지류로서 볼 수 있다. 그러나 그것을 단순한 이데올로기로

---

9   Useem, M. (1984). *The Inner Circle, Large Corporations and the Rise of Business Political Activity in the U.S. and U.K.* Oxford University Press, Oxford.

10   Useem, M. (1984). p. 3.

11   Useem, M. (1984). p. 4.

12   Useem, M. (1984). p. 150.

만 볼 수는 없다. 케인스주의적 틀이 있었던 것처럼, 신자유주의적인 이론적 틀도 당연히 있다.

미국의 대공황 시기로부터 시작해 보자. 그때를 자유시장 경제학에 대한 의문을 품었던 시기로 볼 수 있다. 민간 기업관리와 경제의 중앙 관리를 분리하는 케인스주의적 원리가 전후 타협의 기반이 되었다.

제2차 세계대전 이후, 학계 내에는 시장의 자율적 기능 또는 정부 개입을 지지하는 두 가지 경제학적 틀이 존재했다. 이는 전통적인 일반 균형이론과 케인스주의적인 틀이었다. 힉스-한센Hicks-Hansen 모델(IS-LM 모형) 내에서 이른바 종합이 이루어졌는데, 이를 "신고전파 종합"이라고 한다. 실질적으로는 케인스의 분석을 공식화한 것이었다. 더 광범위한 사회-경제적 문제들이 전쟁 이후 경제학적 원리를 정의하는데 관련되어 있었지만, 그 모델을 통해서는 엄격한 의미의 거시경제 관리만을 다루었다. 자칭 사회주의 나라들이 실패할 것이라고 예상되지는 않았으며, 대학에서는 두 "체계들" 사이의 수렴을 강의하곤 했다.

자유시장과 국가개입 사이의 실용적 타협의 형태를 옹호하는 것을 볼 수 있었다. 존 케네스 갤브레이스는 다음과 같이 말한다.

> 전적으로 정부가 필요하고, 우리는 포괄적인 국가의 행동 없이 조화로울 수는 없다고 말한다. 그러나 많은 것들(소비재의 생산, 다양한 여가활동, 전반적인 문화적 활동의 생산)이 시장 시스템 내에 있으며, 독립적 활동 또한 중요하다. 나는 이에 대해서 실용적으로 반응한다. 시장이 작동하고 있는 곳에서 나는 그것을 지지한다. 정부가 필요하다면, 이를 지지한다. 나는 누군가 "나는 민영화를 옹호한다"거나 "나는 공적 소유권을 상당히 지지한다"고 말한다면, 그를 의심한다. 나는 구체적인 사례에 따라 어떤 것이든 작동할 수 있다고 본다.[13]

---

13 C-SPAN, November 13, 1994. https://www.c-span.org/video/?60409-1/a-journey-economic-time

하지만 케인스주의 경제학이 일반균형의 틀과 더 연결되는 경제적 사고의 점진적 이동이 발생하였다. 한편으로는 경제가 최적점으로부터 떨어져 있는 가격의 경직성을 고려하는 것이었고, 두 번째로는 시장의 불완전성을 도입한 것이었다. 예를 들어 신케인스주의 경제학의 이른 바 정보 비대칭성과 같은 것이다(예를 들어 신용 메커니즘 안에서 대출해 주는 이는 차입자의 상황에 대해 완전히 알 수 없다). 이 중 두 번째 틀은 현재 연준 이사회나 국제결제은행과 같은 중앙기관에 있는 거시경제학자들의 주류 사고라고 할 수 있다. 조지프 스티글리츠와 벤 버냉키 같은 사람들이 이를 대표한다. 학계에 있는 자유시장 경제학자들과는 엄연히 다르다.

그 배경을 잘 살펴보면, 가장 공격적인 신자유주의 이데올로기는 긴 역사를 가지고 있다. 최종적으로 상위계급들의 복귀를 촉진하는 지적 조류들은 여전히 활발하다. 이미 1938년 파리에서 "신자유주의"라는 용어가 사용된 적 있으며, 프리드리히 폰 하이에크와 빌헬름 뢰프케 Wilhelm Röpke가 1947년 창설한 신자유주의 이데올로기의 요람이라 할 수 있는 몽펠르랭 모임Mont Pelerin Society에서도 그러한 용어를 사용하였다.[14] 시카고 학파가 라틴 아메리카 독재자들과 연루되어 아우구스토 피노체트를 대처의 "진정한 친구"라고 부르면서 했던 일들은 잘 알려져 있다.

독일의 질서자유주의의 구체적 성격을 언급하면서 혼란이 생길 수도 있다. 질서자유주의에서는 사회민주주의에서 발생할 수도 있는 고유한 위협들에 대해 사회적으로 규율할 수 있는 보증자로서 국가를 이야기한다.

대류 유럽에서 나타난 구체적 조류로서 질서자유주의는 1930년대에서 1950년대 사이 독일(터키와 스위스로의 망명자들 내에서)에서 주로 형성되었다.

---

14 Mirowski, P. and Plehwe, D. (2009). *The Road to Mont Pèlerin*. Harvard University Press, Cambridge, MA, London, England.

정교하게 발전된 국가론을 이들의 특징이라 할 수 있는데, 이들은 국가를 경쟁적인 질서 추구를 안정화하고 건설하는 데 필수불가결한 것으로 바라보았다. 독일의 질서자유주의 개념은 근본적으로 민주주의를 비관적으로 표현하는 강력한 권위주의적 요소를 품고 있다.[15]

국가에 대한 질서자유주의적 의존성을 질서자유주의 이데올로기와는 상충하는 거시경제에 대한 케인스주의적 개입과 동일시하면 안된다.[16] 그 불명확한 개념과 명료하지 못한 역사적 배경과는 별개로, 신자유주의의 부흥을 지지한 사회적 세력들을 억제할 수는 없었다.

로널드 레이건은 공급주의 경제학("낙수효과" 경제학)과 통화주의로의 일시적인 복귀를 강조하면서 등장했다. 그와 동시에 케인스주의-마르크스주의 경제학은 소외되었다.

전통적인 좌파 정당들 내에서 사회-민주적 타협으로부터 신자유주의로의 이데올로기적 전환이 일어난 실질적인 계급적 기초에 대해서는 거의 알려져 있지 않다. 금융화와 세계화로 나아가는 것을 "현대화"의 표현이라고 한다. 그것은 계몽철학에서 이야기하는 의미가 아니라 시간상 더 앞에 있는 것이 미래라는, 그러한 역사적 경향을 의미한다.

주로 유럽의 정부 집단들 안에서, 하나의 사회질서로부터 다른 질서로의 이행 과정에서 심각한 정치적 긴장으로 이어질 수 있는 여론이 형성되었다. 좌파 정부들은 "제3의 길" 전략이라는 것을 신자유주의 기획으로의 전환을 정당화하는 이데올로기적 수단으로 제시했다.[17] 여러 조류들 중에서도 종합적 또는 중도적 길이라기보다는 "제3의 길"을 발견한 것이었다. 우파로의 신자유주의적 재구성에 동조하는 정부 엘리트들

---

15 Ptak, R. (2009). Neoliberalism in Germany. Revisiting the ordoliberal foundations of the social market economy In Mirowski, P. and Plehwe, D. (2009) *The Road to Mont Pèlerin*, pp. 98-138. Harvard University Press, Cambridge, MA, London, England, p. 125.

16 Ptak, R. (2009), p. 112.

17 Giddens, A. (1998). *The Third Way. The Renewal of Social Democracy*. Polity Press, Cambridge, UK.

의 전향의 정치적 본질을 은폐하기 위해 여러 미디어를 통한 선전이 대대적으로 이루어졌다.

13
경향들, 위기들, 투쟁들

　19세기 말부터 오늘날까지 이어지는 관리자본주의에 대한 분석을 통해, 우리는 그동안 발생한 세 가지 계급 지배 및 동맹의 형태를 사회질서들이라고 명명하여 구별하고자 하였다. 10장에서 30년 또는 40년 정도의 기간을 갖는 각 사회질서의 특징을 강조해서 서술한 바 있다. 이번 장에서는 사회질서들의 변화, 각 사건을 분리하는 연속된 위기들에 기초한 장기적인 역사 경향들과 함께 계급투쟁의 영향을 논해보려고 한다. 우리가 "역사 경향들"이라고 말하는 것들은 마르크스주의 분석에서는 일반적인 기술변화 및 소득분배의 경향들을 의미하며, 이러한 경향들이 생산관계와 어떤 관계를 맺고 있는지 이야기할 수 있다.[1]

　관리자본주의를 통해 발전한 조직화 및 중앙집중적 관리에도 불구하고, 자본주의는 주기적인 구조적 위기로의 경향을 극복하지 못했다. 19세기 이후로 1890년대, 1930년대, 1970년대와 2007~2008년도까지 네 번의 구조적 위기가 있었으며, 이러한 위기를 통해 세 가지 사회질서를 구별할 수 있다. 우리는 2007~2008년의 위기로 네 번째 사회질서로 진입했는지 확신할 수 없다는 점을 10장에서 이미 이야기한 바 있다.

1　Duménil, G. and Lévy, D. (2016a). "The Historical Trends of Technology and Distribution in the U.S. Economy Since 1869: Data and Figures." www.cepremap.fr/members/dlevy/dle2016e.pdf에서 종합적으로 분석하고 있다.

구조적 위기의 두 가지 유형

구조적 위기란 전통적 경기순환 속의 경기후퇴들과는 다른(그렇지만 구조적 위기들은 이러한 경기후퇴와 결합한다), 약 10년 정도의 지속 기간을 갖는 거시경제변동perturbation을 의미한다. 제2차 세계대전 이후로 미국에서 두 번의 구조적 위기와 열 번 정도의 전통적 의미의 경기후퇴를 관찰할 수 있다.

네 번의 구조적 위기를 동일 범주의 메커니즘으로 구분할 수는 없다. 1890년대와 1970년대의 위기를 기업이윤율의 현실적 저하로부터 비롯된 수익성 위기라고 부를 수 있다. 이 두 번의 구조적 위기의 경우, 위기 직후 금융제도의 재조직화가 발생하기는 했지만, 상당 규모의 금융적 혼란이 발생하지는 않았다. 반대로 우리는 1930년대와 2007~2008년에 벌어진 위기를 금융 헤게모니의 위기라고 본다. 이 두 경우에도 금융 메커니즘만 연관된 것은 아니었기 때문에 "금융"이라는 용어 사용에 의문을 제기할 수도 있다. 이러한 용어를 사용하는 이유를 다음과 같은 이중적 측면에서 이야기할 수 있다. 한편으로 상위계급들은 규제를 벗어난 금융제도의 힘(금융 헤게모니)을 기초로 하여 지속 불가능한 실천들을 해 나갔다. 다른 한편으로 수익성 위기와 달리, 금융 대란financial turmoil이 위기의 일부였다는 점이다.

낮은 수준의 이윤율과 그 현실적인 하락 국면으로 이어지는 기술 변화 및 소득분배의 역사적 경향에서 수익성 위기의 원인을 찾을 수 있다. 반대로 마르크스와 엥겔스가 《공산당 선언》에서 자본가계급들이 "도제 마법사"로서 활동하는 상황을 묘사한, 고장 난 자본주의적 상황으로 금융 헤게모니의 위기를 설명할 수 있다. 1929년과 2007년 그랬던 것처럼, 자본가들은 현존하는 사회적 통제권 밖으로 주제넘고 위태로운 전략을 실행했으며, 거대한 위기가 발생하였다.

관리자들의 부상과 두 번의 구조적 위기의 발생이 맺고 있는 관계

관리자본주의: 소유, 관리, 미래의 새로운 생산양식

를 보는 것이 이번 연구의 본질적 측면이다. 6장("관리주의와 관리자본주의")에서 주장한 바와 같이, 1890년대의 위기는 관리자본주의로의 이행을 자극한 거대한 규모의 현상이었다. 1929년 위기 때도 마찬가지였다. 대공황으로 인해 제2차 세계대전 이후 케인스주의 혁명의 거시경제에 대한 중앙 관리가 도입되었고, 관리자들이 주도하는 거대 기업들에 대한 지배가 강화되었다. 이러한 두 측면에서 제2차 세계대전 이후에 관리주의적 특징들이 공고화되었다.

관리자들은 중앙기관 내에서 거시경제통제를 위한 행위를 증대시켰고, 이것이 거시경제의 잠재적 불안정성의 증가를 막는 주요 반작용으로 작용하였다. 우리는 (기술-조직적 경향들로 표현되는) 기업관리의 진보가 20세기 전반부 동안 이윤율의 저하를 막은 반작용 요인임을 보이고자 한다.

수익성 추세

여기서 마르크스의 기술 및 소득분배의 역사적 경향에 대한 분석을 설명하는 것은 불가능하다. 마르크스는 《자본》1권에서 "자본축적 법칙"이라고 명명한 분석을 통해 이러한 영역에 대한 첫 번째 전개를 제시한 바 있다.[2] 기업이 이용할 수 있는 노동력이 부족하다고 느껴질 정도로 자본축적이 이루어지면 임금 상승 압력이 발생하고, 자본가들은 노동비용 압력을 경감시키기 위해 더 많은 기계(추가적인 고정자본)를 사용한다. 마르크스는 《자본》3권에서 추가적인 자본의 사용으로 발생할 수 있는 자본 비용의 상승으로 1권에서 이야기한 노동 비용 상승 압력에 대한 치유책의 효과가 제한된다는 아이디어를 제시하여 그 첫 번째 전개를 보완했다. 마르크스는 그런 대립의 결과를 좌지우지하는 이용 가능한 기술적 혁신에 대한 놀라운 직관을 가지고 있었다. 우리는 임

---

2   Marx, K. (1977). *Capital*, Volume I (1867). First Vintage Book Edition, New York, Chapter 25.

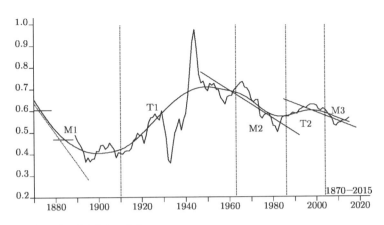

그림 13.1 자본생산성과 그 추세

음의 기울기를 갖는 직선으로 마르크스적 궤적을 나타냈다. 수직선 4개는 1910년과 1963년, 1986년과 2004년을 표시한다. 수직선으로 나누어지는 다섯 기간을 마르크스의 M(이윤율 하락 기간)과 이행기traverse의 T(이윤율 상승 기간)로 구분하였다. 이 그림 맨 앞 20년의 경우에는 10년간의 평균만을 이용할 수 있다(따라서 그림 13.1과 그림 13.2에서 이 수치는 두 작은 수평선으로 나타나 있다).

출처: Duménil, G. and Lévy, D. "The historical trends of technology and distribution in the U.S. economy since 1869. Data and figures." www.cepremap.fr/membres/dlevy/dle2016e.pdf, 2016.

금 상승으로 인해 더 많은 비용이 드는 기계에 대한 투자가 장려되는 현상을 "마르크스적 궤적trajectories à la Marx"이라고 부르며, 이 궤적에서는 노동 비용의 증가가 둔화되지만 이윤율이 감소하는 특징이 나타난다.

그림 13.1에서 이윤율(이윤/자본)은 아니지만, 남북전쟁 이후 미국 경제의 자본 "생산성productivity"의 흐름을 확인할 수 있다. 자본생산성이란 명목치nominal term로 표현된 고정자본 스톡the stock of fixed capital과 산출(순국내총생산Net Domestic Product, NDP) 사이의 비율이다(NDP/자본 스톡). 고정자본 스톡은 토지, 설비, 물자(기계, 공구, 교통수단, 건물 등)를 말한다. 자본생산성의 역사적 흐름을 보면, 분자로 광범위한 의미의 이윤(조세 및 이자 지불, 주주에 대한 배당 지불 이전)을 사용하는 이윤율의 흐름과 거의 유사하다. 이윤 몫이 일정하다고 가정하면, 이윤율과 자본생산성은 똑같이 움직인다($r = P_K\pi$, r은 이윤율, P_K와 π는 각각 자본생산성과 이윤 몫).

자본생산성의 하락은 마르크스가 꿰뚫어 본 기술변화의 양상을 더 직접적으로 표현한다("마르크스적" 궤적).[3]

자본생산성은 경기변동의 효과에 영향받는 변수다(경기가 위축되면 같이 하락하며 반대의 경우에도 마찬가지다). 따라서 변동분을 제거한 그림 13.1의 추세선을 보는 것이 역사적 경향들에 대한 현재의 분석에 적절할 것이다. 세 가지 마르크스적 궤적 M_1, M_2, M_3을 묘사하는 하락 추세를 표현한 직선들을 확인할 수 있을 것이다. 이것들로 자본생산성의 하락을 표현하였다. 그 사이에 T_1과 T_2로 표시된 구간은 그러한 경향들과 반대되는 상향 구간이다(경향에 대한 반경향).

M_1과 M_2 기간 동안 자본생산성의 하향 추세는 1890년대와 1970년대 수익성 위기의 원인이었다. 우리의 관찰 기간 마지막에서 세 번째 마르크스적 궤적인 M_3를 확인할 수 있는데, 임금 소득자들의 구매력에 대한 엄격한 통제 때문에 이윤율 하락으로 이어지지는 않는다(대다수 노동자에 해당되는 것이지만 상위 임금 소득자들에는 해당되지 않는 것이다).

관리자와 기술변화 그리고 조직

이 절에서는 사회관계들의 복잡성 속에서 원인과 결과들의 복잡한 실타래를 풀어내려는 이번 장의 주요 목표로 돌아가서, 원인으로서의 관리혁명(생산관계 동역학 내의 주요 발전)과 그 결과인 소득분배 및 기술-조직적 경향들 사이의 관계를 이야기해 보려고 한다. 우리는 다음 쪽 그림 13.2에서 보이는 바와 같이 앞 절에서 행한 기술변화 과정에 대한 설

---

3   이를 통해 우리는 마르크스의 분석을 최선을 다해 재생산해내려고 했다. 잉여가치율 및 자본의 유기적 구성과 같은 개념이 기본 개념이다. 우리는 이러한 메커니즘과 관련된 많은 연구를 수행했는데, 그중에서 Duménil, G. et Lévy, D. (1996b). *La dynamique du capital. Un siècle d'économie américaine*. Presses Universitaires de France, Paris. 및 Duménil, G. and Lévy, D. (2011a). The classical Marxian evolutionary model of technical change. In Settereld, M., éditeur : *Handbook of alternative theories of economic growth*, pp. 243-274. Edward Elgar, London을 참조하라.

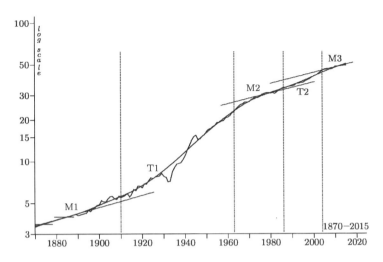

그림 13.2 노동생산성과 그 추세(시간당 노동생산성, 2009년 기준)

그림 13.1과 유사하지만, M 기간과 T 기간이 변수의 상승과 하락을 의미하지는 않으며
성장률이 낮은지 높은지를 검토한다.

출처: 그림 13.1과 같음.

명을 노동시간과 불변가격 NDP 사이의 비율인 노동생산성을 고찰하여
보강해 보려고 한다.

그림 13.1과 13.2에서 첫 번째 이행기인 T_1을 고려해 보자. 자본생산
성의 상승(그에 상응한 이윤율의 상승) 그리고 노동생산성의 예외적으로
가파른 상승을 관찰할 수 있다. 이것들은 매우 순조로운 기술변화 과정
을 결합적으로 표현한다.

20세기 초반, 추동력을 받은 기술-조직적 변화의 물결이 일어났으
며 1920년대 전후로 놀라울 정도의 수준에 도달하였다. 테일러주의적
공장 체계("과학적 관리")와 포드주의적 조립 공정은 이러한 추세를 잘
표현해 주는 사례다. 노동생산성의 추세는 M_1 기간 1.25%에서 제2차 세
계대전기 3%의 성장률로 획기적으로 증가하였다. 전통적으로 마르크
스적 궤적으로 이어질 수 있는 고정자본에 대한 막대한 투자가 일어났
지만, 산출이 급격히 증가하고(노동생산성 증가) 자본생산성은 상승하는

새로운 기술-조직 패러다임이 나타났다.[4] 동시에 실질임금 성장률도 상당한 정도로 증가했지만, 노동생산성과 자본생산성의 동시적 증가로 인해 이윤율의 하락으로 이어지지는 않았다.

우리는 T_1 기간의 예외적인 기술-조직적 성과를 관리혁명의 결과로 본다. 관리자는 이윤율을 "극대화하는 행위자"이며 더 일반적으로 효율성을 증대시키려고 노력한다. 그들은 새로운 기술과 조직을 입안하는 사람들이자 사실상 넓은 의미에서 관리의 발전을 추구하는 사람들이다 (회계, 자금 조달, 노동력의 관리 등). 새로운 기술 및 조직 체계 속에서 새로운 관리 방식들이 자리 잡기까지 근 20여 년의 시간이 걸렸지만, 그 결과는 놀라운 것이었다. 수익성 및 관리 효율의 논리로만 보더라도 그 결과는 상당히 이로운 것이었다. 챈들러가 말했듯이 T_1 국면의 특징들이 높은 "고효율high rate of throughput" 산업부터 시작하여 (백화점과 같은) 대규모 유통을 포함한 모든 부분으로 점진적으로 일반화되었다.[5]

이후 몇십 년 동안 정보통신기술이 기술 및 관리 효율성의 새로운 흐름을 주도하였다(20세기 초반 전신 및 전화가 그 초기 형태다). 다음 쪽 그림 13.3에서 제2차 세계대전 이후 정보기술 투자가 증가하기 시작하는 새로운 추세를 확인할 수 있다. 1990년대의 이른바 정보통신기술 호황으로 이어지는(그림의 설명을 참조하라) 1980년대의 상당히 급격한 성장도 함께 확인할 수 있다. 컴퓨터, 소프트웨어, 인터넷 등이 주요 구성 요소로 점점 등장했다. 공장의 새로운 자동화 과정을 통해 그 충격이 감지되었으며, 관리 경영의 중심에 정보통신기술이 위치하면서 관리혁명을 지원했다.

로버트 솔로우Robert Solow는 "여러분은 도처에서 컴퓨터를 볼 수 있지만 생산성 통계 속에서는 확인할 수 없다"고 이야기한 바 있다. 20세

---

4   Duménil, G. et Lévy, D. (1996a). The acceleration and slowdown of technical progress in the US since the Civil War: The transition between two paradigms. *Revue Internationale de Systémique*, 10(3): 303-321.

5   Chandler, A. (1977). *The Visible Hand: The managerial revolution in American Business*. Harvard University Press, Cambridge MA, London, Chapter 8.

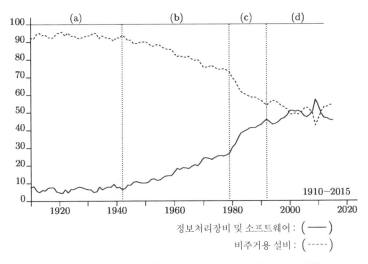

정보처리장비 및 소프트웨어 : (———)

비주거용 설비 : (-----)

그림 13.3 설비 및 소프트웨어에 대한 총투자 중 정보기술에 대한 투자 비중(%)

정보기술은 정보처리장비(설비의 한 요소) 및 소프트웨어(지적소유권 생산물)의 총합이다. 다른 비거주용 투자는 산업설비(기계, 전기장비, 엔진 등), 교통설비(트럭, 버스, 자동차, 비행기, 선박, 철도 설비 등) 및 다른 구성 요소들의 총합이다. 수직 점선 3개는 각각 1942년, 1979년, 1992년을 가리킨다. 제2차 세계대전까지의 정체 기간 이후, (a) 구간에서 총투자의 7%였던 정보기술 투자가 1979년까지 점진적으로 증가하여 (b) 구간에는 27%에 도달하는 과정을 관찰할 수 있다. 1980년대 (c) 구간에서는 46%까지 도약하고, 점점 그 성장률이 감소하다가 마지막 구간 (d)에서는 약 50% 수준에서 정체되어 있다.

출처: Bureau of Economic Analysis(BEA), Fixed Assets Tables, Table 2.7: "Investment in Private Fixed Assets, Equipment, Structures, and Intellectual Property Products by Type."

기 전반에 일어난 기술변화의 효과가 축소되는 과정에서 새로운 기술변화로 인한 수익의 효과가 반감되었다고 봐야 한다(즉 새로운 기술변화의 효과가 가장 강력했을 때, 이전의 기술변화는 더 이상 효과를 발휘할 수 없게 되었다). T_2에서 두 경향이 결합된 일시적 효과를 확인할 수 있다.

M_3의 세 번째 마르크스적 궤적의 경과에 대해 논의하기는 아직 이르다. 이는 미국에서 논의되고 있는 "장기 침체secular stagnation"[6]와 관련이 있다.

---

6 Byrne, D., Oliner, S. et Sichel, D. (2013). Is the information technology revolution over? http://www. federalreserve.gov/pubs/feds/2013/201336/201336pap.pdf; Teuling, C. et Baldwin, R., éditeurs (2014). Secular Stagnation: Facts, Causes, and Cures. CEPR Press, London. http://www.voxeu.org/sites/default/les/Vox_secular_stagnation.pdf; Gordon, R. (2015). Secular stagnation: A supply-side view. *American Economic Review: Papers and Proceedings*, 105(5): 54-59.

앞의 분석이 가지고 있는 기술적 측면들에도 불구하고, T_1 기간에 특히 명백하게 나타난 생산양식의 역사 동역학과 관련된 결론들에 주목하자. 1) 관리자본주의 내 생산관계의 관리적 구성 요소의 진전이 마르크스적인 기술 및 소득분배의 전통적 변화 양상에 대한 주요 반경향으로 작동하였다. 2) 하지만 그 근본적인 궤적은 몇십 년이 지난 후 다시 복귀하였다.

혁명적인 궤적과 반복적인 궤적들

마르크스적 특징을 모든 자본주의 국면에서 확인할 수 없다는 데서 마르크스주의 경제학자들은 충격을 받았다. 그중 일부는 2007~2008년 위기의 원인을 이윤율 저하로부터 찾아낼 수 없다는 점, 실수든 자신들의 현실에 대한 욕망이든 간에 완전히 받아들이지 않았다. 이는 다음과 같은 공상적 구조를 구축하는 것으로 이어졌다. 그들이 마르크스 사상에 엄격히 부합한다고 생각하는 다음과 같은 관점, 즉 1) 탈출구가 없는 순탄치 못한 경향들로 이어지는 소득분배와 기술의 역사적 경향, 2) 절정의 위기에서 자본주의의 종말로 이어지는《공산당 선언》의 관점을 보존하고자 하는 의지, 3) 새로운 생산양식으로 자본주의적 생산양식이 지양된다는 점에 대한 부정. 이 세 가지 유형의 관점은 깊이 연관되어 있다.

마르크스적 궤적은 혁명적 국면과는 대비되는 것으로, 우리가 자본주의 생산관계의 "반복적인routine" 과정이라고 부르는 것의 특징이다.[7] 8장에 행한 혼합적 생산관계의 역사 동역학으로 돌아가 볼 필요가 있다. 영국에서 그리고 다른 나라에서도, 자본주의 생산관계는 보통 영국에

7　Duménil, G. and Lévy, D. (2016b). Technology and distribution in managerial capitalism: The chain of historical trajectories à la Marx and countertendential traverses. *Science and Society*, 80, Special Issue: Crises and Transformation of Capitalism: Marx's Investigations and Contemporary Analysis: 530-549.

서의 "산업혁명" 이전인 1770~1830년 사이에 농업과 제조업 부문에서 모두 발전했다. 새로운 생산관계는 원래 과거의 기술(가내 생산체계 또는 선대제)을 기초로 하여 발전했다. 이로써 자본가 또는 부르주아지라고 부르는 계급이 형성되었다.

1. 이러한 새로운 자본주의 관계는 태동 중이던 산업혁명 내에서 공장 체계를 매개로 구현될 기술변화의 물결로 이어질 길을 열었다. 이는 자본가들에게 엄청난 이윤을 안겨 주었으며, 전통적인 방식을 고수하는 생산 노동자들이나 소규모 장인 세력에게는 절망적인 상황을 안겨 주었다. 자본가들은 이러한 막대한 수익을 바탕으로 산업혁명을 지탱하는 기계화 추세를 누적적 방식으로 추구할 수 있었다. 우리는 또한 이러한 놀라운 사회적 폭력의 시기를 자본가계급 상위계층이 엄청난 부를 축적한 시기라고 추측할 수도 있다.

2. 하지만 새로운 기술이 국내 및 국제적인 차원에서 점진적으로 일반화됨에 따라 이러한 이익은 일시적인 것으로 변화하였다. 마르크스적 궤적으로 진입했다고 가정할 수 있는 이러한 과정이 19세기 중반 마르크스적 테제의 형성에 밑거름이 되었다고 할 수 있다.

다음과 같은 방식으로 이러한 분석을 요약할 수 있다. "반복적 궤적"이 한번 수립되고 결정된 기술-조직 패러다임의 본질적 동역학을 반영한다면, "혁명적 궤적"이란 그러한 패러다임으로부터 다른 패러다임으로의 이행을 표현하는 것이다. 이윤율의 경향은 증가하거나 감소한다. 산업혁명과 관리혁명은 두 가지 중요한 혁명적 궤적을 이야기하는 것이다. 1) 산업혁명으로 자본주의 생산관계는 성숙한 형태의 자본주의에 고유한 형태를 부여받게 되었다(《자본》에서 잉여가치의 추출과 임금노동 관계 내의 착취구조가 분석되었다). 2) T_1 기간 발생한 관리혁명은 (임금 위계관계 측면에서 유래된 특징들과 더불어) 새로운 생산관계로의 진보로 나아가는 주요한 발걸음이라 할 수 있다. 그것은 제2차 세계대전 이후 수십 년 동안 관리자본주의의 원형을 이루게 되었다. 대칭적으로 미국만 고려해 보면, 반복적 궤적은 M$_1$ 기간 동안에는 19세기 말에, M$_2$ 기간으로 표현되는 제2차 세계대전 이후에 나타났다.

전후 타협으로의 경로와 신자유주의적 전환

1929년 대공황을 해석하는 데 필수적인 모든 요소를 이미 다 소개했다.[8] 우리는 1930년대 대공황이 생산체계의 이질성heterogeneous features과 통제받지 않은 금융 혁신의 결과로 발생했다고 본다. 새로운 법인기업 부문에서 앞서 이야기한, T$_1$ 기간에 확대된 기술-조직 패러다임이 발생했고, 반면 전통적인 소규모 기업들은 뒤처져 있었다(우리는 10장 두 번째 절에서 사회질서들에 대해 설명하면서 1929년의 위기에 대한 간략한 분석을 행한 바 있다). 반독점법을 통해 위의 전통 부문들을 보호하였고, 새로운 거대 기업들은 완전한 팽창 과정 속에 있었다. 1929년 경제가 경기후퇴로 진입하자 위기와 더불어 뒤처진 전통 부문들이 소멸되었고, 자본생산성 상승 경향을 오히려 강화하게 되었다(그림 13.1에서 위기 이후 높은 수준의 자본생산성을 확인할 수 있다. 이는 전후 호황을 넘어 확장되었다).

제2차 세계대전 이후, 20세기 초반 위기와 전쟁으로부터 이어진 기술변화 및 소득분배의 예외적 흐름이 민중 계급과 관리자들의 전후 사회적 타협의 결정적 요인이다. 10장에서 새로운 질서의 조건으로 전 세계적인 노동자 운동의 추진력과 대공황의 발생을 강조했지만, 기술과 조직의 놀라운 역사적 흐름에 대해서는 언급하지 않았다. T$_1$ 기간에 계급사회 내부에서 나타날 수 있는 적대적 소득분배 형태가 일시적으로 극복되었다. 1960년대 중반까지 이윤율의 상승과 1920년대부터 진행

---

8   Duménil, G. and Lévy, D. (2004a). *Capital Resurgent. Roots of the Neoliberal Revolution*. Harvard University Press, Cambridge, Massachusetts, Chapter 19.

된 임금 소득자들의 급격한 구매력 상승이 양립하였다.

하지만 광범위한 의미의 이윤과 고정자본 스톡의 비율로 정의되는 이윤율의 상승으로 인한 이익은 기업들에게로 돌아가지 않고 정부로 이전되었다. 국가의 경제 개입 역량이 엄청나게 증가했다. 종합적으로 보면, 이러한 흐름들은 전후 타협의 잘 알려진 두 가지 특징인, 그림 12.3(191쪽)에서 확인할 수 있는 노동자들의 구매력 상승과 그림 6.1(92쪽)에서 확인할 수 있는 거대한 정부지출의 기초가 되었다.

1960년대 중반 이후, (그림 13.1의 자본생산성 추이를 반영한) 이윤율 하락 추세로 이러한 조건들이 흔들리게 되었다. 동시에 신자유주의 기간에 진입함과 더불어 빠르게 상승했던 실질임금이 정체상태에 접어들었다. 수익성이 부분적으로 회복되었고 이윤율은 정체되었다. 기업이윤에 대한 세금이 인하되고, 이로 인해 기업들의 세후 이윤율에 조세가 미치는 효과가 감소했다.[9]

지금까지 논의한 분석을 다음과 같이 요약할 수 있다.

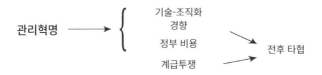

경제결정론과 우발성의 정치

다양한 요인들의 상호작용을 절대 쉽게 해독할 수 없으며, 마르크스의 역사이론(생산양식과 계급 능)과 경제학(기술변화와 소득분배 등) 사이

---

9 Duménil, G. and Lévy, D. (2014a). The crisis of the early 21st century: Marxian perspectives. In Belloﬁore, R. and Vertova, G., editors: *The Great Recession and the contradictions of contemporary capitalism*. Edward Elgar, Aldershot, England, Figure 3. pp 26-49.

에 긴밀한 연관이 있다는 사실을 부정할 수 없다. 하지만 우리는 퍼즐 조각들을 잘 맞출 수 있고, 이것이 마르크스의 일반적인 분석틀과도 잘 어울린다고 생각한다.

1. 관리자본주의 내 생산관계들의 관리주의적 구성 요소들의 등장 속에서 표현되는 생산력과 생산관계의 동역학.
2. 그에 상응하는 기술 및 소득분배의 경향의 수익성 추세에 미치는 결정적 영향과 그로부터 야기되는 위기들.
3. 2007~2008년 위기와 1929년 대공황과 같은 또 다른 형태의 구조적 위기들(《공산당 선언》에서 찾아볼 수 있는 상위계급들의 "도제 마법사"적인 측면).
4. 구조적 위기의 맥락에서 장기적인 사회질서 변화의 정치적 지향들을 설명하는 계급투쟁. 1) 대공황 이전의 금융 헤게모니, 2) 위기 이후 좌파적 타협으로 지탱된 새로운 사회질서, 3) 1970년대 이후 신자유주의로의 우파적 타협.

3장에서 언급했던, 주어진 "조건들circumstances" 아래서 역사과정에 개입하는 인간들의 역량에 관한 마르크스의 유명한 구절을 상기해 보자. 우리는 역사 동역학 과정을 지배하는 역사의 **우발성**과 역사적 **결정론** 각각의 단계들에 대해 질문할 필요가 있다. 우리는 (주어진 "조건들" 아래서 "역사를 만든다")는 그러한 용어 자체에 대해 질문할 수 있다. 그러한 구별들이 기반하고 있는 이론적 기초가 취약하기는 하지만, 우리는 1) 경제 변수들의 경향들로부터 나오는 결정론적 단계들과는 대조적으로, 2) 정치적인 전개 과정에 자율성의 여지가 있다는 점에서 그러한 불확실성에 대해서도 단순한 해답을 얻을 수 있다. 훨씬 엄격한 마르크스주의적인 정식화가 가능하다면, 비결정성의 정도는 잠재적인 계급 대립의 결과들을 둘러싼 주어진 불확실성의 단계 속에서 "인간들(사실상 계급들)"이 계급투쟁을 통해 역사과정에 얼마나 영향을 미칠 수 있는지에 의해 표현된다.

이런 주장들에 따르면, 사회적 질서의 수립과 실행을 역사적 단절점, 즉 "분기bifurcation"로서 이해할 수 있다고 우리는 주장할 것이다. 이는 잠재적으로 새로운 정치적 방향을 개시하는 것이다. 예를 들어 1970년대의 위기와 그 본질로부터는, 전후에 사회적 타협을 포기하고 신자유주의 상위계급들 사이의 동맹으로 이어진 이유를 아무것도 찾을 수 없다. 전후 사회적 타협의 점진적 쇠퇴(광범위한 요소들의 제도-정치적 체계의 결과)와 기술 및 분배의 역사적 경향으로 발생한 경제위기와 같은 자율적 전개 과정들의 우연적 조우가 그 우발성의 정도를 이야기해 준다. 마르크스적 용어로 표현하면, 특정한 시간대temporalité 또는 특정한 분석 수준에서 "필연적"으로 평가(특히 반복적으로 나타나는 장기적인 기술-조직적 측면)될 수 있는 기초 경제 조건들을 통해서 "조건들"이 창조된다. 그러나 계급의 지배와 동맹 또는 또 다른 특별한 구조를 향한 방향 설정을 결정하는 것은 정치 투쟁이며, 이것은 우발성의 영역에 남아 있다. 우발성과 필연성은 특정한 분석틀 내에서 (즉 하나가 다른 것과의 관계 속에서 결합된) 상대적인 개념으로 나타난다.

3부
역사 동역학을 구부러뜨린
과거의 시도

여러 나라 여러 지역에서 발생하는 계급투쟁이 종종 서로 다른 결과를 내기도 하고, 그 세기도 다르지만variegated violences, 그럼에도 역사 동역학이 갖는 냉혹한 성격을 1부에서 주로 논의하였다. 이를 3장에서는 마르크스 역사이론의 기초적 차원으로, 8장에서는 "거대한 전사前史(봉건제로부터 자본주의로의 이행)"를 분석해서 얻은 교훈으로 이야기했다. 21세기 초반에 우리가 관리주의 생산관계의 진보에 대해 알고 있는 것을 여기에 추가하려고 한다.

어쨌든 16세기 초 농민전쟁부터 19세기 "마르크스-이전의" 투쟁들까지, 이러한 사회관계를 변혁하려던 실패한 시도들이 지닌 공통적 특징은 그것들이 가지고 있던 유토피아적 성격이었다. 하지만 여기서 현실성이 부족했던 역사적 시도들에 대해 비판하려는 것은 아니다. 우리는 "유토피아"라는 용어를 경멸적으로 사용하는 것에 굴할 필요가 없다. 현실주의의 경계를 넘어서려는 순진한 의지에만 "집착"하지 않고서, 어떻게 인간 사회를 더 좋게 변화시킬 수 있을까?

이러한 사회관계의 견고한 동역학을 분석할 때, 우리는 두 가지 대칭적인 측면을 분석할 수 있다. 1) 생산관계의 발전을 **가로막는** 것(사회변화에 대한 저항)을 목표로 하는 모든 투쟁은 좌절되었다. 2) 이는 역사적 과정을 앞지르려는 시도(찬란한 미래에 대한 기대)도 마찬가지다.

3부에서는 이러한 경험을 연대기적으로 소개한다. 14장에서는 프랑스와 영국의 혁명 과정에서 나타난, 자본주의 생산관계가 부상하고 있던 시절의 사회적 맥락에서 진보된 형태의 민주주의 체제를 수립하고자 한("사회 진보의 방향"으로 달려간), 가장 급진적인 정치세력들의 시도들에 대해 논의한다. 이 두 나라에서는, 지속적인 자본축적에 따른 작은 규모의 소유권이 갖는 한계를 넘어서는 자본의 집중 과정 그리고 이에 의한 사회 지배세력들의 재편으로 인해 이러한 시도들이 모두 좌절되었다. 15장에서는 19세기에 일어난 다음 두 가지 혁신적인 행동에 대해 이야기한다. 1) 관리적 조직화에 내재한 권위와 이상주의적 공산주의 사이에서 발생한 갈등으로 희생된 유토피아 사회주의, 2) 권위에 대한 체계적인 거부로 해석되는 무정부주의적 공산주의와 "소규모 소유권"을 바탕으로 한 무정부주의라는, 무정부주의의 두 가지 변형태. 마지막으로 16장에서는 20세기 전반부에 벌어진 "과학적 사회주의"라는 역사과정을 가속화하려고 시도한 가장 극적인 시도에 대해서 다룬다.

우리는 일반적인 분석 수준에서 현존하는 생산관계와 계급구조의 강한 영향력과 특히, 정치 상부구조의 자율성의 공간이 매우 제한적임을 확인한다.

14
부르주아 혁명과 유토피아 자본주의

마르크스의 사상 형성에 결정적 역할을 한, 특히 프랑스 혁명과 같은 부르주아 혁명을 분석해 보면, 우리는 이로부터 역사 동역학에 관한 중요한 교훈을 얻을 수 있다. 그 "혁명"이라고 알려진 것 내부에는 여러 혁명들이 "접합"되어 있다. 부르주아 혁명이라고 흔히 말하는 것 외에도 국민공회la Convention Nationale[1] 기간에 산악파la Montagne[2]는 민주주의와 모든 이들의 승리라는 기치 아래 두 번째 혁명을 주도하였다. 세 번째 혁명은 그라쿠스 바뵈프와 평등주의자들the Conspiracy of the Equals이 공산주의자라는 이름으로 기도한 사건이었다.[3] 그리고 이는 거의 150년 전 영국에서 있었던 수평파Levellers와 개간파Diggers[4]의 투쟁까지 연결된다.

프랑스와 영국 혁명의 부르주아적 요소는 생산관계의 성숙성의 정도와 잘 일치하며, 그 부르주아적 요소의 성공은 단순한 우연이 아니다. 이번 장에서는 1793년(대개 국민공회 기간 중 산악파의 투쟁으로 여겨지는) 자코뱅의 투쟁과 1649년 영국에서 수평파들이 도달했던 "극적인 순간"

---

1 [옮긴이] 프랑스 혁명 이후 1792년, 국민공회가 수립되어 왕정을 폐지하고 공화정을 수립하였다. 1793년에는 루이 16세가 처형되었다.

2 [옮긴이] 국민공회 내에서 온건한 지롱드파와 대립한 급진주의적 파벌. 대표적 인물로 로베스피에르, 당통, 마라 등이 있다.

3 [옮긴이] 바뵈프와 평등주의자들은 로베스피에르를 끌어내린 테르미도르 반동 이후 봉기를 시도했지만, 발각되었고 1797년 처형당했다.

4 [옮긴이] 1640년대에 찰스 1세를 몰아내고 공화국을 설립한 잉글랜드 내전 당시 민주주의와 평등을 주장한 세력.

들을 살펴본다. 두 혁명 모두 기본적으로 생산수단의 사적소유에 대해서는 의문을 제기하지 않았고, 진전된 민주주의 형태를 수립하기 위한 시도를 통해서 그 정점에 도달할 수 있었다. 하지만, 적어도 이 시도들은 암묵적으로 "유토피아 자본주의"라고 부르는 것 안에서 사적소유를 제한하려는 계획을 가지고 있었다. 새로운 생산관계의 초기 발전 형태에 대해 존중하면서 온건하게 대응했기 때문이다. 이러한 두 번의 시도는 모두 실패했다. 그렇지만 이러한 시도들을 "프티부르주아" 이데올로기라는 표현으로 모욕적으로 일축해서는 안 된다. 사실 생산관계의 근본적인 변화를 통해 지탱되는 (10장에서 이야기한 사회질서로 표현되는) "새로운 상황"의 계급동맹과 계급지배로 이어지는 고삐 풀린 자본축적의 과정이야말로 문제다.

이러한 사회적 대결 구조의 배후에 현대성modernity의 시대라고 알려진, 인류 역사의 새로운 시대가 가진 특징들의 윤곽이 떠오른다. 17·18세기 미국과 유럽에서 공통적인, "자본주의적 현대성capitalist modernity"이라는 개념을 그 용어상의 모순에도 불구하고 살펴볼 필요가 있다. 이 개념은 연쇄적인 사회 투쟁의 최종 결과들에 대한 압축된 표현이며, 명백히 자본주의 생산관계의 발전과는 양립하는 것이지만, 새로운 사회적 가치를 창조해낸 것이다. 그 한계들이 존재함에도 불구하고 이 시기는 인류 사회 역사의 결정적 단계를 나타낸다.

3부의 제목이기도 한, 역사적 과정을 구부러뜨리는 사회적 투쟁 세력들의 역량을 자본주의 **생산양식**과 자본주의 **현대성** 각각에 내재한 역사적 과정의 구성 요소들이 갖는 이중성과 분리해서 논의할 수 없다.

부르주아 혁명을 넘어선 프랑스 혁명

프랑스 혁명의 부르주아적 본질에 대한 해석은 여전히 논쟁적이다. 이러한 논쟁들 속에서 "부르주아"란 중세의 도시 거주민을 의미하지 않는다. 부르주아-프롤레타리아의 모순에 대한 이야기가 분명 시대와 동떨어진 것이기는 하지만(8장), 부르주아는 역사적 진보 속의 계급으로서 다루어진다. 지금 다루고 있는 역사적 맥락에서는 "부르주아 계급"을 "자본가계급"과 같은 의미로 다룰 것이다(토지 소유자를 구체적으로 언급하지 않는 한). 예를 들어 프랑스 혁명에 대한 마르크스와 마르크스주의적 분석에 대한 가장 세련된 비판가로 5장 부록에서 다룬 프랑수아 퓌레의 경우, 결국 역사 동역학 분석에서 계급구조에 의존한 마르크스의 분석(퓌레는 이를 매우 비난했다)을 거부하기는 하지만, 프랑스 혁명의 부르주아적 기초에 대해서는 인정할 수밖에 없었다.[5] 퓌레가 설득력 있게 주장했듯이 계속된 혁명 과정에 대한 평가에서 어려운 점은 부르주아 혁명이 전통적으로 "혁명"이라고 부르는 첫 단계 동안 성취되었다는 것이다.

> 부르주아 혁명은 1789년과 1791년 사이에 구사회와의 어떤 종류의 타협도 없이 이루어지고 완성되었다. 우리 현대사회를 구성하고 있는 새로운 부르주아 질서의 모든 주요 요소가 이때 등장했다. 구세계의 질서[귀족, 성직자, 평민]와 "봉건제"가 폐지되었으며, 재능에 기반한 직업, 신권에 기초한 군주제가 계약으로 대체되었고, **민주주의적 인간**_homo democraticus_이 탄생했으며, 대의제 체제, 자유 노동과 자유 기업이 1790년 이후에는 필연적인 것이 되었다.[6]

위 인용에서 "현대사회" 또는 "자유 기업"을 구체적으로 언급하고 있다는 점에 주목할 만하다.

이러한 역사적 변혁을 성취하는 과정에서 자주 발생하는 극단적인 폭력이 있기는 했지만, 혁명 초기부터 프랑스는 부르주아 입헌군주제를 수립하였다. 유럽의 많은 곳에서, 심지어 1789년 7월 14일 바스티유 함

---

5 Furet, F. (1978). _Penser la révolution française_. Gallimard, Paris, p. 40.

6 Furet, F. (1978). _Penser la révolution française_. Gallimard, Paris, p. 201.

락까지도 왕실을 포함한 지배계급의 많은 분파들이 환호하였다. 상퀼로트, 즉 민중 계급의 투사들이 이러한 새로운 사회변혁 과정에 참가하게 되었으며(거리 행진을 비롯하여), 상위계급들은 혼란에 빠지게 되었다("상퀼로트sans culottes"는 귀족처럼 무릎 높이까지 오는 바지가 아니라 오늘날의 바지와 같은 긴바지를 입었음을 의미하는 단어다). 실제로 새로운 동역학이 시작되었고 국민공회 기간과 1792년 9월 프랑스 제1공화국이 선언되기까지 절정에 도달하게 되었다.

부르주아 혁명이 이렇게 마지막 단계에 이르게 된 것인가? 아니면 부르주아 혁명의 한계를 넘어선 것인가?

특히 사적소유 중에서도 무엇보다도 모든 종류의 토지 소유를 중심으로 문제가 제기되었지만, 새롭게 떠오른 자본주의 사회의 성격에 대한 문제가 더 일반적이었다. 국민공회 초기, 사유재산에 대한 몰수는 이미 많은 기간에 걸쳐 오랜 역사를 갖는 문제였다. 성직자들의 소유는 1789년 말 폐지되었고, 망명 귀족들의 소유권과 왕의 소유권도 그 다음 목록에 올라 있었다. 이들은 토지에 대한 부르주아적 소유를 촉진했다. 심지어 이러한 부르주아의 소유도 급진적 투쟁들로 인해 위협받고 있었다.

대다수 계몽철학자들이 대규모 토지 소유를 비난했다. 가브리엘 보노 드 마블리Gabriel Bonnot de Mably는 다음과 같은 유명한 말을 남기기도 했다.

나는 토지에 대한 소유권이 수립된 것과 불평등한 부를 확인하였습니다. 그리고 이러한 불비례적인 부의 소유로부터 어떻게, 우리 철학자들의 희망을 찾기 위한 노력을 질식시키는 빈곤이라는 악과 정신쇠약, 부패한 시민 도덕 그리고 선입견과 모든 종류의 분노가 일어나지 않을 수 있겠습니까? 역사책을 열어 보십시오. 그러면 당신은 불평등한 부로부터 고통받아 온 많은 이들을 확인할 수 있을 겁니다.[7]

---

7 Bonnot de Mably, G. (1768). *Doutes proposés aux philosophes économistes sur l'ordre naturel et essentiel des sociétés politiques*. A la Haye, Paris, p. 12. https://archive.org/details/bub_gb_UJoSAAAAIAAJ

국민공회는 민중의 지지를 받고 있었지만, 대표단 중에서 지롱드파라고 하는 우익 분파가 국민공회 출범 후 약 9개월 동안 헤게모니를 유지하였다. 약 150명에 이르는 지롱드파 대부분은 변호사나 의사였다(소수의 귀족 및 상인들과 함께). 이들은 프랑스 혁명 행위자들의 사회적 성격을 대표하였다. 그 후 20년이 지나고서 살아남은 약 백 명 가운데 다수가 지주였는데, 이들은 아버지로부터 토지를 물려받은 사람들이었다. 이는 그들의 사회적 지위를 말해 준다. 더구나 많은 이들이 몰수된 토지를 구매하여 이익을 얻기도 했다.[8] 지롱드파는 대지주들의 재산을 소규모 소유자들에게 분배하는 농업법loi agraire을 단순히 언급하는 것만으로도 사형에 처할 수 있다고 규정한 법령을 통과시켰다.[9]

1793년 6월, 산악파들은 외국과의 전쟁과 내전이라는 극적인 맥락에서 권력을 쟁취했고, 그것은 "공포정치la Terreur"로 알려져 있다. 급진적 방식으로 여러 가지 사건이 일어났다. 산악파의 중심인물은 막시밀리앙 드 로베스피에르Maximilien de Robespierre, 루이 앙투안 레온 생쥐스트Louis Antoine Léon de Saint-Just였다. 그들은 특히 무기 공급을 확보하고 밀가루 가격을 통제하면서 경제에 대한 강력한 개입을 추구했다(가격상한제법). 게다가 산악파는 군대가 시위대에 발포할 수 있도록 한(유명한 샤플리에법 Loi Le Chapelier의 주요 부분) 계엄법을 폐지하였다.[10] 두 번째 혁명이 일어났다.

로베스피에르 자신은 공동으로 토지를 경작하는 데 대해서 회의적이었다. 로베스피에르가 사적소유에 대해 어떤 관점을 지녔는지 여러 논

---

8 Chaumié, J. (1971). Les Girondins et les Cent Jours: Essai d'explication de leur comportement par leurs origines géographiques et sociales et leur passé politique (1793-1815). *Annales historiques de la Révolution française*, 43(205): 329-365.

9 Grandjonc, J. (2013). *Communisme, Kommunismus/Communism. Origine et développement international de la terminologie communautaire prémarxiste des utopistes et des néo-babouvistes 1785-1842.* Éditions des Malassis, Paris, p. 68, note 156; Schiappa, J.-M. (1991). *Gracchus Babeuf avec les Égaux.* Les éditions ouvrières, Paris, p. 153

10 Gauthier, F. (2011). *Une révolution paysanne.* https://revolution-francaise.net/2011/09/11/448-une-revolution-paysanne

쟁이 있지만, 그가 사회 불평등의 확대에 적대적이었다는 것만큼은 의심할 여지가 없다.[11] 민주주의를 더 강한 사회적 기초의 바탕하에 수립하기 위한 목적으로 (빈자들에게 토지를 분배하는) 과감한 토지개혁이 1794년 2월, 방토즈Ventôse(프랑스 혁명력상 6월) 법령으로 발표되었다.

로베스피에르는 "매수할 수 없는 자"로 알려져 있었다. 그는 그 시대의 표현 방식으로 "민주주의"와 "미덕"에 대해 수도 없이 이야기했지만, 주된 관심사는 "민주주의"에 있었다. 로베스피에르는 사회관계 내에서 진전된 형태의 민주주의, 즉 "민중의 입장"을 지탱하는 민주주의와 부의 집중 사이에 명확히 적대적인 관계가 존재한다는 사회적 관점을 갖고 있었다. 그렇기에 그는 상위계급의 공화국(로베스피에르가 지롱드파 다수를 보호하기는 했지만)[12]에서 성장하고 있던 신흥 부르주아들과 투쟁을 벌였다. 로베스피에르는 다음과 같이 말했다.

> 귀족과 왕족들을 제거하기 이전에, 교활한 자들의 유일한 관심사는 왕궁의 폐허 속에서 자신의 재산을 형성하는 것이었다. 이들이 "애국자"라는 이름으로 자유의 친구들 편에서 싸우고 있었다. 이들은 여러 모습으로 변신했고 자신들의 야심과 모순되는 순간, 시민의 미덕을 내팽개쳐 버렸다. 따라서 이 나라는 왕당파와 민중적 입장을 지지하는, 두 계급으로 분할된 것처럼 보였다. 오늘날 공동의 적인 귀족들은 제거되어 왔고, 여러분은 애국자라는 이름 아래 잘못된 연합체를 꾸리고 있는 분할된 두 계급을 목격할 것이다. 자신들의 이익을 위해 공화국을 구성하는 사람들이 있으며 또 다른 한편에는 민중을 위해 지금까지 불타오른 혁명적 열정을 본질적 동기로 삼고 있는 사람들이 있다. 자신들의 이익을 위해 공화국을 구성하려는 그 사람들은 부유한 자들의 이해를 중심으로 소수를 위한 정부라는 귀

---

11 de Robespierre, M. (1867). *Sur la propriété-Projet de déclaration des droits de l'homme et du citoyen* (1793). F. Cournol. https://fr.wikisource.org/wiki/%C5%92uvres_de_Robespierre; Leuwers, H. (2014). *Robespierre*. Fayard, Paris.

12 Chaumié, J. (1971). "Les Girondins et les Cent Jours."

족정의 원리를 지속하면서 정부의 형태를 변형시키려 하고 있으며, 다른 사람들은 모두의 이해와 평등이라는 원칙 위에서 공화국을 건설하려고 노력하고 있다.[13]

로베스피에르가 엄격한 의미에서 생산관계들을 염두에 두고 있었던 것은 아니었다. 하지만 그는 혁명의 변화 과정에 대해 놀랍도록 명확하게 인식하고 있었다. 로베스피에르는 오늘날의 부르주아 혁명(즉, 상위 부르주아 계급에 이익이 되는 혁명)을 원하지 않았다. 그 이상을 원했다.

"모두의 이해와 평등의 원칙"에서 공화국을 "만들기" 위해 싸우는 사람들 사이의 한 소수 분파가 로베스피에르보다 더 나아갔다. 매우 중요한 새로운 분열이 일어났다. 그 시대상의 용어 사용의 정확성과는 별개로 그라쿠스 바뵈프와 평등주의자들은 새로운 "공산주의적" 흐름을 방어하려고 했으며(19세기 초반에 이는 신바뵈프주의neo-Babouvism로 이어졌다), 이러한 소수의 급진적 좌파들에 대립하여 제한적 사적소유를 방어하려는 사람들이 존재했다.[14] 평등파는 야심 찬 공산주의 프로그램을 가지고 있었다.[15] 바뵈프는 국민공회에 특정 지역("방데 공화국republican Vendée"[16])에

---

13 de Robespierre, M. (1950). *Œuvres, Tome 6, Discours, première partie (1789-1790)*. Presses Universitaires de France, Paris, p. 17, Van der Hallen, T. (2007). Corruption et régénération du politique chez Robespierre. *Anabases*, 6: 67-82에서 인용.

14 Grandjonc, J. (2013). 그랑종은 1785년 이후 유럽에서 "공산주의"라는 용어가 어떻게 쓰였는지 추적했다. 테르미도르 반동으로 산악파가 제거된 직후, 좌절한 의원들을 결집시키려는 과정에서 바뵈프는 로베스피에르에 대한 자신의 관점을 바꾸었고, 곧 죽었다. 다음 장에서 우리는 신바뵈프주의에 대해서도 살펴볼 것이다. [옮긴이] 바뵈프는 공포정치와 방데에서 벌어진 학살의 책임을 두고 로베스피에르를 비판하였으나, 산악파가 제거되고서 로베스피에르에 대한 입장을 바꾸었다.

15 바뵈프와 평등파에 대해서는 Schiappa (1991)를 참조할 수 있으며 Babeuf, G. (2010). *Le manifeste des plébéiens* (1795). Éditions Mille et une nuits, Paris를 보라.

16 [옮긴이] 방데는 프랑스 남서부 낭트와 라로셸 사이의 지역을 가리킨다. 이 방데 지역에서 프랑스 혁명 당시 내전이 발생했다. 위의 바뵈프와 방데, 그를 둘러싼 로베스피에르에 대한 바뵈프의 비판 및 방데에 대한 바뵈프의 입장은 상당히 복잡하고 방대하여 간단히 요약하기 어렵다. 이에 대해서는 오광호 (2016). 〈그라쿠스 바뵈프와 방데 전쟁〉, 《역사와 담론》, pp. 131-182를 참조하라. Schiappa (1991), p. 206.

서의 실험을 허락해 줄 것을 요구했고, 그들을 금방 설득할 수 있으리라고 생각했다.

1794년, 테르미도르파는 테르미도르 반동으로 자코뱅을 패배시키고 산악파를 분쇄했다. 그들은 자본주의 생산관계의 지속적인 확대를 지향했다. 1759년 6월, 국민공회 앞에서 프랑수아 앙투안 드 부아시 당글라 François-Antoine de Boissy d'Anglas[17]가 선언한 바와 같이, 이는 사적소유를 최종적으로 보장하는 것이었다. 이는 "계급 민주주의"[18]가 무엇인지에 대한 명확한 선언이었으며, 로베스피에르가 투쟁했던 것과는 정반대의 것이었다.

> 여러분은 마침내 부의 소유를 보장받게 되었습니다. [⋯] 가장 우수한 사람들이 우리를 지배해야 합니다. 그들은 가장 잘 교육받은 사람들이며 법을 유지하는 데 가장 큰 관심이 있는 사람들입니다. 거의 예외없이, 자신의 재산을 갖고, 재산이 포함된 나라와 재산을 보호하는 법에 대한 애착을 갖고 있는 사람들 사이에 그러한 사람이 있습니다. 그들은 자신의 재산과 이러한 재산이 주는 혜택으로 교육을 받았으며 조국의 운명을 결정하는 법의 장단점에 대해 현명하게 논의할 수 있는 사람들입니다.[19]

바뵈프의 평등파는 1797년 소탕되었고, 바뵈프는 사형에 처해졌다. 산악파와 평등파는 신흥 부르주아 세력들이 추구하던 생산관계와

---

17 [옮긴이] 프랑스 혁명 당시 평원파La Plaine의 일원으로 부르주아였고, 산악파와 로베스피에르를 몰아내는 테르미도르 반동을 지지하였다.

18 [옮긴이] 이 책에서 저자들이 사용하고 있는 계급 민주주의class democracy라는 용어는 계급에 기반한 사회의 계급 간 민주주의(예를 들어 민중 계급과 자본가계급) 또는 계급 내 민주주의(예를 들어 상위계급 내의 상위 관리자와 자본가 사이의 민주주의)를 말한다.

19 Boissy d'Anglas, Projet de constitution pour la République française, et discours préliminaire prononcé par Boissy d'Anglas, au nom de la Commission des onze, dans la séance du 5 Messidor an III-June 23, 1795. Schiappa (1991), note 5, p. 94에서 인용.

관리자본주의: 소유, 관리, 미래의 새로운 생산양식

생산력의 역사 발전 과정에 개입하려고 시도했으나 실패했다. 이를 "대 칭적" 발전 과정으로 묘사할 수 있다.

1 로베스피에르는 **이미 상당히** 자본주의적 길로 들어선 18세기 사회에 더 욱 진전된 형태의 민주주의를 "이식"하려고 했다. 그 당시 자본주의 사회 의 동역학과는 양립하는 "계급 민주주의" 이상의 민주주의를 쟁취하려는 시도가 방해받게 된 이유가 현존의 생산관계 및 계급권력을 유지하려는 것 때문이었나? 의심할 바 없이 그렇다. 이러한 점에서 볼 때, 로베스피에 르의 시도를 유토피아적이라 말할 수 있나? 소규모 소유자들의 지지를 받 는 고결한 민주주의를 실현하려는 어떤 정치 폭력의 실행도 새로운 생산 관계로 나아가는 과정과 결합한 생산수단의 소유 집중을 막을 수 없었다. 이 측면에서는 퓌레가 옳았다. 산악파는 부르주아 혁명, 즉 초기에 부르 주아의 이름으로 실행됐던 혁명을 그 "자연적" 한계에 도달시키기 위해 투쟁하지 않았다. 하지만 그들은 부르주아적 기초를 가진 새로운 체제와 는 모순적인 혁명을 위해 행동했다. 로베스피에르는 부르주아 민주주의 를 위해 싸우지 않았다. 그는 소규모 소유자들의 지지를 받는 민주적 자 본주의를 원했고, 이는 필연적으로 유토피아적이 될 수밖에 없었다.

2. 반대로, 공산주의 분석가들은 평등파의 계획을 역사과정을 **앞서 나간 것** 으로 평가한다. "프롤레타리아 이전pre-proletarian" 민중 계급은 임무에 적 합하지 않았다. 1917년 러시아 혁명에 비추어 바뵈프의 계획을 평가하는 그러한 판단들에 대해서 질문해야 한다. 그 역사적 간격을 볼 때, 우리가 평등파의 계획을 가능성이 매우 희박하거나 불가능했다고 말할 수는 없 다. 단순히 너무 이른 시도였기 때문이 아니라 유토피아 사회주의 또는 프롤레타리아 사회주의가 실패한 것과 같은 이유 때문에 그렇다(15장과 16장에서 이에 대해서 논의한다).

17세기 영국과의 간략한 비교

프랑스 혁명과 17세기 영국에서 일어난 사회적 투쟁 사이를 비교하는 일은 이번 연구의 한계를 넘어선다. 1640년대와 1650년대(내전[20] 및 "외국"[21]과의 전쟁, 공화국 시기commonwealth,[22] 크롬웰의 정치와 왕정복고)는 "명예혁명"이라고 알려진(네덜란드의 침공이라고도 하는) 1688년 혁명으로 이어졌다. 이를 통해 입헌군주제가 도입되기도 했다.

영국에 대해 말하자면, "혁명"이라 부르는 것조차 논쟁적이다. 프랑스와 관련하여 요약할 때처럼(퓌레의 질문은 제외하고서라도) 혁명, 더 구체적으로는 "부르주아 혁명"과 관련한 논의에 대해 근본적 문제들을 제기해야 한다. 제럴드 에일머Gerald Aylmer는 《반역 또는 혁명: 내전에서 왕정복고까지》[23]에서 영국의 이러한 불확실한 성격에 대해 잘 논의하고 있다. 하지만 두 사례의 역사적 간격을 충분히 고려한다면, 영국에서 17세기에 벌어진 사건들을 통해 설사 "혁명"이라고 부르기에는 역사적 진보의 특징들과 잘 들어맞지 않더라도, 부르주아들이 제대로 된 정치적 힘을 얻기 위해서 부상하고 있었음을 확인할 수 있다.

논의를 여기서 고려된 시기로만 제한하면서, 프랑스와 영국에서 일어난 "혁명"이라는 용어를 적어도 세 가지 서로 다른 형태로 사용할 수 있다.

1. 부르주아 혁명은 **경제적**, 그리고 무엇보다도 **정치적** 측면에서 부르주아

---

20 [옮긴이] 잉글랜드 내전(1642~1651). 왕당파와 의회파 사이에서 벌어졌으며 찰스 1세가 처형당했다.

21 [옮긴이] 잉글랜드 내전에 뒤이은 스코틀랜드 및 아일랜드와의 전쟁.

22 [옮긴이] 잉글랜드 내전에서 왕당파가 패배하고, 공화정이 수립된 이후 1653년 크롬웰이 호국경에 오르기까지의 시기.

23 Aylmer, G. (1986). *Rebelion or Revolution? England from Civil War to Restoration.* Oxford University Press, Oxford, New York.

세력이 부상하고 있었음을 나타내는 사회적 변혁 과정이다. 17세기와 18세기 영국과 프랑스는 이러한 의미에서 혁명기를 경험하고 있었다.

2. 부르주아 혁명은 위에서 말한 부르주아 계급권력의 길고도 필연적인 단계적 상승 과정 안에서 중요한 **진일보**이다. 예를 들어 이번 장 초반부에서 논의한 것처럼, 퓌레가 프랑스 혁명을 부르주아 혁명으로 분석하면서 그 혁명이 1789년에 이미 성취되었다고 말한 의미에서 그렇다.

3. 우리는 "혁명"이라는 용어를 프랑스의 1793년에서 1794년, 영국의 1649년과 같은, 투쟁 과정의 가장 급진적인 사건들을 지칭하는 것으로 한정한다. 반면 표준적인 부르주아적 흐름으로의 복귀에 대해서는 반혁명 couter-revolution이라는 용어를 쓰기도 할 것이다. 이는 좌파 학자들이 진보로 평가하는 것과는 모순된다는 의미에서다. 하지만 그 자체로 부르주아 혁명 과정은 계속되고 있다. 이러한 의미에서 "혁명적"이라 함은 "진보적"이라는 의미이며, 반혁명은 "퇴행적"이라는 의미이다.

이러한 개념들의 불확실성 정의 때문에 1) 일부 하원House of Commons 구성원들, 2) 수평파, 3) 개간파들이 지지한 서로 다른 세력들의 활동을 프랑스 혁명 과정에 발생한 세 가지 혁명, 즉 1) 계급들 중 부르주아 구성원들, 2) 자코뱅의 민주주의 혁명, 3) 평등파의 공산주의 프로그램의 앞선 계기로 해석할 수 없지는 않을 것이다. 그러한 조응관계는 확실히, 우연이 아니라 그 시간적 격차에도 불구하고 진행 중이었던 생산관계 변혁의 공통적 측면들에서 비롯된다.

상위계급들로부터 시작해서 상원House of Peers의 지위는 세습되며, 그 구성원들은 공작, 후작, 백작, 자작, 남작 그리고 상위 성직자들과 같은 지위 있는 귀족들이다. 하원의 경우에는 귀족 신분이 아닌 지방의 지주나 더 넓게 보면 훨씬 좁은 범위이기는 하지만 상인들도 있다. 하원과 상원의 구성원들은 내전과 공화국 시기에 표현된 새로운 정치적 경향들을 지지하거나 왕당파로 갈려 상위계급들을 대표했다.

여기서는 특히 수평파의 관점과 주요 행위들, 잉글랜드 내전 당시 중간계급의 대표자들, 개간파의 짧은 경험들을 평가할 수 있다. 이러한 문제들을 살펴보기 위해 브라이언 매닝Brian Manning의 《1649년 영국 혁명의 위기》[24]를 추천하려고 한다. 수평파가 중간계급을 대표하였으며, 이들은 내전 기간 신형 군New Model Army의 주축을 이루기도 하였다. 신형 군은 왕당파와 전투를 벌였다. 올리버 크롬웰은 이러한 세력들이 [잉글랜드 내전에서] 승리하기 위한 투쟁을 조직하고 이끌도록 했지만, 나중에는 이들을 진압했다(남아 있던 군대의 일부를 아일랜드로 보내고 지도자 3명을 처형했다).[25] 크롬웰은 군대 내 상위 위계관계를 지지하지 않는 세력을 쫓아내고 하원을 통해 대표되는 계급들의 지도자로서 행동하였다. 반대로 수평파들은 런던 주민 일부와 신형 군 다수의 지지를 받는, 상대적으로 진보된 관점을 가지고 있는 소지주들yeomen과 장인들로 묘사되곤 한다. 존 리번John Liburne이 가장 잘 알려진 이론가였다. 페레스 자고린Perez Zagorin은 "영국 최초의 좌파당"으로 수평파를 언급하기도 했다.[26]

수평파를 프랑스 혁명, 즉 로베스피에르와 산악파의 진보적 요소들과 어느 정도까지 비교해 볼 수 있을까? 명백히 이를 비교하는 것은 아주 어렵다(특히 거의 150년 동안의 거리를 두고 일어난 종교적 문제에 대한 접근과 이데올로기적 배경의 전환이라는 간격을 생각해 볼 때). 그러나 공통의 기본적 특징을 볼 필요는 있다. 그것은 이번 장에서 우리가 "유토피아 자본주의"라고 부른 것과 관련이 있다.

---

24 Manning, B. (1992). *1649, The Crisis of the English Revolution*. Bookmarks, London, Chicago, Melbourn.

25 [옮긴이] 크롬웰은 당시 아일랜드를 진압하기 위해 군대를 보내려 했고 이들 군대 중 일부가 파병을 거부하고 폭동을 일으켰을 때, 이 폭동을 막기 위해 지도자들 및 반란군을 총살했다. 이후 크롬웰은 나머지를 다시 아일랜드 진압군으로 보냈다.

26 Zagorin, P. (1954). *A History of Political Thought in the English Revolution*. Routledge, Oxon, England, and New York, p. 6.

1. 수평파는 사적소유에 대한 어떠한 전면적 공격도 수행하지 않았다(다만 군인들에 대한 토지 분배에 대해서는 고려해 볼 필요가 있다).
2. 왕과 귀족들은 제거되어야만 할 필요가 있었다.
3. 빈자들에게 주어진 투표권, 진전된 민주주의 형태의 수립이 중요한 지점이다.[27]

제라드 윈스탠리Gerrard Winstanley는 개간파의 "유토피아 공산주의"를 주장하였다. 자고린을 따라가 보자.

그[윈스탠리]는 1648년 펜을 들고, 종교에 대한 비정치적 저작을 썼다. 그러나 몇 달이 흐른 후, 윈스탠리는 공산주의자가 되었다.[28]

개간파는 기독교적 공산주의 유토피아를 지향했으나, 거의 순식간에 해산되고 말았다. 기본적 측면에서 보면, 이는 그라쿠스 형제들의 토지개혁을 주로 참조한 평등파 이상으로 16세기 초 농민전쟁[29]과 뮌스터 침례교도들Baptists in Munster의 시도[30]를 이어받은 것이었다.

종합해 보면, 프랑스 혁명과의 세 가지 공통점을 강조할 필요가 있다.

1. 17세기 영국에서 사회관계를 급진적으로 변혁하려는 시도들이 있었고, 이는 새롭게 나타난 자본주의 생산관계를 기초로 하는 부르주아 계급(또는 그 당시의 의미에서는 혁명적인)의 새로운 힘을 보여주는 것이었다.
2. 앞선 생산양식의 쇠퇴로부터 생존한 상위계급들이 자본축적과 그를 기초로 한 부르주아적인 흐름을 일시적으로 방해하면서, 진보적인 경향을 표현하는 단기적 기회가 창출되었다.

---

27 Zagorin, P. (1954). p. 13.

28 Zagorin, P. (1954). p. 43.

29 [옮긴이] 독일에서 일어난 농민전쟁(1524~1525).

30 [옮긴이] 뮌스터에서 침례교도들이 일으킨 폭동과 천년왕국 운동(1534~1535).

3. 그러한 민중들의 시도는 우리가 앞에서 "반혁명"이라고 부른 것을 통해 순식간에 제거되었다. 소규모 자본주의적 소유권의 사회와 그에 상응하는 정치제도들은 안정적인 역사적 기반을 발견할 수 없었다.

"반혁명"의 사회적 기초

혁명 동안 영국과 프랑스의 주요 사회세력들이 품고 있던 각 이데올로기에는 여러 별개의 사회적 특징들이 관계 맺고 있다. "민주주의"와 관련하여 더 엄격한 요소들을 개념화해야 한다. 양적인 관점에서 다소 진전된 민주주의의 정도와 질적으로 다양한 내용들을 정리할 필요가 있다. 영국 혁명에 연루된 세력들이 "중간계층" 및 "빈자들"이라고 부르는 이들의 가담을 통해서 이러한 특징들을 설명할 수 있다. 프랑스와 영국에서 소규모 소유자, 평등한 동반자들 사이의 시장관계 그리고 생산에의 참가와 같은 자본주의적 현대성의 가치 및 그 기초는 중간계급과 하위계급들의 사회적 지위에 어울렸다. 이는 1) 영국과 프랑스 혁명에서 더 진보적이거나 더 "공격적인" 분파들, 수평파, 자코뱅과 상퀼로트들의 야망의 해체, 2) 부르주아들의 "숨김없는 야심"과 사회적 대결에서의 최종적인 결과와는 대조적이었다.

어떤 점에서, 부르주아와 귀족 분파들은 프랑스의 계몽철학 또는 영국의 17세기 철학에 매료되었다. 예를 들어 로크의 정치철학은 혁명에 적절한 사회적 기초에 대해서는 질문하지 않았다.[31] 대칭적으로 중간계급 대다수가 급진적인 변화를 지지하지 않았다는 점도 지적할 수 있다.

어떤 경우라도, 하위계급들 내의 분열과 스스로의 변모 과정에 들어간 낡은 지배계급들의 후예와 동맹한 부르주아 계급 상위 분파의 지배를 위에서 "결과"라고 부른 것의 공통적 특징이라고 할 수 있다.

---

31 Tully, J. (1993). *An Approach to Political Philosophy*. Cambridge University Press, Cambridge, UK, New York.

1. **새로운 계급의 지도력 아래서 이루어진 상층의 동맹.** 여기서 사회 위계 관계 상층의 동맹이라는 개념이 중요하다. 여기서 분명, 새로운 계급인 부르주아의 지도력 아래 어떤 불균등한 사회적 타협이 존재할 수 있다. 그러나 낡은 계급(봉건적 생산양식으로부터 유래하는 전통적인 귀족 또는 특권계급들)이 점점 부르주아로 변모하고 있었다는 점을 잊어서는 안 된다. 이러한 점에서 보면 상위계급 두 분파 사이의 긴장이 유지되는 한, 폭력적인 역사 동역학은 억제된다. 새로운 계급의 승리가 상층에서 수립될 때, 부르주아 계급은 민중 계급에 대한 문제를 더 이상 상정할 필요가 없다.

2. **하위계급 내의 분열.** 동시에 (8장의 "자유주의적 전환"에 대한 분석에서 우리가 주장했던 것처럼) 자본주의 관계의 발전으로 인해 중간계급과 민중 계급 사이의 관계는 침식되며, 이러한 과정은 적어도 상위 중간계급의 정치적 성향이라는 측면에서 중간계급 상위 분파와 지배계급 사이의 결합으로 이어진다. 이에 기초한 사회적 긴장들이 프랑스에서는 테르미도르 반동으로, 영국에서는 수평파의 제거로 이어졌다. 장기적으로 보면, 이러한 중심부 정치 지향에서 나타난 "추이"의 효과로 민중 계급 착취의 가장 폭력적 형태가 열리게 되었다.

새로운 생산양식이 계속해서 발전해 나가던 정치 및 사회 환경 속에서도 앞에서 정의한 "반혁명"에 대해서 이야기할 수 있다.

위에서 말한 계급 구조, 권력, 동맹은 바로 생산관계의 끊임없는 진전을 기초로 하여 이루어졌다.

에필로그

앞에서 이야기한 계급투쟁들의 결론은 잘 알려져 있다. 유토피아 자본주의라는 약속을 지킬 수는 없었다.

부르주아 계급 상위 분파는 프랑스 혁명의 결과로 자신들의 힘을 확고히 했다. 형식적으로 국민공회를 이어받은 총재정부(1795~1799)[32] 기간에 공화주의적 "외피"를 쓴 새로운 정치적 구조가 마련되었지만, 이는 혁명적인 민중 세력들(장인, 노동자, 소상인들의 상퀼로트)에 대한 무자비한 탄압과 더불어 나폴레옹 보나파르트의 개인적 권력 쟁취(1799년 11월의 유명한 브뤼메르 18일 쿠데타)와 나폴레옹 1세의 제국으로 이어졌다.[33] 그런 다음 왕정복고 기간에 부르봉 왕가가 복귀했고, 7월 왕정,[34] 1848년과 1852년 사이의 짧은 공화정[35] 이후 제2제국[36]이 등장했다.

낡은 귀족들이 복귀하고 프랑스 제국에서 새로운 귀족들이 출현했지만, 새롭게 나타난 체제들의 부르주아적 기초는 정착되지 못했다. 권위주의 체제들이 프랑스 혁명의 마침표를 **부르주아 혁명**으로 찍지 못했다는 점이 중요하다.

자본주의 계급들의 헤게모니를 바탕으로(혼합된 생산양식들을 기초로 하여) 이전 귀족의 후손들과 새로운 지배계급의 사회 사이에 사회적 타협이 형성되었다. 파리 코뮌 직후 제3공화국에서도 마찬가지다. 1830년,

---

32 [옮긴이] 국민공회 해산 이후 귀족 및 부르주아 출신 총재 5명이 선출되었다.

33 Cobb, R. (1954). Note sur la répression du personnel sans-culotte 1795-1801. *Annales historiques de la Révolution française*, 26(134): 23-49. "하지만 1801년부터 이전의 혁명 '간부들', 정치적으로나 군사적 기능을 수행하는 데 특출난 모든 이들, 상퀼로트들 모두, 6년 동안의 반동과 박해 기간에 남아 있던 이들이 무력화되었다. 1793년 헌법에 충실한 모든 공화주의자들은 멀리 보내지고 감시 상태에 있었다. 그들 중 30명은 그레넬Grenelle에서 살해당했고 공화력 4월nivôse에는 130명이 추방되었다." p. 43.

34 [옮긴이] 왕정복고에 의한 부르봉 왕가의 복귀가 1830년 샤를 10세까지 이어지고 있었다. 샤를 10세가 의회를 해산하고 선거를 치르려고 했으나 공화주의자들의 무력 봉기가 일어났다. 혁명이 번지기를 바라지 않은 온건파는 루이 필립을 왕으로 세웠고, 이를 통해 7월 왕정이 시작되어 1848년 2월 혁명 이전까지 지속되었다.

35 [옮긴이] 루이 필립의 7월 왕정은 1848년 2월 혁명으로 무너진다. 임시공화국이 선포되고 임시정부 내의 사회주의자들이 여러 사회개혁을 추진하려 했다. 이들의 노력은 무산되었고, 대통령 선거에서 루이 나폴레옹이 당선된다.

36 [옮긴이] 1851년 루이 나폴레옹이 쿠데타를 일으켜 나폴레옹 3세로 즉위한다.

1848년, 1871년 세 번의 혁명에서 나타난 장인과 임금노동자 같은 생산계급들의 투쟁을 통해 형성된 결정적 추진력과 "공화주의적 행동주의"라고 부를 수 있었던 시기가 끝나고도 수십 년이 지난 후에야, 자본가계급은 마르크스가 부르주아에 우호적인 정부 형태라고 부른 것을 발견하였다.

1649년 크롬웰이 수평파를 제거하고 군대의 가장 헌신적인 분파를 소탕한 이후, 영국에서도 새로운 권력구조의 기초가 수립되었다. 1688년 이른바 명예혁명을 통해 상층부의 타협이 이루어졌고, 메리 2세와 윌리엄 3세의 입헌군주제를 거쳐 1714년 이후로는 하노버 왕가Hanoverian dynasty[37]로 이어진다.

"자본주의적 현대성"

역사가들은 중세 이후 유럽의 상황에 준거하여 현대성이라는 개념을 사용하였고, 이는 18세기 계몽주의 철학과 결합된 새로운 정치적 지형들 속에서 최고조에 달했다(1789년 이후로 사회가 현대Époque contemporaine에 접어들었다고 가정된다. 영어로 표현하면 "늦은 현대기late modern period"이다). 17세기 영국과 18세기 프랑스에서 그랬던 것처럼, 한편으로 새로운 현대성의 시대와 또 다른 한편으로 자본주의적 생산관계 및 부르주아 혁명의 관계는 명확하지만, 상당한 모호성을 보이기도 한다. 시민성, 행정기관들의 집합으로서 국가 및 국민국가와 관련한 인류 역사의 사회적 성숙기로의 주요한 전진을 현대성으로의 진입이라고 할 수 있다. 그러한 개념들에는 "루소주의적" 편향이 존재한다. 루소는 자유와 평등에 대해서 다음과 같이 말한 바 있다.

각자가 자신들의 자유를 상실할 수 있을 때조차, 그 아이들의 자유를 상실

---

37 [옮긴이] 엘리자베스 2세가 그 후손이다.

시킬 수는 없다. 그들은 인간과 자유를 출산한다. 자유는 그들의 것이고, 누구도 그것을 처분하지 못한다.[38]

1793년의 헌법 제3조에는 다음과 같이 적혀 있다. "모든 인간은 태어날 때부터 그리고 법 앞에 평등하다." 그리고 현대성의 정치철학을 과학에 부여된 새로운 역할과 그에 상응하는 종교와 신학의 쇠퇴와 분리할 수 없다. 따라서 현대성은 이성의 새로운 통치자로서 찬양받았다.

앞서 보았듯, 17세기 영국에서 이러한 주제들을 이미 찾아볼 수 있다. 크리스토퍼 힐은 "태어나면서부터 모든 인간은 똑같이 그리고 비슷하게 재산, 자유liberty and freedom를 좋아하는 종교적 '이단들'로 태어난다"고 한 장로교도 에드워즈Presbyterian Edwards의 말을 인용했다[39]. 거칠게는 17세기에 동시에 일어난 대륙 유럽, 특히 네덜란드의 황금기에도 유사한 흐름이 존재한다는 것을 지적할 수 있다.

하지만 그 내용과 범위에서 볼 때, 현대성을 정의하기는 상당히 어렵다. 프랑스 산악파의 활동을 이러한 자유와 평등의 관점에서 평가해야만 한다. 생산수단의 사적소유와 고결한 사회적 가치 사이를 가르는 경계는 어디까지인가? 1793년 헌법 제2조에는 다음과 같은 권리들의 목록이 등장한다. "평등, 자유, 안전, 재산." "자본주의 현대성"이라는 개념 속에서 이러한 용어들과의 모순을 발견할 수 있는가? 또는 반대로 자본주의 생산관계 속에서만 현대성의 가치들을 실현할 수 있는가?

사건들의 연대기를 들여다보면, 한편으로 봉건제로부터 자본주의로의 이행과 다른 한편으로 (8장의 장기적 관점에서 본) 현대성의 등장 사

---

38 Rousseau, J.-J. (1964). *Du contrat social* (1762). Gallimard. Folio essais, p. 178. 하지만 헤겔은 우리가 사회성이라고 부른 것을 통해 루소식의 자유주의적 개념화에 대한 급진적 비판을 제공한다(Hegel, G. (1975). *Principes de la philosophie du droit ou droit naturel et science de l'État* (1820). R. Derathé, Paris, p. 258).

39 Hill, C. (1940). *The English Revolution, 1640*. Lawrence and Wishart, London. https://www.marxists.org/archive/hill-christopher/english-revolution/, 4. The revolution.

이의 어떤 관계가 존재한다는 점을 부정하기 힘들다. 18세기 후반과 19세기 초반 소규모 장인들의 작업장과 가족농업의 맥락에서 생산이 여전히 이루어지고 있던(17세기에는 이러한 형태가 더 일반적이었다) 자본주의의 초기 형태를 보면 이를 확인할 수 있는 것처럼 보이기도 한다. 우리가 강조한 것처럼, 두 혁명이 이루어지는 기간 동안 중간계급들은 새로운 사회 및 경제적 추세와 잘 어울리는 민주적 "시장" 이데올로기를 사회 형성에 대한 관점vision으로 삼고 있었다. 자본주의적 상인, 부농, 지주 그리고 더 일반적으로는 증가하고 있는 자본주의 세력들의 영향력 확대를 무시하고 소규모 상품 소유로 환원하려는 그러한 사회구조의 기초는 탄탄하지 않다. 유럽에서 부르주아 혁명의 마지막 단계와 독립 이전에 미국으로 수출되어 이후에 승인되는 부르주아적 흐름, 19세기 자본가계급의 권력 확대를 공고화하려고 한 투쟁들을 보면, 자본의 집중과 축적에 대한 대안적 현실로 제시되는 이러한 소규모 소유자 사회의 이데올로기와는 정반대의 것들이 나타났다.

하지만 자본주의 사회관계의 부상과 현대성 사이의 관계는 단순하고 허구적인 "우연" 이상이다. 5장에서 다룬 인간 역사에 대한 이중 이론dual theory을 보면, 현대성의 시대란 사실 사회성 이론 내부에서 파악된 자본주의에 부여된 이름이다. 계급사회 이론의 관점에서 **자본주의**, 사회성 이론의 관점에서 **현대성의 시대**를 각각 구별할 수 있다. 용어 간의 조응관계가 있다. 계급사회 이론 안에서는 생산관계를 강조하며 사회성 이론에서는 사회적 가치들을 강조한다. 18장에서 우리는 민중들의 투쟁의 본질적 잠재력을 살펴보면서 이러한 이중성을 통해 새로운 생산양식인 관리주의를 이해할 수 있고, 모호하기도 하며 동시에 명확하기도 한 것이지만, 그러한 새로운 생산양식으로서의 관리주의가 바로 어떤 "관리주의 현대성"을 정의하는 능력주의적 가치들을 담고 있다는 점까지도 이해할 수 있다고 주장할 것이다.

자본주의적 생산관계와 현대성의 동시적 등장을 고려한다고 해서 현대성을 새로운 생산관계의 공고화를 목표로 하는 어떤 순수 이데올로기로 환원해서는 안 된다. 봉건 관계 안에서 인간들은 사실상 불평등하게 태어났으며 다수는 신분적으로 구속되어 있었다. 자본주의적 생산관계의 수립으로 인해 새로운 사회관계들과 사회적 가치들이 출현할 수 있었으며, 점점 그것들이 필연적 성격을 띠게 되었다고 할 수 있다.

하지만 18세기 최고의 사상가들은 새로운 사회관계의 모순적 측면을 금방 알아볼 수 있었다. (이번 장 초반부에서 부아시 당글라가 솔직하게 외쳤던 것처럼) 자본주의 생산관계에 고유한 확연한 경제적 불평등 관계가 주어진 가운데 현대성의 가치들이 같은 "사회조건들" 위에 있으리라고 판단하는 것은 미망에 불과하다.[40] 이러한 틈 속에서 지상천국을 이루겠다는 시도들로부터 오랫동안 고통스러운 단절을 거친, "현대적" 공산주의 이데올로기가 탄생하였다.

따라서 조응관계correspondance와 불화discordance의 조합 속에서 자본주의적 현대성 내의 고유한 긴장들이라는 틀로 프랑스 혁명의 세 가지 정치 조류(부르주아, 자코뱅, 평등파) 및 이전 17세기 영국의 흐름들 그리고 그 밖의 유럽의 흐름들을 평가해야만 한다.

이후 장에서 더 이해하기 쉬운 방식으로 잘 이야기할 것이지만, 우리는 부르주아 혁명 시대로부터 적어도 관리자본주의의 현 단계까지 그러한 메커니즘들을 부차적으로 묘사하는 "사고 체계"의 출현과 생산양식 사이의 이러한 관계들보다 상부구조와 토대 사이의 상호작용을 역사적으로 더 나은 방식으로 묘사할 수는 없다고 본다. 3장에서 묘사한[41]

---

40 자크 비데는 자본주의 안에서 모든 인간이 자유롭고 평등하게 태어났다는 "현대성의 선언"에 대해서 말한다. 평등하게 태어난 인간이 평등하지 않기 때문에 이러한 선언을 하나의 권리 요구이자 주장으로 볼 필요가 있다. Bidet, J. (2011). *L'état-monde. Libéralisme, socialisme et communisme à l'échelle globale*. Presses Universitaires de France, Paris; Duménil, G. (2013). Modernity and capitalism: Notes on the analytical framework of Jacques Bidet. http://www.cepremap.fr/membres/dlevy/dge2013a.pdf

41 [옮긴이] 3장에서 지은이들은 어떤 정의적 차원에서 생산력과 생산관계의 상호작용을 아울러 파악할 수 있는 통일성을 표현하는 변증법과 개별적 또는 집합적 투쟁 속에서 나

두 번째 변증법 개념에 함축된 어떤 변증법적 접합관계가 모순적 구성요소들 사이의 상호작용으로서 존재한다. 사고체계와 조응하는 생산관계 사이의 어떤 연관성을, 이데올로기적 버팀목으로 생산관계들에 대한 사고체계의 피드백 효과로서 잘 묘사하면서 명확하게 수립할 수 있다. 하지만 ("주장들"이라고 할 수 있는) 선언들과 현실 사이에서 벌어지는 긴장을 절대 극복할 수 없었으며, 생산관계의 동역학에 기초해서도 극복할 수 없었다.

　그럼에도 현대성의 시기, 자본주의 산업혁명과 공장 체계의 무시무시한 사회적 특징이 나타나고 있었다는 점은 역설적이다.

타나는 생산관계와 생산력 사이의 대립 및 그 모순들의 전개를 중심으로 한 사회적 과정을 이야기하는 변증법에 대해 논한다. 후자는 단순히 투쟁들에 대한 이야기가 아니라 생산력과 생산관계에 대한 인식의 변증법과 현실적 모순의 변증법 사이의 연관성을 나타낸다.

15
유토피아 사회주의와 무정부주의

한편으로 18세기 후반과 19세기 초반 노동자계급이 처해 있던 엄혹한 상황(생산력과 생산관계의 진보에서 나온 "어떤 생산물" 또는 그 진보에도 불구하고)과 함께 다른 한편으로 현대성과 계몽이라는 이념의 조합을 통해 인간의 존엄성을 회복하기 위한 사회조건을 만들어 내려는 실험들이 끊임없이 벌어졌다. 꾸준히 성장하던 부르주아의 힘과는 별개로 유토피아 사회주의라는 이름으로 이러한 노력들이 일어났다. 미국이라는 천국으로의 이주가 이러한 실험에서 지렛대로 작용하였다.

여기서도 생산관계의 동역학으로부터 파생되는 제약이 문제시된다. 그들이 이야기하는 공동체 또는 공산주의 이데올로기에도 불구하고, 강력한 "관리주의적" 특징에서 나오는 긴장들이 그러한 기획들을 위태롭게 했다. 권위와 민주주의 사이에 발생하는 긴장이 주요 요소 중 하나이며, 주요 요소가 아니더라도, 이러한 노력들의 실패를 설명해 준다. 따라서 이전 장에서처럼 자본주의의 부상과 관련된 생산력과 생산관계의 동역학으로부터 나오는 엄격한 조건이 관리주의적 요소들의 역사적 출현으로 확장된다.

예상할 수 있듯이 권위와 해방을 둘러싼 핵심적이면서 극심한 논쟁(실제로는 관리주의를 둘러싼 논쟁)이 마르크스의 국가 사회주의라고 알려진 것과 무정부주의적 사회주의(또는 무정부주의적 공산주의) 사이의 대립 속에서 19세기 동안에 벌어졌다. 이번 장에서는 프루동주의자들의 무정부주의를 잠시 설명한 후 이러한 대립에 대해서 이야기할 것이

관리자본주의: 소유, 관리, 미래의 새로운 생산양식

다. 따라서 마르크스의 정치활동 및 관점과 이것 간의 관련성은 다음 장에서 다룰 자칭 사회주의를 분석하는 데도 매우 중요하다.

유토피아 사회주의: 민주주의와 권위주의 사이의 긴장

19세기와 20세기 초반 있었던 사회주의를 건설하기 위한 시도들은 세기초 초기 기독교 공동체로부터 중세 시기 복음에 영향을 받은 천년왕국 운동 그리고 16세기 초반 농민전쟁으로 이어지는, 개인주의와 지배의 사회적 뿌리를 제거하려는 목적으로 이루어진 길고 긴 영웅적 시도들의 결과이다. 우리는 이러한 초기 시도들을 유토피아라는 용어를 사용한 토머스 모어의 "유토피아"나 프랜시스 베이컨의 "뉴 아틀란티스New Atlantis" 같이, 인간의 단순한 상상력에서 빚어진 것이라고만 보지는 않지만, 여기서 그 시도들을 다루지는 않을 것이다.

여기서 우리는 19세기 동안 유럽 또는 미국에서 착수된 실험들만을 논의한다. 로버트 오언Robert Owen(1771~1858), 샤를 푸리에Charles Fourier(1772~1837), 에티엔 카베Étienne Cabet(1788~1856), 빌헬름 바이틀링Wilhelm Weitling(1808~1871). 이 4명의 기념비적인 인물에 대해 언급할 수 있으며, 여기에 위그 펠리시테 로베르 드 라므네Hugues-Félicité Robert de Lamennais(1782~1854) 또는 푸리에의 제자였던 빅토르 콩시데랑Victor Considerant(1808~1893)과 같은 이들을 추가할 수 있다. 이들은 꽤 다른 맥락에서 행동했던 매우 다른 인물들이다. 이번 장 부록에서 이러한 차이가 그들의 사상과 실천 속에 반영되어 있음을 이야기할 것이다.[1]

이러한 실험의 근간에는 생산관계 일반의 혁명적 변화 없이도 내부로부터의 변화가 가능하다는 신념이 존재한다. 여기에는 인간 사회 조건의 개선이란 상위계급을 포함한 모든 사람이 그러한 운동에 설득되고 참여해야만 할 정도로 거대한 일이라는 믿음이 존재한다. 모든 유

---

1 Sombart, W. (1898). *Le socialisme et le mouvement social au XIXe siècle*. V. Giard & E. Brière, Paris.

토피아 사회주의자들은 자신들의 계획이 다소 빠르게 일반화될 것이라고 확신했다.

초기 기독교 공동체들이 최초의 공동체들이 갖고 있던 상상적 관점에서 예수의 재림(또는 아담과 이브의 천국의 재편)을 기대했던 집단들이었던 반면, 우리는 사회주의-공산주의 공동체들을 19세기 새로운 조직적 추세 속에서 이해해야만 한다(여기서 우리는 관리주의와 관리자본주의를 논한 6장에서도 그 역사적 배경을 설명한 세 번째 절인 "관리자본주의로의 진입 I"의 관리주의적 추세에 대한 분석으로 돌아갈 수 있다. 5장 두 번째 절 "생산의 사회화: 자본가와 관리자"에서 그 역사적 배경과 함께 이야기한 관리주의의 초기 추세를 떠올려볼 수도 있을 것이다). 공동체 지도자들은 모두가 사회 설계자이자 엔지니어인 사실상의 관리자들이다. 즉, "관리주의 유토피아"의 지도자들이다. 특출난 관리자였던 오언 같은 사람의 시도를 가장 성공적이라고 평가할 수 있는 것도 아마 우연이 아닐 것이다.

첫 번째로, 개인주의가 문제다. 노동자들의 상황이 개선되면, 그들은 공동체의 규율을 견디기 힘들다고 생각할 것이다. 하지만 그러한 규율과 긴밀히 연결된 권위의 문제가 여기서는 더 적절한 질문이다. 이러한 위계관계 내에서 발생하는 특권이 많은 실험에서 문제시되었다. 카베와 바이틀링은 공동체 속 모든 구성원에 대한 통제권을 갈망했다. 바이틀링은 말년에 통제권의 부족이 결국 실패로 이어졌다고 보았다. 만약 그 체계가 작동했더라면, 푸리에는 훨씬 더 엄격한 통제권을 실행했을지도 모른다. 이는 그가 자신의 체계를 그 구체적 요소들까지 미친 듯이 유지하려고 했다는 점에서 잘 드러난다(콩시데랑은 푸리에의 말년에나 어렵게 같이할 수 있었다). 오언 또한 명백히 지역 민주주의 제도들에 권력을 이행하려고 모든 것을 다했음에도 불구하고, 지휘의 끈을 놓지는 않았다.

앞에서 논의한 바뵈프는 권위에 대해 두 가지 측면에서 논의했다. 한편으로 "법관magistrats"이 생산의 조직과 생산물의 분배를 담당해야만 한다는 것. 또 다른 한편으로 이를 평등주의자들 사이의 지도력에 관한 논의로 진행했다. 지도자가 그러한 권력을 가져야만 하는가? 평등주의 자들 대부분이 강력한 지도력이 필요하다고 보았으며, 군주제와의 유사성에 대한 반감을 가지고 있던 다른 이들은 이에 반대했다.

인간해방으로 가는 길에 새로운 방해물이 나타났다. 모든 인간은 평등하게 태어난다. 그리고 생산은 집합적으로 조직되고, 공정하게 분배된다. 이제 한 사람은 아니더라도 소수의 손에 권위가 집중되었고, 조직화에 고유한 엄격한 제약들이 배가되었다. 사적소유는 극복되었지만 (푸리에의 노동자 공동체 팔랑크스phalanx), 관리주의적 권력집중은 새로운 방해물이었다.

이 시기는 마르크스와 엥겔스가 과학적 사회주의라는 기치 아래 사회적 문제에 개입하던 시기와 겹친다. 적어도 마르크스와 엥겔스는 유토피아적 표현을 대체할 수 있을 것이라고 보았다. 하지만 권위에 대한 질문이 즉각적으로 제기된 것은 우연이 아니다.

권력집중 회피하기: 무정부주의적 공산주의

여기서 무정부주의의 복잡한 역사를 평가하는 것은 불가능하다. 우리는 앞에서 이야기한 19세기 중반 유토피아 이념의 등장과 그 이후 제1인터내셔널로의 이행 사이의 연결고리를 탐구할 것이다.

"무정부주의"라는 용어를 사용한 시기는 프랑스 혁명 시절로, 이때는 대개 권위에 대해 투쟁하는 사람들을 경멸적으로 일컫는 말이었다. 현대적 의미를 갖는 정치적 교리로서의 무정부주의를 프루동의 책 《소유란 무엇인가?》에서 찾아볼 수 있다.[2]

우리는 무정부주의의 초기 형태를 피에르 조제프 프루동(1809~1865)

---

2 Proudhon, P. (1873). *Qu'est-ce que la propriété?* (1840). A. Lacroix et Cie Éditeurs, Paris. http://gallica.bnf.fr/ark:/12148/bpt6k111212d

에게서 발견하고자 한다. 이러한 무정부주의적 관점이 부상하던 시기의 사회 환경을 8장에서 묘사했다. 18세기 후반과 19세기 초반은 혼합적 계급구조가 존재하던 시기였다. 소농들의 농업 외에도 소규모 장인들이 초기 형태의 산업에 광범위하게 종사했고, 자본주의적 상인들이 원료를 공급하고 생산물을 구입하였으며, 소매업도 활발하게 이루어졌다. 이러한 형태의 사회구조를 보존하기 위한 체계를 프루동이 제시했다고 할 수 있다. 이는 유토피아 사회주의와는 반대되는 것이었다. 두 가지 경제문제가 당시 해결될 필요가 있었다. 첫 번째, 자본이 부족한 소규모 생산자들이 당시 부상하던 자본가계급 밑에서 일하고 있었다. 프루동은 상호 금융을 제시하여 이를 해결하려고 했다. 두 번째, 소농들을 포함한 소규모 생산자들 사이의 공정한 거래가 주요 구성 요소였다. 즉, 그 시기 전형적인 자본가 상인과 생산자 사이의 불평등한 교환을 해결하는 것이었다.

당시 나타나던 사회적 추세는 프루동의 관점과는 어울리지 않았다. 첫째, 토지의 집중도는 영국보다 떨어졌지만 높은 지대를 동반하는 과거 영주의 토지에서 이루어지고 있던 자본주의 농업은 이미 프랑스 혁명 이전에 발전하였다.[3] 두 번째로 19세기 초반 공장 체계가 광산 내에서와 같은 여러 다른 초기 조직화 형태와 더불어 발전했다. 프루동은 "노동자 기업"을 상상하고 있었지만, 자신의 생각을 대단위로 적용하는 데 어려움을 겪고 있었다. 1815년에 출간한 연구를 통해 이를 수행해 보았지만, 프루동 사상의 허약한 측면만 오히려 부각되었다.[4] 프루동이 앞에서 설명했던 유토피아적인 실천들에 대해 매우 비판적이었다는 점도 기억할 필요가 있다. 그는 그러한 실험들을 "시스템"으로 묘사했으며 "독단적dogmatisme"이라고 말했다. 프루동은 폴란드 또는 이탈리아에

---

3 Brenner, R. (1970). Agrarian class structure and economic development in pre-industrial Europe. *Past and Present*, 70: 30-75.

4 Proudhon, P. (1851). *Idée générale de la révolution au XIXe siècle*. Garnier Frères, Paris, p. 254. http://gallica.bnf.fr/ark:/12148/bpt6k6115074k/f6.image

서 벌어지던 민족 통일을 위한 투쟁에도 매우 적대적이었다. 강력한 중앙정부의 존재 자체를 반대했기 때문이었다.

프루동은 "수많은myriade" 소규모 생산자가 존재하는 세계를 꿈꿨으며, 이러한 관점은 1860년대 제1인터내셔널(국제노동자협회IWA) 초기의 주류 사상이 되기도 했다. 마르크스는 프루동의 사고와 자신의 사고가 완전히 다르다는 점을 보이기 위해 참을성과 인내심을 보여야만 했다.

19세기 사회 투쟁의 주요 인물이자 귀족이었던 미하일 바쿠닌Mikhail Bakunin이 과거가 되어 버린 프루동의 편협한 도덕적 제약들, 성차별주의, 경제적 관점과는 상당히 먼 사회 현실에 대한 접근법을 가지고 화려하게 등장한다. 바쿠닌은 프루동 시스템의 사회적 기초와는 완전히 다른 입장을 가지고 있었다. 바쿠닌이 광범위한 의미에서 국가제도를 거부했다는 점만이 프루동과 공유하는 지점이었다.

> 만약 국가가 있다면, 그것은 어떤 계급이 다른 계급을 지배한다는 의미이고, 따라서 노예제일 따름이다. 노예제 없는 국가를 상상할 수 없다. 이것이 우리가 국가를 반대하는 이유다.[5]

국제노동자협회 내에서 분열이 일어났고, 조직 와해로 이어졌다.[6] 바쿠닌은 "국가 공산주의" 지지자들과 "죽을 때까지 싸울 것"이라고 말했다.[7] 사회주의에 대한 마르크스적 관점과 신바뵈프주의적 공산주의 사이에서 권위주의 측면에 대한 논의가 19세기 동안 광범위하게 일어났다. 바쿠닌의 관점은 상당한 충격이었다.

다음 장에서 우리는, 자칭 사회주의에 대해 논의하면서 중앙집권

5 Bakounine, M. (2013). *Étatisme et anarchie* (1873). Éditions Tops, H. Trinquier, Paris, p. 346.

6 Léonard, M. (2011). *L'émancipation des travailleurs. Une histoire de la Première Internationale.* La Fabrique, Paris.

7 Léonard, M. (2011). p. 173.

제와 관료제에 대한 분석이라는 새로운 영역으로 진입한다. 바쿠닌은 일찍이 1872년 놀라운 선견지명을 가지고, "국가 공산주의" 건설 과정에 있을 위험에 대해 예견했다. 바쿠닌은 또 다음과 같이 말했다.

프롤레타리아가 지배계급이 된다는 건 무슨 의미인가? 모든 프롤레타리아가 정부의 수장이 되는 것이 가능한가? 마르크스주의는 이러한 딜레마를 아주 단순하게 해결한다. 그들에게 인민의 지배는 인민이 선출한 소수 대표들의 지배를 의미한다. 이는 거짓말이다. 이 배후에는 소수가 지배하는 폭정이 감추어져 있으며, 그것이 인민의 의지를 표현한다는 식이기 때문에 더 심각한 거짓말이다. 마르크스주의자들은 이 소수 사람들이 노동자의 일부라고 말한다. 그렇다. 아마 예전에는 노동자였을 것이다. 인민의 대표자로서 지배자가 되자마자 그들은 노동자가 아니며, 국가의 꼭대기에서 평범한 노동자 대중을 내려다볼 것이다. 그들은 독재(물론 그들 자신의)만이 인민들에게 자유를 줄 수 있다고 주장한다. 우리는 모든 독재가 자기보전 외에 아무것도 아니며, 노예제를 만들어 내고 그것을 사람들에게 서서히 주입할 것이라고 말할 것이다. 그들(새로운 지도자들)은 자신 손에 모든 행정력을 집중시킬 것이다. 무지한 사람들에게는 후견인이 필요하다는 이유로 그렇게 할 것이며 그들은 국가중앙은행을 만들어, 모든 상업활동, 산업, 농업, 심지어 과학을 통제하려고 할 것이다. 많은 사람들이 새로운 정치-과학적인 특권계급을 구성할 국가 엔지니어들의 직접적 지휘 아래 농업과 산업 부문의 군대로 키워지게 될 것이다.[8]

마르크스 자신은 "단계적" 무정부주의자였다. 그것은 한편으로 관리 조직화의 필요조건과 다른 한편으로 해방 사이에 발생할 수 있는 긴장을 완화할 수 없는 것이었다. 이러한 모순은 프롤레타리아 독재와 그에 이은 국가의 사멸로 대체되었다. 즉, 해방 조건을 창출하는 과정이

---

8   Bakounine, M. (2013). 각주 6, p. 346.

연기된 것이다(바쿠닌이 위에서 언급한 것처럼). 그렇지만 이로써 투쟁이 멈춘 것은 아니었다.

국제노동자협회의 총평의회가 공인하지는 않았지만, 1869년 마르크스의 집에서 런던 평의회를 비난하면서 반대연맹dissident federation을 형성하고 [스위스] 손빌리에Sonvilier에서 1871년에 정식으로 수립된, 제1인터내셔널의 쥐라 연맹Jura Confederation의 부상과 형성 배경을 살펴볼 필요가 있다. 반권위주의 인터내셔널의 창립으로 이어진 것은 1872년 [스위스] 생티미에St-Imier의 반대연맹 회의에서였다.[9]

초기 무정부주의자들은 집산주의, 공산주의, 중앙집권제, 국가의 역할을 둘러싸고 논쟁했는데, 그것은 프루동의 관점과는 상당한 거리가 있었으며, 파리 코뮌의 영향 아래서 벌어진 것이었다. 무정부주의자들은 모두 국가를 거부하였는데, 이는 의회주의를 포기하는 것이었다. 생산수단(일반적으로 재산)의 사회화에 대한 합의가 있었으며, 소비재를 생산에 대한 개인들의 기여(집산주의) 또는 개인들의 필요(공산주의)에 따라 분배할 것인지를 두고 논쟁이 벌어졌다. 결국에는 그런 공산주의로 이어졌다. 전통적 의미(마을이나 도시)의 "코뮌"에 대한 논의거나 지리적 실체를 만들어 내는 것에 대한 논의였다.

표트르 크로포트킨이 그러한 운동의 중심 인물이었다. 귀족 출신으로 차르와도 가까웠던 크로포트킨은 러시아 법정에서 탈출하여 시베리아에서 장교로 복무했는데, 사상 및 활동으로 인해 체포되었고 쥐라의 무정부주의에 합류했다.[10] 크로포트킨은 1921년 소련에서 사망했다. 그는 국장national funeral를 거부했는데, 군중이 그의 유해를 운반하는 감동적인 상황이 벌어지기도 했다. 크로포트킨이 죽자 무정부주의자들은 탄압받기 시작했다.

---

9 Cahm, C. (1989). *Kropotkin and the rise of revolutionary anarchism, 1872-1886.* Cambridge University Press, Cambridge, New York, p. 29.

10 Cahm, C. (1989).

여기서 크로포트킨의 활동에 대해 구체적으로 이야기할 필요는 없겠지만, 그가 마르크스와는 정반대의 사상을 가지고 있었다는 점을 지적할 필요가 있겠다. 크로포트킨은 자본주의로부터 사회주의가 나온다는 관점을 완전히 거부했다(그는 마르크스의 자본 집중에 대한 예상을 받아들이지 않았다). 그의 가치론 비판은 얄팍했으며, 잉여가치론은 이해조차 하지 못했다. 크로포트킨은 다윈의 자연선택 이론을 정교화했는데, 더 흥미로운 점은 그것을 뒤집었다는 점이다. 이러한 입장은 인류사회의 사회 동역학에 대한 크로포트킨의 규범적 평가로부터 기인한다. 협력은 효율성의 요소이지만, 민주적 조건 아래서만 그러하다는 점을 의심할 수는 없다.

경제 및 정치와 관련된 극도로 탈집중화된 절차들의 실행을 통해서 급진적 해방이 가능하다는 무정부주의적 공산주의자들의 관점은 19세기 말과 20세기 초, 이른바 "행동을 통한 선전propagande par le fait"[11]과 같은 지속적인 투쟁으로 이어졌다. 이러한 의미에서 공산주의적 무정부주의는 노동운동의 주요한 구성 부분이었다.

냉혹한 역사 동역학

마르크스의 역사이론적 관점에서 평가된 "마르크스주의 이전"(적어도 마르크스의 사상이 노동운동의 주류가 되기 이전)의 사회 투쟁들로부터 나오는 교훈은 냉혹하다.

우리는 앞에서도 생산력/생산관계, 계급투쟁의 역사 동역학이 갖는 냉혹한 성격을 항상 강조한 바 있다. 봉건시대 민중 계급들은 끔찍한 조건하에 있었다. 산업혁명과 결합한 생산력의 진보, 특히 기계화의 진전 속에서 인구 대다수의 삶의 개선은 "가능성"의 상태였다. 무역자유화와

---

11 [옮긴이] 19세기 말과 20세기 초반 무정부주의들에 의해 벌어진 (테러와 암살 같은 폭력을 포함한) 직접적 행동을 통한 정치적 선전을 말한다.

공장 체계의 등장과 같은 초기 자본주의 생산관계의 발전은 오늘날 상상하기 어려운 대대적인 파괴로 이어졌다. 그로부터 2세기가 지난 후에야 생산력의 진보와 그에 따른 사회적 투쟁을 통해 민중 계급이 상당한 쟁취를 이뤄냈지만, 사회적 비용은 엄청났다. 현대의 신자유주의적 추세가 여전히 보여주고 있는 것처럼 계급사회는 완전히 극복되지 않았다.

그 이유는 명확하다. 민중과 관리자들이 역사 동역학 속에서 지상천국을 확인하지는 못했지만, 역사 동역학을 지배하는 건 시도, 오류, 대립, 선택이다. 새로운 사회구조는 그로부터 발생하는 사회적 손실과는 관계없이 이전 사회구조의 한계를 넘어선다는 측면에서 자신의 "효율성"을 입증한다. 가장 최악은 사회관계의 변화로부터 나오는 주요 이익을 얻어 가는 소수의 상위계급들이 이러한 구조configuration들을 지탱하고 있다는 것이다.

따라서 두 가지 지반 위에서 중첩된 경쟁이 이루어진다. 한편으로 생산관계의 진보로부터 얻게 된 증대된 효율성은 앞선 사회관계로부터 비롯된다. 이러한 두 가지 사회 범주 사이의 첫 번째 경쟁 과정은 **생산력-생산관계** 체계 내부에서 나타나며, 더 나은 성과를 보이는 사회구조가 앞선 사회구조를 추월한다. 다른 한편으로 사회변화를 주도하는 행위자들에 대한 소득 집중(강력한 국가기관 내부에서 집중적으로 조직되는 그들의 역량과 함께)으로 인해 그들에게 상위계급의 억압적 권력이 극적으로 증대한다. 그리고 이는 계급투쟁 내부에서 표현되는 사회의 경쟁적 과정의 두 번째 측면을 정의한다.

14장 및 앞 절에서 묘사한 여러 시도로 역사 동역학의 폭력적 측면을 직접적으로 그려 낼 수 있다. 바뵈프와 평등파의 프로그램들을 언급할 필요도 없이, 프랑스 혁명 기간에 산악파는 이미 150년 이전 영국에서 시작되었고, 생각보다 훨씬 더 발전된 새로운 자본주의 생산관계에서 나타나고 있던 힘들에 부딪힐 수밖에 없었다. 프루동주의의 시대에 뒤떨어진 측면들 중 대부분은 (프루동 그 자신도 그 필요성을 인식하고 있었던) 더 진보된 생산 협업 형태를 고려한 공산주의적 무정부주의자들에 의해 극복되었다. 그러나 국가 없는 실행 계획이란 사회화의 진전과는 상관없이 인류의 미래를 건설하려고 했던 하나의 시도였다. 마르크스가 잘 이해하고 있었던 것처럼, 그것은 처음부터 잘못된 것이었다. 무정부주의자들과는 아주 대조적으로 유토피아 사회주의는 관리주의적 조직화를 직접 실행하려고 한 첫 번째 시도였다. 대담한 실험들이 이루어졌고, 긴밀한 조직화와 민주주의 사이의 긴장관계가 처음으로 드러났다.

단념해야 하는가? 마르크스는 1) 잠재적 복귀를 차단하는 어떤 단번의 혁명적 행동으로 정치적 상위계급을 파괴하는 것, 2) 프롤레타리아 계급에 유례없는 권력을 일시적으로 부여하고, 3) 고도로 집중화된 사회구조 내에서 생산력을 발전시켜 상위계급들을 압도한다는 해답을 내놓았다. 이러한 측면에서 마르크스는 과학적 사회주의의 기치 아래 기계화 및 조직화의 동역학과 해방의 사회적 힘들을 연결했다. 바로 이것이 다음 장의 주제다.

부록. 유토피아 사회주의자들

오귀스트 파브르Auguste Fabre는 "실천적 사회주의자A Practical Socialist"[12]라는 적절한 제목의 초기 연구를 1771년 태어난 로버트 오언으로부터 시작한다. 오언은 원래 매우 성공한 사업가였다. 그는 19세기 중반 전형적인 형태의 소유권과 관리 제도를 거친 사람이었다. 관리자로서 일했고, 다수의 자본가가 운영하는 조합의 동업자이기도 했다. 그는 스코틀랜드 뉴라나크New Lanark의 산업 중심지에서 관리자로서 큰 성공을 거두었고 거기에서 노동자들, 특히 어린이들에게 제대로 노동조건을 제공하기도 했다. 어린이집과 시범학교에 많은 돈을 대기도 했으며, 노동자

---

12 Fabre, A. (1896). *Robert Owen: Un socialiste pratique.* Bureaux de L'Émancipation, Nimes.

와 그 가족들의 조건을 개선함과 동시에 사업에서도 좋은 수익을 올릴 수 있다는 것을 몸소 증명하기도 했다(영국의 산업혁명 기간에 노동자들은 처참한 처지에 있었다. 오언은 그러한 처지가 생산성에 악영향을 준다는 점을 증명했다). 오언은 빅토리아 여왕의 아버지, 수상 리버풀 경, 나중에 미국의 토머스 제퍼슨을 포함한 상위계급 중에서도 최상위 성원으로 칭송받았다. 그러나 이것으로는 충분하지 않았다. 첫 번째 미국 여행 이후 오언은 그리 오래가지는 못한 뉴하모니New Harmony 공동체를 설립했다. 가장 어려운 문제는 통치 체제와 관련된 것이었다. 오언은 공동체 설립을 위해 모인 사람들이 그가 바라는 자치autogouvernement에 적합한 사람들이 아니라고 생각했고, 참가자들에게 더 참고 인내하기를 요구했다. 8개 "헌법"이 제정되었지만 공동체는 와해되고 말았다. 생애 말까지(그는 사업을 운영하던 방식 그대로 계획을 세워 나갔는데), 오언은 인류가 교육을 통해 변화할 수 있다는 관점을 고수했고, 이것은 그가 어린이들에 대한 교육을 그토록 강조했던 이유이기도 하다.

오언보다 1년 뒤인 1771년에 태어난 샤를 푸리에는 완전히 다른 성격을 지닌 사람이다.[13] 근거가 없는 것은 아니지만, 푸리에는 중매인으로 일하면서 동시에 천문학, 인류 역사, 심리학을 포함한 거의 모든 것에 대한 "학자"로서 다소 이상한 삶을 살았던 미친 사람으로 종종 묘사된다. 푸리에가 쓴 글의 매력은 그의 인간 행위와 신념에 대한 생생한 묘사에서 나온다. 푸리에는 공동체 구성의 초기 실험이 인간의 "열정"(푸리에는 "모든 것"을 섬세하게 분류했다)을 길들이기 위한 필요 조건들 때문에 실패했다고 생각했다. 대립을 피하면서 열정을 발산할 수 있는 환경이 조성되어야만 한다. 어렵지만, 푸리에는 자신이 모든 것에 대해서 전문가라고 생각했다.

푸리에는 19세기를 자신의 사회 조직화에 대한 계획이 기초한, 화합

---

13 Beecher, J. (1986). *Charles Fourier, the visionary and his world*. The Regents of the University of California, Berkeley, California.

Harmony의 새 시대로 이행하고 있는 문명의 시대, 사회발전의 초기 단계라고 분석했다. 열정의 복잡한 구조에 따라 810개 범주로 구분된 사람들은 각각이 노동자 공동체(팔랑크스)에서 살기로 되어 있었다. 푸리에는 공산주의자는 아니었지만, 부유한 참가자들이 집단을 소유하거나 그들에 대한 어떤 형태의 부러움이라도 생겨나는 것을 회피하기 위해 가난한 사람들의 기본적 필요를 충족시켜 줘야 했다. 푸리에는 말년에 집단을 창설하려고 시도했지만, 실패했다. 푸리에의 애제자 콘시데랑은 푸리에보다는 성공적이었지만, 뒤이은 몇 번의 시도가 성과 없이 마무리되었다. 그렇지만 푸리에의 체계는 강렬한 인상을 남겼다.

우리는 마르크스가 태어나기 30년 전인 1788년에 태어난 에티엔 카베를 통해 새로운 국면에 진입한다.[14] 파리에서는 공산주의가 싹트고 있었다. 카베는 1830년 혁명을 즈음해서 자신의 초기 정치활동을 시작하고 그 이후 공산주의에 합류했다. 그는 1840년(마르크스가 파리에 도착하기 3년 전) 유명한 《이카리아로의 여행*Voyage to Icaria*》을 출간한다. 1828년 필리프 부오나로티*Philippe Bouonarroti*가 쓴 평등주의에 대한 책의 출간으로 지지를 받던 그라쿠스 바뵈프 추종자들 간의 관계가 문제였다.[15] 카베는 평화적 행동주의를 옹호했고, 부르주아와도 함께했다. 따라서 특히, 테오도르 데자미*Théodore Dézamy*(1808~1850)와 같은 다른 공산주의자들과의 충돌은 필연적이었다. 그러나 그러는 동안 공산주의 서클에서 카베의 아이디어가 훨씬 더 주류가 되었다. 특히 툴루즈나 리옹 같은 프랑스의 도시에서 강력했다. "박해"를 피하려고 카베는 제자들을 엄선하여 이카리아[16]를 건설할 곳을 찾기 위해 미국으로 보냈다. 그들은 극도로 어려운 조건들을 마주하였다. 1848년 파리에서 혁명이 일어나자 카

---

14 Fourn, F. (2014). *Étienne Cabet ou le temps de l'utopie*. Vendémiaire, Paris.

15 Buonarroti, P. (1828). *Gracchus Babeuf et la conjuration des égaux*. BnF Gallica, Paris. http://gallica.bnf.fr/ark:/12148/bpt6k835717

16 [옮긴이] 카베가 책에서 묘사한 이상이 실현된 사회. 자크 랑시에르의 《프롤레타리아의 밤》(안준범 옮김, 문학동네, 2021)을 참고하라.

베는 파리에 남기로 했고, 공화주의자들 중 진보적 분파와 동맹을 맺고 새로운 형태의 정치적 행동이 가능할 것이라고 기대하였다. 2월과 6월 봉기의 사이였던 1848년 4월에, 이카리아주의 공산주의자들은 도시 전역에서 부르주아 지지자들에게 추적당하고 있었다. 오언과 긴밀히 연락하던 카베는 결국 미국의 공산주의자들을 찾아갔다. 얼마 가지 않아 미국의 공산주의자들은 카베의 지도력에 의문을 품게 되었고, 그가 폭군인 데다가 무능력하다고 평가했다. 비폭력을 기본 원칙으로 하는 공동체 내에서는 상상하기 어려울 정도로 잔혹하게 그 실험은 끝났다. 카베는 1856년 "뇌졸중"으로 사망한다.

빌헬름 바이틀링은 마르크스가 태어나기 10년 전인 1808년 태어났다.[17] 그는 나폴레옹 점령군이었던 프랑스 병사와 마그데부르크Magdeburg에서 온 하녀 사이에서 태어난 아들이었다. 다른 유럽 국가들처럼, 독일의 1830년대와 1840년대는 자본주의 생산관계가 발전하던 시기였다. 직공들과 장인들의 시대가 저물고 있었고 공장제와 "대공업"이 발전했다. 이때는 8장 세 번째 절에서 묘사했던 것처럼, 부르주아와 프롤레타리아 사이의 근본적인 계급적대가 공고화되던 시기이기도 하다. 예를 들어 다비드 스트라우스David Strauss가 1835년 발간한 《예수의 삶》과 같은 새로운 조류가 발전하고 있었다.[18] 바이틀링은 이 책을 소유하고 있었다. 책은 헤겔 철학과 기독교 사상을 결합하는 내용을 담은 것이었다.[19] 이때는 메테르니히의 시대였고, 이러한 흐름은 공산주의적이라고 평가받았다. 바이틀링은 이러한 공산주의적-기독교 관점을 가지고 있었고, 이러한 사회적 맥락에서 형성되었다. 이후에 그는 주요 저작《조

---

17 Wittke, C. (1950). *The utopian communist. A biography of Wilhelm Weitling, nineteenth-century reformer.* Lousiana State University Press, Baton Rouge.

18 Strauss, D. F. (1856). *Vie de Jésus ou examen critique de son histoire* (1835). Librairie Philosophique de Ladrange, Paris. https://archive.org/details/viedejsusouexa01strauoft 우리는 라므네([옮긴이] 프랑스의 종교철학자)가 미친 영향에 대해서도 잊지 말아야 한다.

19 Strauss, D. F. (1856). p. 13.

화와 자유의 보증*Garantien der Harmonie und Freiheit*》에서 이에 대해 이야기한 바 있다.[20] 1835년에 바이틀링은 파리로 와서 의인동맹의 주요 인사가 되었다. 중요한 저작들에도 불구하고 바이틀링은 지식인은 절대 아니었으며 재단사였다. 마르크스는 바이틀링의 작업을 독일 프롤레타리아 사상의 초기 형성에 중요한 기여라고 평가했지만, 그 관계는 급격히 악화되었다("주피터 마르크스Jupiter Marx"라고도 불리던 마르크스는 건방진 태도로 유명했다. 그 자신을 메시아 또는 예언자[21]라고 여기던 바이틀링과 마르크스의 관계가 어땠을지 상상해 볼 만하다). 바이틀링은 1848년 혁명 즈음에 미국으로 갔으며, 아이오와주에 코무니아Communia라는 공동체를 만들었다. 코무니아는 다른 시도들과 마찬가지로 실패했다. 다시 한번, 가장 큰 문제는 바이틀링이 상당히 권위주의적인 지도자였다는 점이다.

각 사례들을 보면, 이들이 미국을 약속의 땅으로 여겼다는 점을 알 수 있다. 특히 기독교 공동체라는 측면에서 유토피아 사회주의자들이 미국을 선택했던 사실을 이미 잘 정립된 경향 속에서 파악할 수 있다. 많은 독일 이민자들이 1848년 이전에 이미 정착하고 있었고, 1848년에는 혁명에 참가했던 이들이 결합하였다. 1850년대 전반 바이틀링이 펴내던 신문 〈노동자공화국Die Republik der Arbeiter〉의 다음과 같은 연대기 리스트는 다양하고, 종종 종교적이었던 미국의 이민자들에 대해 이야기해 준다.

〈노동자공화국〉에는 노르웨이의 유명한 바이올린 연주자였던 올레 불Ole Bull의 실패한 이주 집단이었던 올레아나Oleana와 셰이커 교도들Shakers과 완벽주의자들Perfectionists의 공동체였던 오네이다Oneida, 버펄로 근처에 독일 경건주의자들Piestists이 정착한 에베네저Evenezer, 마담 아네케Madam Anneke의 프

---

20   Weitling, W. (1842). *Guarantees of harmony and freedom* (1842). 독일어 제목은 *Garantien der Harmonie und Freiheit*이다. http://reader.digitale-sammlungen.de/de/fs1/object/display/bsb10862497_00005.html

21   Wittke, C. (1950). note 17, p. 38.

관리자본주의: 소유, 관리, 미래의 새로운 생산양식

라예자이퉁Frayezeitung을 모방한 뉴저지 레드뱅크Red Bank의 북미사회주의조합North American Phalanx, 아이오와주의 트라피스트Trappist 수도사들의 거주지, 역시 아이오와주에 있던 헝가리 난민들의 뉴부다New Buda, 펜실베이니아주의 프리드리히 랍 이코노미Friedrich Rapp's Economy, 조지프 보믈러의 피난처Joseph Bäumler Zoar 등의 흥미로운 이야기가 실렸다.[22]

---

22 Wittke, C. (1950). p. 156.

16
자칭 과학적 사회주의

 이전 장에서 살펴본 자본주의 생산관계를 지양하기 위한 다양한 시도들은 특히 러시아와 중국 같은 나라들에서 일어난 프롤레타리아-농민 혁명의 승리와 그로부터 비롯된 사회주의 건설에서 절정에 이르렀다.

 21세기 초반 현재 시점에서 그 최종적 결과는 아주 잘 알려져 있다. 우리는 이러한 과감한 시도들이 관리주의 사회들로 이어졌다고 본다. 민중 계급은 방향타를 잡지 못했고, 상위 관료들이 기업 관리자들과의 동맹 아래 그들의 권력을 행사하였다. 이러한 사회들은 고도로 집중화된 "관료적 관리주의" 사회였다. 그러나 그 결말은 실망스러운 것이었다. 과학적 사회주의의 이름으로 행해진 이러한 모든 실험은 실패했고, 자칭 사회주의 국가들은 관리자본주의로 변신하였다.

 여기서는 사회주의 국가들에서 일어났어야 하는 것들을 다루는 것이 아니라 실제 벌어진 일들에 대해 이야기하려고 한다. 자주관리에 대한 분석에서도 마찬가지다. 이러한 시도들이 성공할 수도 있었다고 주장하는 것이 아니라 어떻게 실패했는지를 보는 것이 목표다.

 20세기 초 일어난 이러한 전개 과정과 마르크스와 엥겔스의 사상 사이의 관계를 살펴보기 위해, 우리는 파리 코뮌(1871년 5월)을 출발점으로 삼는다.

혁명을 위한 동맹

마르크스는 파리 코뮌 기관들의 민주적 성격을 칭송하였다.[1] 대표자들의 다수가 노동자였고, 보편적 투표권을 통해 선출되었으며, 어떤 시기라도 그들은 소환될 수 있었으며, 여러 의무를 가졌다. 지도자들은 다른 노동자들과 같은 보수를 받았다. 각 지역 의회가 대표단을 파리의 "전국대표단Délégation nationale"에 보내 프랑스 다른 마을과 도시에 파리 코뮌의 조직을 확대하려는 계획도 있었다.

마르크스와 엥겔스는 이러한 관찰에도 불구하고, 파리 코뮌의 극도로 민주적인 조직 형태가 코뮌이 실패한 주요 원인이며, 군사작전을 할 때 특히 취약했다고 보았다.[2]

파리 코뮌 직후, 제1인터내셔널이 새로운 의회를 조직하기는 불가능한 상황에서, 1871년 9월 런던에 있는 마르크스의 집에서 작은 회의가 열렸다. 마르크스가 주된 역할을 하여 결의가 채택되었다. 결의 8번에서 다음과 같이 명확하게 진단하고 있다.

소유자 계급들의 집합적인 권력에 대항하는 투쟁 속에서 프롤레타리아는 소유자 계급들의 낡은 정당들 모두에 대항하여 별개의 정치 정당을 만들어 오로지 계급으로서 행동할 수 있다. 프롤레타리아는 사회혁명의 승리와 최종적 목표인 계급 폐지를 위해 정치 정당을 필수적으로 만들어야만 한다. 노동자계급은 착취자들의 정치권력에 대한 투쟁 속에서 경제투쟁을 통해 이미 획득한 노동자 세력의 단결을 지렛대로 사용해야만 한다.[3]

---

1 Marx, K. (1963c). *La guerre civile en France 1871. Adresse du conseil général de l'Association Internationale des Travailleurs* (1871). Éditions sociales, Paris.

2 주요 참가자들 중 한 명인 귀스타브 르프랑세Gustave Lefrançais의 유머와 감정을 놀랍게 혼합한 투쟁과 재앙에 대한 이야기를 읽어 볼 필요가 있다. Lefrançais, G. (2013). *Souvenirs d'un révolutionnaire. De juin 1848 à la Commune*. La Fabrique, Paris.

3 Marx, K. et Engels, F. (2010). Marx to Hermann Jung (July 1872). In *Marx and Engels. Collected Works, Letters 1870-1873*, Volume 44, pp. 413-414. Lawrence and Wishart, Electronic Book.

이러한 정당은 투쟁을 벌일 뿐만 아니라 선거에도 참여한다. 온전한 의미의 실질적 정당의 건설하기 위한 중요한 한 걸음이 이루어졌다.

파리 코뮌의 실패와 새로운 노선 사이의 관계는 명확하다. 1872년 1월, 엥겔스는 카를로 테르자기Carlo Terzaghi에게 분명하게 이야기한다.

> 나는 당신이 권위와 중앙집중이라는 단어를 남용한다고 생각한다. 나는 혁명보다 권위적인 어떤 것도 알지 못한다. 폭탄과 총을 들고 다른 사람에게 누군가의 의지를 부과하는 것이 바로 혁명이다. 이는 바로 권위를 행사하는 것이다. 파리 코뮌이 오래 지속되지 못한 것도 권위와 중앙집중화의 부족 때문이었다.[4]

마르크스가 파리 코뮌을 사회주의 운동으로 여기지 않았다는 점도 상기할 필요가 있다. 훨씬 나중인 1881년 2월 22일에 마르크스는 도멜라 누웬후스Domela Nieuwenhuis에게 다음과 같이 썼다.

> 예외적인 상황에서 일어난 도시의 봉기라는 점 말고는, 파리 코뮌은 어떤 의미에서도 사회주의적이지 않았으며 그렇게 될 수도 없었다.[5]

마르크스와 엥겔스가 비하한 프루동주의와 블랑키주의가 주요 흐름을 형성하였다.[6] 우리는 이미 앞에서 프루동주의적 무정부주의에 대해 이야기한 바 있다. 블랑키는 공산주의를 주장했지만 공산주의 이론가는 아니었으며, 자신을 따르는 젊은이들의 투쟁으로 민중 계급의 각성을 불러일으킬 수 있다고 생각하는 선도적인 선동가일 따름이었다.[7]

---

4 Marx, K. et Engels, F. (1971). *La Commune de 1871. Lettres et déclarations pour la plupart inédites (1866-1894)*. Union Générale d'Éditions, Paris, p. 158.

5 https://marxists.org/archive/marx/works/1881/letters/81_02_22.htm

6 Engels, F. (1963). Introduction (1895). *In Marx, K. Les luttes de classes en France (1848-1850)*, Éditions sociales, Paris, pp. 1-36.

7 블랑키의 행동은 그 가능성 또는 아마도 배신이라는 측면에서 매우 논쟁적이다.

이러한 파리 코뮌에 대한 환멸적인 평가는 이후 수십 년 동안 노동자 운동의 전략을 수립하는 데 상당한 영향을 끼쳤다. 진정한 의미의 정당 건설이나 선거 참여 또는 사회주의 건설 과정에서 국가의 역할과 같은, 전통적 정치제도에의 의존을 둘러싼 불꽃 튀는 논쟁이 이어졌다. 앞에서 이야기했던 바와 같이 제1인터내셔널 내에서 마르크스는 오귀스트 블랑키의 뒤를 잇는 권위적 정당의 상징적 지도자로 인식되고 있었다.

마르크스와 엥겔스의 뒤를 이어 사회주의를 향한 실질적 운동이 독일에서 벌어졌으며, 그 운동은 상승세에 있었다.[8] 독일사회민주당SPD은 파리 코뮌으로부터 얼마 지나지 않은 1875년 창당되었다. 1878년에 오토 폰 비스마르크가 당 활동을 금지시켰지만, (에르푸르트 강령이 나온) 1891년에 활동이 재개되었다.

《공산당 선언》에 대한 확고한 해석에 따라 SPD 초기에는 가까운 미래에 자본주의가 필연적으로 몰락할 것이라는 시각이 지배적이었다. 이에 대해서는 카를 카우츠키가 1892년 발간한 《사회주의 강령》을 참조할 수 있다.[9] 소규모 생산의 소멸, 이윤율의 저하, 과잉생산, 위기라는 모든 퍼즐 조각이 다루어졌다. 자본주의는 파멸할 운명이었다. 에두아르드 베른슈타인과의 논쟁이 시작되었다. 정치 전략에 대한 정의와는 별개로, 베른슈타인은 자본주의의 미래에 대한 더 현실적인 판단을 내리고 있었다.[10] 로자 룩셈부르크는 베른슈타인의 수정주의에 격분하여 그것을 반박하는 여러 논문을 썼으며, 1898년에는 《사회개혁이냐 혁명이냐》를 출간하였다.[11]

---

8 장 롱게가 이 주제에 대한 마르크스의 놀라운 편지를 언급한 바 있다. Longuet, J. (1918). *La politique internationale du marxisme, Karl Marx et la France*. Felix Alcan, Paris, p. 199.

9 Kautsky, K. (1892). *Le programme socialiste (La lutte des classes. Le programme d'Erfurt)*. Charles H. Kerr & Co, Chicago.

10 Bernstein, E. (1974). *Les préconditins du socialisme* (1899). Éditions du Seuil, Paris.

11 Luxembourg, R. (1898). *Réforme sociale ou révolution?*, https://www.marxists.org/francais/luxembur/works/1898/; Harmer, H. (2008). *Rosa Luxemburg*. Haus Publishing, London.

레닌이 1917년에 출간한 《국가와 혁명》을 두고 조직화와 지도력을 둘러싼 논쟁이 절정에 이르렀다.[12] 레닌은 새로운 사회의 기초와 권력 쟁취의 개념화에 고유한 마르크스 관점의 극적인 "변화basculement"가 있다는 점을 상기시켰다. 1) 강력한 지도력을 동반한 투쟁과 2) 이를 통한 국가의 폐지라는 두 단계를 3) 자본주의 생산의 완전한 소멸을 목표로 하는 냉혹한 프롤레타리아 국가의 비호 아래 이루어지는 프롤레타리아 독재를 통해 구분할 수 있다.

주로 러시아와 이후 중국이라는 두 주요 국가에서 혁명을 승리로 이끈 민중 계급과 지식인 집단(실제 정치 지도자들로 변신하는) 사이의 동맹이 이러한 분석틀 내에서 결정적인 자리를 차지하고 있다(우리는 여기서 농민 분파와 노동자를 일컫기 위해 민중 계급이라는 용어를 사용했다).

오로지 매우 강력한 위계적 조직화를 통해서 투쟁을 승리로 이끌 수 있었을 것이라는 사실에는 의문의 여지가 없다. 이는 1918년 독일에서 제1차 세계대전 패배 직후 일어난 SPD의 배신과 독일의 혁명 세력(평의회와 스파르타쿠스 동맹)에 대한 억압이라는 상황뿐만 아니라 모든 장소(와 모든 시기)에서 있었던 억압적 폭력들을 통해 증명된다. 레닌의 팜플릿 속에 있던 슬로건 "모든 권력을 소비에트로"가 혁명 세력들이 권력을 쟁취하는 과정에서 사라졌다는 사실 또한 의심할 여지가 없다.[13] 특히, 내전 기간 벌어진 폭력적이고 대담한 투쟁도 결과의 본질을 바꾸지 않았다. 스탈린 독재로 이어진 사건들은 잘 알려져 있다. 1921년 레온 트로츠키의 크론슈타트 반란에 대한 탄압과 크로포트킨 사후 무정부주의자들을 제거한 것에 대한 평가는 이 연구의 한계를 넘어선다.[14]

---

12 Lénine, V. O. (1966b). *L'État et la révolution: La doctrine marxiste et les tâches du prolétariat dans la révolution* (1917). In *Œuvres*, Tome 25, pp. 413-530. Éditions sociales, Éditions du Progrès, Paris, Moscou.

13 Lénine, V. O. (1966c). Tout le pouvoir aux Soviets! (1917). In *Œuvres*, Tome 25, pp. 161-162. Éditions sociales, Éditions du Progrès, Paris, Moscou.

14 Trotsky, L. (2000). Hue and Cry over Kronstadt. *The New International*, 4(4): 103-106.

위계적 조직화의 배후에서 지도적 인물들의 윤곽이 드러난다. 지도자들이 행동을 조직할 때 관료 수뇌부들이 등장한다. 관료 수뇌부들이 지배력을 제도화하고 재생산하자 파리 코뮌의 짧은 민주적 성격은 역사의 기억 속으로 사라졌다.

지도자들과 관료들은 이 책에서 정부 관리자로 광범위하게 불리는 이들이다. 그러나 경제는 또한 기업들 내에서 통제되고 조직화된다. 따라서 러시아(이후 중국) 혁명 이후 권력은 정부 상위 관료와 기업 관리자들(그리고 병원, 학교, 그 밖에 다른 탈집중화된 기관들의 업무를 맡는 공무원들)의 동맹을 바탕으로 당의 행정구조를 통해 지탱되는, 당 관리자와 상위 관료들이 주도하는 이중적 구조로 수립되었다.

관료적 관리주의

소련에서 살아 있는 지배계급이 존재하지 않는 자본주의 사회인 "국가자본주의" 같은 것이 존재한 적은 없다. 소련과 중국(그리고 또 다른 사회주의 나라들)의 상위계급들은 우리가 이야기하는 광범위한 의미(특별히 당 관리자들과 상위 관료들을 포함하는)에서 관리자들이었다.[15] "국가자본가"라는 표현이 국가자본주의라고 불리는 나라들의 상위계급 구성원을 지칭하기 위해 사용되지 않았다는 점이 국가자본주의 분석의 취약성을 드러낸다. 이러한 모종의 자본주의는 매우 관리주의적이며, 국가자본주의 이론가들 모두가 동의했어야만 하지만, 이러한 분석에서 "관리자본주의"라는 용어는 사용되지 않았다. 우리는 "관료적 관리주의"라는 용어로 소련을 가장 잘 설명할 수 있다고 본다.

이러한 연구에 앞서 러시아 10월 혁명 이전부터 이루어져 온, 훨씬

---

15 Lew, R. (1997). *L'intellectuel, l'état et la révolution. Essais sur le communisme chinois et le socialisme réel.* L'Harmattan, Paris; Duménil, G. et Lévy, D. (1998). *Au-delà du capitalisme?* Presses Universitaires de France, Paris

더 이전에 바쿠닌이 제기했던 평가와 맥락을 같이하는 정치적 중앙집중화에 내재한 위험에 대한 고발을 상기해 볼 필요가 있다. 니콜라이 부하린은 로베르트 미헬스가 1910넌에 정식화한, 기본적으로 민주적 형태를 갖는 모든 복합적 조직화는 그 효율성의 부족으로 인해 과두적 조직화로 발전한다는 과두제의 철칙에 영향을 받았다. 우리는 여기서 부하린이 미헬스를 인용한 부분을 살펴볼 것인데, 부하린은 N.B.라고 표시하고 자신의 코멘트를 삽입하였다(우리는 좀 더 명확히 하려고 미헬스로부터 인용한 부분에 대해서는 따옴표를 표시하였다).[16]

> 로베르트 미헬스는《현대 민주주의 정당의 사회학에 대하여》라는 흥미로운 저서(Leipzig 1910, p. 370)에서 다음과 같이 말하고 있다.
> "하지만 다시 한번 매우 현실적인 의심을 품게 되는데, 계급 없는 국가(N.B. 더 정확하게는 사회)의 불가능성에 대해 이야기할 수밖에 없다는 점이다. 관리자들이 막대한 자본(N.B. 생산수단)을 관리함으로써 사적 자본에 대한 관리, 사적소유권에 부여된 것만큼의 권력을 누리게 된다는 점이다."
> 이러한 관점은 모든 종류의 사회적 진화가 어떤 지도 집단으로부터 다른 지도 집단으로의 변화일 뿐임을 보여준다. 만약 이러한 관점이 옳고, 미헬스가 결론적으로 말한 것이 옳다면, 사회주의가 아니라 사회주의자들이 승리할 뿐이다.[17]

물론 부하린은 이러한 평가에 동의하지 않았다.

---

16 Michels, R. (2009). *Political Parties* (1915). Transaction Publishers, Piscataway, NJ.

17 Boukharine, N. (1967). *La théorie du matérialisme historique. Manuel populaire de sociologie marxiste* (1921). Anthropos, Paris, pp. 335-336. 제1인터내셔널 기간에 있었던 논쟁에서 볼 수 있던 것처럼, 이러한 관점이 널리 통용되고 있었다. 로자 룩셈부르크와 같은 나이에다 같은 폴란드인이었던 얀 마차야스키Jan Machajski는 마르크스주의를 세밀하게 연구한 것으로 알려져 있다. 룩셈부르크는 그에 대해 이렇게 언급한다. "마차야스키는 '과학적 사회주의'를 산업자본주의와 함께 나타난 새로운 지식 계급의 이론이라 결론짓고 있다." Harmer (2008). note. 11, p. 50.

부하린은 미헬스의 관료제 이론에 대한 언급 외에도 직접적으로 소련을 대상으로 하는 알렉산드르 보그다노프Alexander Bogdanov에 대해 논의하고 있다.[18] 보그다노프는 사회주의 수립에 전제되는 생산력 발전의 수준에 대한 논쟁을 기반으로 소련 프롤레타리아 계급의 미성숙성을 지적한다.

자칭 사회주의 기간(그리고 소련의 붕괴 이후) 소련의 사회 성격에 대해서는 모이셰 르빈Moshe Lewin의 작업을 광범위하게 인용하려고 한다. 르빈은 소련에 대한 가장 잘 알려진 분석가이다. 그는 2005년 《소비에트의 세기》를 출판하여 평생에 걸친 연구를 종합하였다.[19] 이 책의 결론이라 할 수 있는 "소비에트 체계는 무엇인가?"라는 제목의 27장에서 그는 다음과 같이 말한다.

> 사회주의 체계라는 것이 존재했는가? 명백히 그렇지 않다. 사회주의는 생산수단에 대한 사회의 소유를 말하며, 관료의 소유를 의미하지 않는다. 사회주의는 언제나 정치적 민주주의의 심화를 의미하며, 그 반대가 아니다.[20]

르빈은 소련이 자본주의도 아니었다고 주장하면서 이를 다음과 같이 부연한다. "경제 및 여타 국부는 국가의 소유였고, 실질적으로는 최상위 관료들의 것이었다." 누가 이 최상위에 있는 것일까? 대답은 명확하다. 관료들이 집단적으로 배타적이며 도전 불가능한 힘을 획득하였다.[21] 생산수단의 집단적 소유자들은 어떤 계급을 형성했는가? 르빈은 트로츠키를 지지하는데, 어떤 직접적인 긍정적 대답을 하기는 힘들다. 하지만 르빈이 책 초반부에서 이미 대답한 바 있다. 르빈은 사회적 위계관계

---

18   Boukharine, N. (1967). note 15, p. 65.

19   Lewin, M. (2005). *The Soviet Century*. Verso, London, New York.

20   Lewin, M. (2005). p. 379.

21   Lewin, M. (2005). p. 380.

상층에 대해 다음과 같이 말한다.

> 실질적인 지배 계층을 구성하는 중앙 각료 핵심의 구성원들. 이 핵심부에
> 정치국Politburo 공산당 대표들과 약 1천 명의 선택된 집단인 각 연방의 수
> 도 및 지역의 당 비서들을 추가할 수 있다.[22]

르빈은 계속 이어 간다.

> 지배 엘리트들에 관심이 있다면 우선 1천 명 정도를 꼽는 게 적당하다. 지
> 배계급으로서의 연구 대상은 250만 명 정도가 적당하다.[23]

르빈의 분석을 통해 논의의 어려움을 볼 수 있다. "계급"이라는 말
을 발견할 수 있지만 소홀히 다루어지고 있으며, 《소비에트의 세기》에
서는 반복되지도 않고 그 개념에 대한 논의도 없다. 250만 명의 생산수
단 및 권력의 집단적 소유자들을 이야기하면서, 계급에 대한 언급을 피
할 수는 없었을 것이다. 그의 "관료적 배타주의absolutisme bureaucratique"는
확실히 관료주의적 특성을 갖는 비민주적인 관리주의를 의미한다. 르
빈이 1989~1991년 《고르바초프 현상》에서 "지배계급"을 반복적으로
언급하고 있다는 점은 흥미롭다.[24]

미국 및 유럽의 생산관계 변화 및 두 번째 사회질서의 수립(전후 타
협)을 배경으로 한다면, 이러한 논의를 체계들의 수렴에 대한 이론의 맥
락에서 7장에서 이야기한 관리주의적 특징의 부상과 연관 지을 수도 있
다. 또한 밀로반 질라스Milovan Djilas의 책 《새로운 계급》을 관련된 연구의

---

22 Lewin, M. (2005). pp. 345-346.

23 Lewin, M. (2005). p. 346.

24 Lewin, M. (1992). *The Gorbachev Phenomenon: A historical interpretation*. University of California
    Press, Berkeley.

또 다른 지류로 이야기할 수 있다.[25]

생산의 관리주의적 조직화

볼셰비키들이 권력을 잡게 되자, 러시아에 새로운 생산관계를 수립할 수 있는지 의문이 제기되었다. 생산수단의 소유권 문제에 대한 대답은 명확했다. 국가의 집단적 소유. 조직과 관리에 대한 문제에 대해서도 의문의 여지가 없었다. 미국에서 수립된 가장 진보된 형태의 조직과 관리를 수입하는 것이었다. 레닌과 트로츠키 모두 같은 입장이었다. 레닌은 1918년에 다음과 같이 썼다.

> 가장 최근에 일어난 현대 과학의 발견을 기초로 한 대규모의 자본주의 기술 없이 사회주의의 건설은 불가능하다. 우리 마르크스주의자들은 이조차도 이해하지 못하는 사람들(무정부주의자들과 좌파 혁명적-사회주의자들의 상당수)과는 2초라도 이야기하는 것이 가치 없는 일이라 항상 말해 왔다.[26]

트로츠키는 1923년에 다음과 같이 말했다.

> 우리는 계획을 발명하지 않았다. 본래 이는 모건Morgan과 그의 참모들(우리보다 더 나은)이 트러스트를 관리하기 위해 사용한 방법(감독, 예측, 조정)이다. 우리는 트러스트의 트러스트, 즉 전체 러시아에 그러한 계획 방법을 적용해야만 한다는 점에서 차이(그 규모에서)가 있다.[27]

---

25 Djilas, M. (1957). *The New Class: Analysis of the Communist System*. Frederick A. Praeger Publishers, New York.

26 Lénine, V. O. (1976). Sur l'infantilisme "de gauche" et les idées petites bourgeoises (1918). *In Œuvres*, Tome 27, pp. 337-370. Éditions sociales, Éditions du Progrès, Paris, Moscou., p. 355.

27 Trotsky, L. (1975). Rapport au 12ème congrès du PCbR (1923). *La lutte anti-bureaucratique en URSS*, Tome I, pp. 25-77. Union Générale d'Édition, Paris, p. 62. https://www.marxists.org/archive/trotsky/1923/04/industry.htm

이로부터 예상할 수 있듯이, 멘셰비키들은 볼셰비키가 나라를 자본주의로 이끌고 있다고 비난하였다.

처음부터 진정한 프롤레타리아적 성격이라고는 전혀 없는 소비에트 권력의 정책은 최근 들어 점점 부르주아와의 타협하는 쪽을 추구하고 있으며 명백히 반노동계급적 성격을 보인다. 산업의 국유화라는 핑계로 산업 트러스트를 수립하려는 정책을 추구하고, 국가의 생산력을 회복시킨다는 핑계로 8시간 노동을 폐지하고 도급제, 테일러주의적 시스템, 블랙리스트, 기피 인물의 지정을 도입하려고 한다. 이러한 정책은 프롤레타리아들의 중요한 경제적 성과들을 빼앗으며 프롤레타리아를 부르주아들의 무제한적 착취의 희생양으로 만든다.[28]

그러나 예상할 수 있는 바와 같이 새로운 생산관계의 관리주의적 측면들은 인식되지 않았거나 적어도 부정되었다. 멘셰비키들이 자본주의의 관리주의 조직화 형태에, 볼셰비키들의 그러한 조직화 형태의 사회주의에 대한 적용에 주목하고 있었다는 점은 놀랍다. 관리자들은 자본가인가 아니면 프롤레타리아인가?

19세기 말 이루어진 러시아의 산업화에도 불구하고, 혁명 이전 러시아에 진일보한 관리자 계급들이 그리 많이 존재하지 않고 있었다는 점이 관리주의적 길을 채택하는 데 상당한 어려움을 안겨 주었다.[29] 켄들 E. 베일스Kendall E. Bailes는 1917~1941년 소비에트 지식인의 기원이라는 부제가 달린 《레닌과 스탈린 시절의 기술과 사회》라는 흥미로운 연구서를 쓴 바 있다. 베일스는 다음과 같이 말한다. "소련 시절에도 혁명 이전 시절 이루어진 경제의 거의 전 영역에 걸친 서구 및 서구 기술에

---

28   Lénine. (1976)에서 레닌은 1918년 4월 25일 자 멘셰비키 신문 〈전진Vperyod〉을 인용한다.

29   Lénine, V. O. (1966a). *Le développement du capitalisme en Russie: Processus de formation du marché intérieur pour la grande industrie* (1896-1908). In *Œuvres*, Tome 3, pp. 7-674. Éditions sociales, Éditions du Progrès, Paris, Moscou.

대한 광범위한 차용이 계속되었다."[30] 어떻게 "기술 지식인들을 둘러싼 사회적 대립을 다룰지, 특히 1930년대 중반부터 시작한 계급 대립을 소비에트 사회가 새로운 방식으로 처리해야 할지"[31]가 핵심이었다. 이 책을 통해 스탈린 독재 시기 있었던 관리자들, 특히 엔지니어들에 대한 끔찍한 억압과 "정치적으로 올바른" 관리자들의 완전히 새로운 세대를 창조하려는 시도, 적대의 심오한 본질을 드러내는 스탈린과의 최종적인 새로운 대립들을 확인할 수 있다. 이후 흐루쇼프의 개혁을 통해 타협점을 찾는 듯 보이기는 하지만, 새로운 관리주의 생산관계를 실행하는 과정에서 벌어지는 중앙 관료와 기업 관리자들 사이의 관계에 대한 문제를 완전히 해결하지는 못했다.

일반적인 역사적 과정으로 돌아가 보면, 자칭 사회주의가 실제로 움직일 때 "경제결정론"이 크게 작용했다는 점은 실로 놀랍다. 그리고 이는 명백히 인간 사회를 지배하고 있는 많은 근본 원칙들 중 하나다. 관리 또는 더 일반적으로 조직화에 관한 관리주의적 자본주의의 사회적 특징에 재생산 말고 다른 대안이 있었던가? 노동자들이 이미 조직화와 관련된 역량을 상실했던 것인가? 아니면 그들에게 기술과 조직은 너무나도 복잡한 것이었는가?

소련에서 사회주의는 갑작스러운 방식으로 이전에는 없던 두 가지 극적인 변화를 달성하였다.

1. 볼셰비키는 소비에트 권력의 즉각적인 해체와 함께 관료의 수중으로 정치권력을 이전하여 전통적인 통치와 관련된 문제를 급진적으로 해결하였다. 마르크스가 프랑스 제2제국을 분석하면서 상기시켜 주었듯이, 격렬한 사회 투쟁의 맥락에서 강력한 국가에 필연적인 관료적 성격이 이러

---

30 Bailes, K. D. (1978). *Technology and Society under Lenin and Stalin: Origin of the Soviet technical intelligentsia, 1917-1941*. Princeton University Press, Princeton, p. 408.

31 Bailes, K. D. (1978). p. 409.

한 역사적 변화의 결정적인 특징이었다. 하지만 이러한 환경이 그 모든 것을 설명하는가? 얼마나 긴 세월 동안 지속되어야 할까?

2. 기업은 생산을 관리자의 통제 안에 두었다. 이러한 두 번째 측면에서 미지의 영역으로의 도약은 없었다. 레닌과 트로츠키를 인용하며 살펴본 것처럼, 그들은 미국에서 나타난 관리자본주의를 통해 도달된 가장 진보된 구조를 생산화의 조직화 구조로서 받아들였다.

개혁의 실패

레오니트 브레즈네프 행정부의 부패와 비효율성과 관련된 1980년대 초반 소련의 개혁 실패에 대한 르빈의 분석을 여기서 모두 이야기할 수는 없을 것이다. 반대로 르빈은 유리 안드로포프와 미하일 고르바초프에게 역사를 변화시킬 수 있는 역량이 있었다고 믿고 있었다.

> 역설적으로, 1982~1983년 성공 기회를 잡기 위해 지도자(또는 지도자들)는 시스템이 병들어 있을 뿐만 아니라(안드로포프 또는 코시긴도 확실히 알고 있었던 것처럼) 이미 그 필수적 기관들의 일부가 사망했음을 인식해야만 했다.[32]

브레즈네프는 1982년 사망할 때까지 공산당 서기장이었고, 안드로포프에게 권력을 넘겨주었다. 안드로포프는 1984년 사망했으며 르빈은 안드로포프의 이른 죽음이 소련에 심각한 결과를 가져왔다고 본다(그는 여러 가지 척도 중에서도 기업의 완전한 자기 자금 조달이라는 경제 프로그램이 있었다는 점을 든다). 안드로포프 시기에 새로운 인물들이 공산당 상위 영역으로 진입했는데, 르빈은 그중 하나인 고르바초프에 대한 책을 쓰기도 했다(《고르바초프 현상》).[33] 책 초판에서 르빈은 페레스트로이

---

32 Lewin, M. (2005). p. 260.

33 Lewin, M. (1992).

카(고르바초프가 1985년에서 1991년 사이에 행한 개혁)가 성공할 수 있다고 보았다(두 번째 판에서 르빈은 실패의 조짐을 느꼈다). 르빈은 소비에트 시스템의 전환이 가능하다고 생각했고, 그것이 이루어지기를 간절히 바라기도 했다. 르빈은 소련이 레닌의 계획으로 돌아가거나 적어도 혼합적 사회구조를 갖는 진정한 사회주의 나라가 될 수 있다고 보았다. 그는 이러한 과업을 이룰 사회적 세력이 우리가 말하는 관리자들이라고 보았다.

> 고르바초프는 소비에트 사회에서 가장 빠르게 성장하고 있으며 가장 정치화되어 있거나 적어도 가장 정통한, 교육받은 전문가들로 새로운 길을 열어 놓았다. 이러한 전문가들이 당으로 유입되면서 고르바초프 노선에 필수적인 핵심 세력을 형성하고 있다.[34]

우리가 보기에 새로운 지배계급이 "민주적" 사회구조("계급 민주주의"라는 의미에서)를 수립하려는 데 실패함으로 인해 경제개혁과 관련된 이러한 계급들의 무능력이 여실히 드러났다. 정치 및 경제적 상황은 막다른 골목에 다다랐다. 르빈이 "엘리트들"이라고 부르는 이들로 권력이 집중되었지만 상위계급 두 집단, 즉 국가 및 당 관료들과 다른 한편으로 기업 관리자들 사이의 광범위한 타협으로 이어지지는 않았다. 스탈린 시기에 나타났던 극단적인 폭력은 더 이상 없었지만, 내부적 모순을 다루고 어떤 창조적 형태를 만들어 낼 수 있는 여지도 없었다. 러시아로의 이행 과정에서 상위계층으로 부의 집중이 발생했고, 이는 이전 시기의 권력집중과 최상위계층의 부패와 맞물려 있었다.

자주관리

스탈린의 소련에 대한 대안으로 제시되었던 자주관리에 대해서도

---

34 Lewin, M. (1992). p. 131.

이야기해 볼 수 있다. "아래로부터의" 사회주의를 건설하려는 이러한 시도들은 상당히 다른 정치 및 경제 환경 속에서 실행된 여러 광범위한 실험들로 존재했기 때문에, 분석하기가 매우 어렵다.

제1인터내셔널의 구조 안에서 표현된 것처럼, 무정부주의자들은 (무엇보다도 무정부주의가 지닌 국가에 대한 반대라는 차원에서) 정치권력의 집중화를 걱정하고 있었다. 하지만 노동자 운동 내의 무정부주의자들을 19세기 유럽과 미국에서의 협동조합 운동과 분리할 수는 없다. 이러한 초기의 발전 과정에서부터 자주관리에 대한 연구를 시작해야만 한다. 이와 함께 1930년대 후반에 일어난 스페인 혁명을 추가해야 하는데, 이 과정에서 무정부주의자들은 생산수단에 대한 직접적인 전유를 이끈 세력이었다.[35]

최근에는 2001년 위기 이후, 아르헨티나와 다른 라틴 아메리카 국가들의 노동자들이 많은 기업을 성공적으로 인수하기도 했다. 최근 미국에서도 협동조합의 일반 구성원들로 조직된 상점들 및 몇몇 종업원들을 데리고 고도로 교육받은 변호사 같은 관리자들에 의해 운영되는 중소기업들을 찾아볼 수 있다.

이러한 실험들은 각각의 구조 속에서 이루어지는 노동자와 관리자 사이의 필수적 타협에서 일반적인 어려움을 겪는다. 대기업과 마찬가지로 생산직 노동자와 사무 및 상업 종사자들 그리고 관리자들 사이의 계급적 위계관계를 어떻게 관리하느냐가 문제시된다. 이러한 프로젝트는 종종 그 일시적인 성격과 프로젝트 확대에 대한 자금 조달 및 일반화 과정에서 어려움에 부딪힌다. 영웅적인 투쟁의 국면 이후 새로운 제도들이 안정화되는 단계에서 상당한 모험이 드러난다. 1941~1945년의 혁명 전쟁 이후 몇십 년간 지속된 유고슬라비아의 경험을 흥미롭게 지켜볼 수 있다.

---

35 Bolloten, B. (1991). *The Spanish civil war: Revolution and Counterrevolution*. University of North Carolina Press, Chapel Hill and London.

티토의 유고슬라비아는 계급 없는 사회였는가? 상당히 논쟁적인 문제다. 하지만 다르코 수빈Darko Subin은 분명하게 답한다.

> 유고슬라비아에 지배계급이 존재했는가? 권력을 독점하고 생산조건을 통제하며 물질적 특권을 누리고 집합적인 의식을 가진 어떤 집단이 존재했다. 또한 생산하는 노동자계급도 존재했다. 계급들은 사회관계를 기반으로 한 실체들이다. 그렇다. 지배계급이 존재했다. 당 이데올로그들이 1960년대 이후부터 노동자계급이라는 말을 쓰고 있지만, 어떤 계급의 존재도 공식적으로 알려진 바는 없다.[36]

하지만 카트린 사마리Catherine Samary는 그러한 계급 분할을 프롤레타리아와 자본가 사이의 전통적 적대로 볼 수 없다고 이야기한다.

> 현대의 지배/착취 관계를 부르주아와 프롤레타리아의 관계로 환원하는 것 (또는 자본주의로 환원하는 것, 이것은 그러한 개념이 갖는 구체적 측면, 즉 화폐 축적과 시장지배적인 소유관계를 통한 화폐의 전유 이상으로 확장하는 것을 의미한다)은 분석적 빈곤함을 드러낸다. 마르크스가 예견하지 않았던 문제 앞에서 이는 맹목에 불과하다.[37]

어떤 경우에라도 관리자 이외의 다른 계급에 대해서 생각하기는 어렵다.

1950년 기본법The Fundamental Law of 1950에서는 명확하게 노동자평의회와 관리자위원회를 구별하고 있다. 이러한 구별은 사후적으로만 무차

---

36 Suvin, D. (2012). On class relationships in Yugoslavia 1945-1974, with a hypothesis about the ruling class. *Journal of Contemporary Central and Eastern Europe*, 20(1): 37-71, http://www.tandfonline.com/doi/abs/10.1080/0965156X.2012.747473

37 Association Autogestion (2015). *Autogestion. L'Encyclopédie internationale*. Édition Syllepse, Paris, p. 1154.

별적인 "노동자"라는 언급 속에서 사라진다.

생산의 사회적 조직화는 관리자 분파들 사이의 위계관계와 권력구조의 변화를 반영하면서 여러 국면을 지나왔다.

1. 1948년 티토가 스탈린으로부터 축출되기 이전, 권력은 중앙 관리자들에게로 집중되어 있었으며 그들은 경제를 소련 형식으로 운영하였다.

2. 1953년에서 1965년, 투자는 중앙집중적으로 결정되었으나 기업 관리자들에게 생산과 관련한 상당한 자율성이 주어졌다. 이 두 단계에 걸쳐 기업 관리자들과 노동자들이 긴밀한 관계를 형성했고 중앙 관리자들과의 긴장이 형성되었다.

3. 1965년부터 생산과 투자를 탈집중화하고 "집단 소유권propriété de groupe"이 실시되었으며 은행의 역할이 증대하였다. 기업 관리자(이들의 힘은 커져 갔고 임금도 상승하였다)는 노동자들과 새로운 수준의 적대관계를 갖게 되었다. 기업 내부뿐만 아니라 기업들 사이와 연방 내 국가(유고슬라비아는 연방국가였다)들 사이의 불평등이 커져만 갔다. 우선 경제 내에서 개별 기업 간의 불균등한 관계를 들 수 있다. 어떤 기업들은 비교적 "편안한" 상황에서 이익을 올린 반면, 다른 기업들은 강한 경쟁에 노출되어 있었다. 자금 조달(불균등한 자기 자금 조달에서 비롯된)은 개별 기업과 산업들 사이에서 재배분되어야만 했다. 은행이 이러한 역할을 담당했으나 은행의 기능은 수익성 기준의 증대와 함께 전환되었다. 파업이 증가했다.

4. 1971년 이후 퇴보가 나타났다. 더 중앙집중화된 메커니즘이 등장했다. 힘이 커진 대기업들을 견제하기 위해 그러한 기업들을 분할했다. 게다가 이 시기는 물가가 상승하던 시기였다.

전반적으로 어떤 "균형"이 나타나지는 않았다. 어쨌든, 1980년대에 신자유주의적 관리자본주의로 전환이 일어났다.

관리자본주의: 소유, 관리, 미래의 새로운 생산양식

중국에 대하여

중국에서는 1958년 대약진운동, 1966년 문화혁명, 1978년 덩샤오
핑의 개혁 프로그램들 그리고 최근 중국공산당의 지도 아래 진행되는
관리자본주의로의 이행과 같은, 소련과 유고슬라비아와 유사하면서도
동시에 다른 과정이 나타났다.

문화혁명의 경우는 관리주의적 경향을 분석하는 것과 관련이 있으
며, 적어도 그런 식으로 평가해야만 한다. 1966년, 마오쩌둥이 문화혁명
과 연루되었을 때, 그는 문혁 16조를 통해 "자본주의 길을 걸으려는 권
력자들", 특히 관료들을 목표로 삼았다.[38] 따라서 이 혁명을 관리주의 엘
리트에게로 권력이 집중되는 과정을 반전해 보려는 최후의 시도로 해
석할 수도 있을 것이다. 엄격히 따져 보면 잔존 자본가계급의 소멸이 주
요 목표가 아니었음에도 불구하고, 우리가 이야기한 의미에서 관리자
계급에 대한 언급도 없었다는 점은 잘 알려져 있다. 잘못된 길을 걷고
있는 "권력자들"은 명백하다. 그러한 권력자들은 관리자들(당 관료를 포
함한)이었다. 류사오치는 더 효율적인 관료적 관리주의로 중국을 이끌고
자 하는 대표적 인물이었다(류사오치는 대약진이라는 재난 직후인 1959년
에 중화인민공화국 주석으로 선출되었고 1969년 감옥에서 죽었다). 문화혁명
으로 관리주의를 넘어선 실제 사회주의로의 길을 열렸던 것인가? 투쟁
과 그 결과가 보여주는 것은 정반대이다.

알랭 바디우는 문화혁명의 과정에 대한 해석과 관련해서는 매우 예
외적인 인물이다. 바디우는 문화혁명이 실패한 책임을 마오쩌둥에게 돌
린다.

그러나 마오 또한 당의 인물이었다. 마오는 심지어 폭력적인 것일지라도

---

38   Chinese Communist Party (1992). Decision of the Central Committee of the Chinese Communist Party
concerning the Great Proletarian Cultural Revolution. *Peking Review*, 9(33): 6-11.

개조를 원한 것이지 파괴를 원하지는 않았다. 그는 젊은 혁명적 "좌파"들을 좌절시킴으로써 1968년 문화혁명의 승인된 지도자들의 노선(당의 재건)과 일치하지 않는 최후의 공간을 제거하였다.[39]

우리는 마오쩌둥이 당을 포기했더라도 중국에서 관료적 관리주의 이상의 진정한 "공산주의"가 열렸을 것이라곤 믿지 않는다. 아마도 그랬다면 그저 이전 형태의 지속이거나 수정이었을 것이다.[40]

드라마의 마지막 부분은 잘 알려져 있다. 중국 지도자들에게 소련의 해체는 충격적이었다. 이들은 만약 다른 길을 걷지 않는다면 중국에도 그러한 일이 닥칠 것이라 보았다. 정치권력 기관들은 지속되지만 당의 지배를 유지하면서, 그들은 자본축적과 부의 집중을 추구했다. 그리고 이를 뻔뻔스럽게도 중국식 사회주의Socialism with Chinese characteristics라고 부른다.

관리자본주의 나라의 대열에 합류하다

소련과 중국, 유고슬라비아 모두가 서로 다른 환경에 있었지만 1980년대에 결국 관리자본주의 나라의 사회구조로 수렴되었다. 이 시기 미국과 유럽은, 특히 앵글로-색슨 국가들에서 더 특징적인 상위 분파로의 소득집중 경향을 동반하는 관리자본주의의 신자유주의적 국면으로 진입하고 있었다.

자칭 사회주의 국가들의 상위계급들은 이러한 이행을 통해 뽑아낼 수 있는 이익에 대해 확실히 알고 있었다. 르빈은 "당의 지도 아래서

---

39 Badiou, A. (2009). *L'hypothèse communiste*. Nouvelles éditions Lignes, Paris, p. 121.

40 문화혁명의 파괴적 측면에 대해서는 다음을 참조하라. MacFarquhar, R. and Schoenhals, M. (2006). *Mao's last revolution*. The Belknap Press of Harvard University Press, Cambridge, MA.

위로부터 이러한 이행 과정이 시작"되었음을 분명히 쓰고 있다.[41] 언제나 그렇듯이 서로 다른 나라들, 러시아와 중국(10장에서 정의한 국가적 요소가 가장 강력한 요소다) 그리고 유고슬라비아에는 서로 다른 구체적 경로가 존재했다. 하지만 이행의 근본적 성격은 근본적으로 동일하다.

다음과 같은 점을 강조하려고 한다.

1. 이행 과정으로 진입하기 직전에, 소련과 유고슬라비아에서는 덜 관료적인 관리주의 사회를 만들려는 개혁 과정이 있었고, 유고슬라비아는 소련보다 더 나아갔다.

2. 소련과 유고슬라비아의 사례 모두, 다양한 관리자 계급 분파들을 결집시킬 수 있는 계급 민주주의를 수립하는 데 무능력했다는 점에서 기본적인 문제가 있었다.

3. 이러한 나라들에서 민중 계급과 관리자 계급 사이의 관계는 단절되었고 결코 재건되지 못했다. 특히 관리자 계급 분파와 민중 계급의 동맹을 가능케 할 수 있는 사회적 기초가 존재하지 않았다. 이는 계급 민주주의의 부재에 그 원인이 있었으며, 관리주의 나라들과의 대치 가운데 민중 계급과 관리자 계급 사이의 사회적 타협으로 이어질 수 있는 길은 없었다.

4. 중국 관리자 계급은 문화혁명 기간에 완전히 해체되었지만, 공산당은 관리자본주의로의 이행 과정에서 이들 모두를 복귀시키고 단결시켰다. 하지만 여전히 신자유주의적 추이와는 거리를 두고 있다.

이번 장에서 우리는 관리자본주의 국가들의 사회질서 변화에 대한 분석에서와 마찬가지로 계급구조, 지배계급, 계급동맹이라는 측면에서 자칭 사회주의 국가들에서 벌어진 일들을 분석했다. 관리자 계급 두

---

41 Lewin (1992). p. 158; Kotz, D. and Weir, F. (1997). *Revolution From Above: The Demise of the Soviet System*. Routledge, Oxon; Duménil, G. et Lévy, D. (1998). *Au-delà du capitalisme?* Presses Universitaires de France, Paris; Bidet, J. et Duménil, G. (2007). *Altermarxisme, Un autre marxisme pour un autre monde*. Presses Universitaires de France, Quadrige, Essais-Débats, Paris.

분파(관료와 기업 관리자)는 전후 타협과 같은 사회질서 내에서 자본가계급에 대한 자율성을 획득했고, 민중 계급과의 사회적 동맹을 이룰 수 있었다. 거의 한 세기 후, 신자유주의로의 전환이 추진되고, 좌파적 동맹에서 우파적 동맹으로 이동했다. 자칭 사회주의 국가들에서 관리자 계급의 두 분파는 관리자본주의 국가보다 훨씬 더 불균등했고, 그 관계들의 성격은 서로 다른 제도적 체계들에 따라 상당한 차이가 있었다. 하지만 급격한 변화를 이루기 위해서는 협력이 요구된다. 자칭 사회주의 국가들과 관리자본주의 국가들 사이의 수렴이 일어났고, 그것은 신자유주의적 구조를 갖는 관리자본주의로의 수렴이었다. 러시아와 중국에서, 적어도 지금까지는 그러한 모습을 확인할 수 있다.

4부
관리주의 안에서 그리고
그것을 넘어선 인간해방에 대한 전망

　우리는 서두에서 민중의 투쟁이 보여줄 수 있는 잠재적 힘에 대한 우리의 믿음을 가장 먼저 확인했다. 하지만 자본주의로부터 관리주의라고 부르는 새로운 적대적 생산양식으로의 이행에 관한 테제를 말하면서, 그 잠재적 힘이 또 다른 난관에 부딪힐 수 있음도 이야기했다. 3부에서 본 것처럼 계급지배의 재생산이 확고한 가운데, 민중에게 "인간 존엄성 확대"를 향한 진보의 방향으로 역사 동역학을 구부릴 수 있는 가능성이 얼마나 남아 있을까?

　우선 "관리주의"는 생산과 더 일반적으로는 사회관계와 관련한 관리자들의 영향 아래 높은 사회화sociality 수준을 요구하는 사회를 일컫는다. 이 수준은 현대사회에서 현재 도달되었거나 도달되기 직전의 상태에 있다. 이러한 측면에서 보면 대안은 없다. 어떠한 "마술봉"으로도 관리주의 위계관계를 완전히 사라지게 할 수 없다. 두 번째로 관리주의 사회구조들은 서로 다른 형태의 경제 및 정치 제도 속에서 다양한 모습으로 존재했으며 몇십 년 전부터 존재하고 있었다. 특히 민주주의-권위주의의 층위 위에서는 상당히 다양한 위치에 존재해 왔다. 이러한 관점에서는 어떤 방향 또는 다른 방향에서 이루어지는 모든 운동이 현실적 상황만큼이나 역사적 전망과 관련해서 가장 중요하다. 만약 생산양식의 변화에 결정론(원칙적으로 경제결정론)이 존재한다 해도, 같은 줄기로부터 나온 가지들(즉, 관리주의의 여러 궤적들 사이에서 하나의 선택) 사이에서의 선택에서는 존재하지 않는다. 그것은 계급투쟁에 고도로 의존하는 선택이다. 17장에서는 "관리주의"라고 불리는 이러한 대안적 궤적들을 분석할 것인데, 거기서는 그 다수성이 중요한 지점이다.

몇 가지 주요 명제들로 일반적인 해석을 요약할 수 있다. 1) 여러 "층위들"에서 일어나는 사회 진보가 생산양식들의 변화를 따라 축적된다. 심지어 자본주의적 현대성도 그러한 기회들을 만들어 내며, 우리가 "관리주의"라고 부르는 곳에서도 마찬가지다. 하지만, 2) 18세기와 19세기 산업혁명 기간과 신자유주의와 같은 시기에는 [사회 진보의] 후퇴 국면도 존재한다. 3) 이러한 궤적들 속의 내적인 경제 및 정치적 모순들은 역사적 과정을 "왼쪽으로" "구부리는" 민중 투쟁의 힘과 더불어 가장 최선의 방향을 위해 이전의 발전 과정을 불안정화시키는 요소들이다.

18장에서는 사회 진보의 방향으로 신자유주의적 관리자본주의의 현실적 경로를 구부리려는 민중 계급의 역량에 대해 논의한다. 3부에서 논의한 이전 시도들의 실패에 이를 연결할 것이다. 21세기를 위한 유토피아는 생산력과 생산관계의 재생산을 특히 계급투쟁의 관점에서, 그러한 재생산이 내포한 맥락 속에서 인식되어야 한다. 가능한 한 빨리 좌파적 관리주의 및 전후 사회적 타협을 넘어 계급사회를 지양하는 방향으로 해방의 미래를 향해 전진해야 한다.

17
관리주의 정치학과 경제학

계급사회의 역사적 발전 과정에서 가장 최근에 나타났다는 점(봉건제, 자본주의, 관리주의 순으로)과 사회화 과정의 새로운 진전으로서 관리주의가 갖는 지위를 통해 이 책에서 전개한 내용의 주요 축을 정의할 수 있다.

4부 서론에서 이야기한 것처럼, 자본주의로부터 관리주의로의 이행과 관련된 결정론 이상으로 상당한 정도의 미결정성과 다양성이 남아 있다는 점을 주요 테제로서 제시할 수 있다. 자칭 사회주의 국가들에서 일어난, 공산주의라는 기치 아래 진행된 혁명적 도약의 결과는 관료적 관리주의의 수립이었다. 역사 동역학을 가속화하려는 이러한 급진적인 실패 뒤에서, 제2차 세계대전 이후 미국과 유럽의 관리자본주의 국가들에서 나타난 혼합적 생산관계 구조를 관리주의적 추세의 지속으로 해석할 수 있으며, 그러한 생산관계에 추가된 새로운 형태인 신자유주의적 관리자본주의의 현실적 구조를 통해 역사의 종말이 아니라 새로운 관리주의적 구조가 준비되고 있음을 확인할 수 있다.

긴 시간에 걸쳐 이러한 관리주의의 구체적 형태 안에 그 기원적 형태가 각인되어 왔다(6장 관리주의와 관리자본주의에서 우리는 이러한 사회적 지속성strength of historical hysteresis을 강조했다). 현재 신자유주의의 경우와 같이, 이러한 궤적의 일부를 단순하고 순수한 자본주의의 연속체로서 해석할 수 있으며, 다른 한편으로 유럽에서 세계대전 사이 시기에 있었던 사회민주주의와 전후 나타난 초기 사회적 타협의 사례에서 그러했던 것처럼 사회주의로 가는 예비적 단계(그것이 자칭 사회주의의 형태든 다른 형태든 간에)로 볼 수도 있다. 하지만 해석은 자본주의-사회주의라는 이분법 속에 갇혀 있다. 이러한 다양한 궤적이 존재하지만, 여전히 지속되고 있는 것은 관리주의다.

첫 번째 절에서는 관리주의로 향하는 모든 역사적 궤적의 공통적인 성격을 살펴본다. 특히 상위계급으로서 관리자 계급의 존재와 높은 수준으로 진행된 사회화 과정을 중심으로 서술할 것이다. 이 장 말미에서는 특히 관리주의의 정치적 측면들을 비교해 볼 것이다.

다양한 궤적들과 그 결과들

앞 장에서 관리주의로의 세 가지 역사적 경로를 살펴보았다. 이러한 역사적 경로를 통해 근본적으로 같은 구조를 갖는 아주 다양한 형태의 길이 열렸다.

1. **소련과 중국의 관료적 관리주의(세계대전 이후 1980년대까지).** 러시아와 중국에서는 혁명에 성공하고 자본주의와 급격히 단절하였다. 이후 관료적 관리주의로 이어졌다. 시장 메커니즘은 중지되고 생산수단의 소유권은 국가로 이전되었다. 특히 투자와 관련해 핵심적 역할을 하는 곳은 중앙기관이었다. 유고슬라비아는 소련과 중국의 고도로 중앙화된 절차로부터 예외적인 사례였지만, 그러한 체계는 안정화되지 못했다. 특히 이러한 나라들의 경험은 만약 개혁 과정이 포기되지 않았더라면 어떤 사회관계로 이어졌을까라는, 역사에 대한 반사실적 관점과 관련한 현재적 논의와 관련되어 있다. 제2차 세계대전 이후 체계들의 수렴 이론에서 이야기하는 바처럼 또 다른 구조로 이어졌을 수도 있다.

    우선 이 나라의 지배적인 관리주의적 구조는 자칭 사회주의(관료적 관리주의)였고, 두 번째로 자주관리의 좀 더 탈집중적인 구조를 이야기할 수 있다. 세 번째로는 개혁된 자칭 사회주의가 보여줄 수도 있었던 잠재적 구조를 들 수 있다.

2. **관리자본주의 국가들 내에서 관리자들의 리더십(1929년 대공황 이후 그리고 세계대전 이후).** 19세기 말에서 20세기 초 이루어진 관리혁명과 6장에서 이야기한 20세기 초반 정부 부문 혁명의 결과로서, 주요 자본주의 국가들에서는 관리주의로의 점진적 이행이 시작되었다.

우리는 10장에서 사회질서의 변화의 맥락을 설명하면서 새로운 제도와 메커니즘의 기본 특징을 서술하였다. 민간과 정부 부문 관리자들은 자본가계급으로부터 상당한 정도의 자율성을 획득했고, 대기업들은 금융기관으로부터 다소 독립적인 활동의 영역으로 다각화했다. 비금융 법인기업들의 수평적인 관리 네트워크가 겸직 이사회 체계를 통해 실현되었다. 이러한 네트워크를 통해 비금융 법인기업들이 직접적으로 연결될 수 있었다. 국가 또는 준국가기관들이 펼치는 정책의 역할이 증대하면서 특히 거시경제와 불평등 완화에 중요한 역할을 하였다. 금융기관들은 상당한 정도의 규제 아래 있었다.

전후 타협의 한계 속에 있었음에도 불구하고, 미국과 다양한 유럽 국가에서 때로는 상당한 차이를 보이는 여러 가지 경로가 나타났다.

3. **금융 헤게모니 아래 관리주의(1970년대 이후).** 관리자 계급과 자본가계급의 동맹을 통해 관리주의의 또 다른 형태인 신자유주의적 관리자본주의의 구조를 정의할 수 있다. 소유권과 통제의 네트워크 그리고 소유권-통제/관리의 인터페이스(비금융 법인기업의 관리 영역에서)가 우리가 지배의 경제 핵심이라고 부른 곳(12장) 내에서 미국의 헤게모니 아래(11장) 세계 전반에 수립되었다. 이러한 중심부 권력의 영향력 아래 또는 그것과 긴밀히 협력하면서, 정부들은 신자유주의적 세계화를 동반하는 자본의 자유로운 이동과 무역자유화와 관련한 임무를 수행하였다.

또 한 번 미국과 대륙 유럽의 많은 국가에서 상당히 다른 궤적이 나타났다. 10장의 첫 번째 부록에서 대륙 유럽 내의 사회질서 변화를 설명하면서, 우리는 단순하게 신자유주의를 언급하는 것이나 대륙 유럽, 특히 독일의 상황을 고려하는 것보다 적절한 방법으로 고려될 수 있는 "금융적 정통성"이라는 개념을 사용하였다. 도널드 트럼프 행정부 특유의 불확실성에 의해 강화된 최근 미국의 사회적 추이의 불확실성 또한 여전하다. 세 가지 잠재적 추세를 고려해 볼 수 있다. 1) 이전 추이의 지속, 2) 중앙기관들의 강화를 동반하는 "관리된 신자유주의" 또는 3) "신관리주의 neomanagerialism." 이는 민간 및 정부 관리자들의 더 엄격한 지도를 받지만 전후 타협에 존재했던 민중 계급과 관리자 계급의 동맹 같은 것은 존재하지 않는 새로운 사회질서를 말한다.

사회화의 형태와 정도

특히 갑작스러운 방식으로 자칭 사회주의 프로그램을 통해 사회화의 역사적 과정이 진일보하였다. 이를 목표로 경제와 더 일반적 사회 메커니즘이 중앙집권적으로 통제되었다. "계획화"가 그 핵심어였으며, 시장 메커니즘의 혼란스러운 과정을 포기함으로써 높은 정도의 효율성을 기대할 수 있었다. 이러한 나라들에서 중앙 조직화 법칙의 무제한적 실행(사실상 새로운 계급의 야심을 표현하는)이 지속 가능한 관리주의 형태로 변화할 때 근본적인 약점이었다는 점은 역설적이다.

위에서 이야기한 야심 찬 노력과는 상당한 거리를 두고, 관리자본주의 국가들에서 사회화 과정이 상당히 진전되었다. 전후 타협과 신자유주의 모두를 고려할 때 다층적 민간 네트워크, 특히 금융 네트워크와 생산의 사회화가 상당한 정도로 발전했다는 점을 다시 한번 언급할 필요는 없을 것이다. 11장에서 보여준 바와 같이, 현재 미국에서 자본 소유권, 통제, 관리의 놀라울 정도의 집합적 측면을 확인할 수 있다. 정부 부문의 사회화 역시 놀랍다. 시장 메커니즘의 산실이라 할 수 있는 신자유주의 미국과 같은, 우리가 그렇다고 기대하기 어려운 곳에서도 사회화의 진전은 사실이었다(6장). 정부 및 민간 부문의 사회적 측면을 결합적으로 고려해 보면, 미국의 신자유주의적 관리자본주의는 "집합적 형태의 관리자본주의collective managerial capitalism"이다(물론 이것이 이 나라의 높은 수준의 불평등과 모순되지는 않는다).

덜 자본주의적으로-더 관리주의적으로

사회화 과정의 진전 외에도 전후 타협 기간과 자칭 사회주의 나라들에서 성숙한 관리주의로의 변화는 경제 메커니즘의 중요한 변화로 나타났다. 이는 자본주의 경제와의 거리를 점점 증대시키는 것이었다.

예를 들어 시장 메커니즘은 광범위한 새로운 조합으로 나타났다. 이전에 존재하던 구조가 가격 결정의 법칙과 가격에 부여된 역할에 따라서 보존되거나 우회되거나 완전히 제거되기도 했다. 자칭 사회주의 경제에서는 시장 메커니즘의 폐지가 기본적 특징이었지만, 전후 타협의 모습을 보이는 경제에서도 시장 메커니즘에 대한 예외를 찾아볼 수 있으며, 비영리 기관들의 발전에서 그러한 경향을 더 관찰할 수 있다.

투자 결정과 관련된 절차들을 매우 중요하게 살펴볼 필요가 있다. 전후 타협 기간(특히 유럽) 및 자칭 사회주의 국가들 안에서는 정부가 이와 관련하여 중요한 역할을 했다. 전반적으로 전후 타협의 역학은 좀 더 균형 잡힌 다양한 형태의 절차들로 이동했으며, 그 안에서 기업들과 금융기관들, 정부들이 상호작용했다.

신자유주의는 자칭 사회주의 또는 전후 유럽의 사회민주주의들과 같은 어떤 혼합적 사회주의(신자유주의의 추종자들은 이를 전체주의의 대기실이라고 부른다[1])와는 거리를 둔다는 점이 중요한 특징이다. 계획 또는 정부-민간의 혼합적 결정 형태에 의해 재화와 서비스의 교환 및 투자를 지도하는 관리주의적인 경제 조직화 이데올로기는 폐지되었다. (좌

---

1 Hayek. F. (1980). *The Road to Serfdom* (1944). The University of Chicago Press, Chicago,

파 및 우파 모두가 일반적으로 시장과 자본주의 생산관계를 구별하는 데 어려움을 겪지만) 신-"자유주의"라는 개념의 표현으로서 시장 메커니즘을 강조한다. 따라서 이전에는 시장적 관계에 속해 있지 않던 것들의 "상품화"가 신자유주의로 인해 발생한 효과로 자주 강조되곤 한다. 투자 측면에서 보자면, 순수한 수익성 기준이 11장에서 이야기한 소유 및 통제의 새로운 제도들 내에서 강조된다. 특히 (금융업자들에 의해) 집중적으로 규정되는 기준에 부합하지 않는 기업의 지분을 매각함으로써 자기자본수익률을 부과하는데, 이는 (마르크스가 《자본》 3권에서 이야기한 경쟁 메커니즘 분석에서처럼) 자본주의 동역학을 떠올리게 한다. 신자유주의 금융기관들(상호 보유 기업의 긴밀한 연결망) 내에서 도달된 고도의 중앙화와 외부자로서 이사회 안에서 이러한 기관들의 관리자들이 행하는 직접적 개입에 결정적 변화가 존재한다. 해가 갈수록 이러한 메커니즘들은 점점 중앙 "계획"과 닮은 특징들을 보인다. 다양한 산업들 사이의 조정 외에도 같은 기관들에서 국제적 자본 운동에 결정을 내림으로써 경제 내에서 두드러진 역할을 수행하고 있다.

시장 메커니즘에 기초한 교환 및 "집합적인 손collective hands"에 의존하는 자원 할당 사이의 새로운 조합 내에서, 관리자 계급은 민중 계급뿐만 아니라 또 다른 조건 아래서 자본가계급들에 대해서도 관리자 헤게모니를 유지할 수 있는 조합을 찾아내고야 말았다.

자본가계급의 부흥을 도우면서 자본가계급을 순응시키기

관리주의의 성숙화 과정에 있었던 과거의 모든 관리자본주의는 자본가계급을 도태시키는 힘이었고, 이는 신자유주의 내에서도 그렇다. 20세기 초반에 대자본가들의 비호 아래 있었던 금융 헤게모니만이 예외다. 이 첫 번째 사회구조 속에서는 관리자본주의로 진입하면서 새로운 금융기관들이 형성되고 소규모 소유권자들이 쇠퇴함과 더불어 집중화 과정이 일어났다. 이사회 내에서는 관리자들의 힘이 증가하였다. 앞에서 이야기한 바와 같이 이후 나타난 세 가지 궤적을 따라 자본가계급을 박멸하려는 메커니즘이 진행 중이다.

이런 점에 대해서는 자본가들이 즉각적으로 혹은 소련의 신경제정책New Economic Policy, NEP과 같은 짧은 시기 이후에 도태된 자칭 사회주의 나라의 사례로는 말할 것이 거의 없다. 전후 타협 기간에는 자본가계급을 제거하지는 않았지만, 10장에서 이야기한 것처럼 **계급으로서** 자본가들을 점진적으로 "안락사"시키는 과정이었다. 그림 10.1(145쪽)에서 대자본가로서 가장 이익을 보았던 가계들의 소득이 급격히 줄어들었음을 보았고, 그림 9.3(134쪽)에서는 자산 불평등의 측면에서 새로운 추세가 나타났음을 보았다. 심지어 소득세율 이상으로 자산, 특히 자본의 이전에 영향을 주는 상속세가 상승했음을 확인한 바 있다.

자본가들은 이에 대응하였다. 초기에 이루어진 자본가 특권의 회복은 신자유주의 (반)혁명 기간에 일어났다. 20세기 초반에 확인한 바와 같이, 특히 금융기관이 지원하는 신자유주의적 소유/통제 제도는 자본가들의 복귀를 표현하는 것으로 이해할 수 있다. 주주가치 극대화를 통해 자본의 가치증식 논리를 회복하였다. 앞 장들에서 살펴본 바와 같이 배당 분배(148쪽 그림 10.3), 주식시장 지수의 급등(149쪽 그림 10.4) 등 기업관리의 급격한 변화가 일어났다. 종합해 보면, 이러한 추세를 통해 자본가들을 위한 상당 정도의 이익과 함께, 관리자들이 자신들의 이익을 목표로 자본주의 메커니즘을 활용하면서 자본가계급과 관리자 계급 사이의 새로운 동맹이 신자유주의 기간에 만들어졌다는 점을 확인할 수 있다. 그리고 상층에 백만장자 계급이 형성되었다는 점도 잊지 말아야 한다.

하지만 우리가 이미 이야기한 바와 같이 이러한 해석을 통해 역사 동역학에 대한 잘못된 이해로 이어질 수도 있다. 신자유주의 동맹은 관리자 계급의 주도로 이루어진 것이며 점점 더 그러한 방향으로 가고 있다. 새로운 사회구조 또한 관리주의적 일관성을 보이고 있으며, 자본가 계급은 완전히 관리주의적 법칙의 이해 속에서만 존재할 수 있고 권력을 유지할 수 있다. 이 지점에는 아직 도달하지 않았지만, 신자유주의적 관리자본주의 제도들을 통해 이러한 이행이 상당한 정도에 이르렀음을 볼 수 있다.[2]

위계관계들

관리자 계급들을 광범위하게 살펴보는 것은 유용한 일이지만, 단순화 또한 필요하다. 관리자 계급은 다양한 측면으로 나누어진다.

다양한 범주의 숙련도에 따라 구분하는 것이 첫 번째 상식적인 기준이 될 수 있다. 생산 조직화와 연구를 담당하는 기업 내 엔지니어들에 대해서 이야기할 수 있다. 회계 담당 관리자, 구인과 해고를 담당하는 관리자, 마케팅 관리자들을 말할 수 있으며 금융 관리자들을 당연히 언급할 필요가 있다. 정부 관리자들 또한 이러한 민간 관리자들만큼 중요하다. 이러한 토대들 위에서 권력이 분배된다. 소득은 역량과 교육 수준에 따라 다르다.

다음과 같은 측면에서 관리주의를 구분할 수 있다.

1. 우선 소득과 권력의 스펙트럼이 더 넓어지거나 더 좁아질 수 있다. 특히 9장에서 이야기했던 관리자들 사이의 소득불평등의 정도가 전후 타협 시기에 비해 신자유주의 내에서 더욱 확대되었다. 그리고 그러한 추세는 점점 더 확대되는 것으로 나타난다.
2. 각 시기의 제도적 구조 또한 중요하다. 예를 들어 자칭 사회주의 사회들에서는 소득과 권력(그들의 실천 형태와는 독립적인)이 중앙기관 또는 당의 상위 노멘클라투라Nomenklatura에 집중되었다. 관리자본주의 국가들

---

2 [옮긴이] 영어판에 있는 이후 문단은 프랑스어판에서는 삭제되었다.

의 전후 타협 기간에는 더 균형 잡힌 형태가 존재했다. 신자유주의에서는 비금융 법인기업 관리자들과 금융기업 관리자들 사이의 격차가 확대되고 있다.

종합적으로 보면 현재 소득과 권력 분배의 다양한 양상을 관찰할 수 있다. 우리는 관리주의를 관리주의적 위계관계의 정도 그리고 그 격차의 확대 추세를 통해 분류할 수도 있다. 이러한 게임 속에서 신자유주의는 전후 타협을 넘어설 수 있었다.

왼쪽으로 구부러진 민주주의?

정치체제로서 "민주주의"는 시민권, 국민-국가와 같은 개념들과 더불어 사회성 이론의 기초 개념들의 일부이다. 재차, "자유"의 일차적 속성으로서 사회계약 내의 개인적 자유의 자기제한self-limitation을 이야기한 장 자크 루소의 위대한 형상이 배후에 어른거린다.[3]

하지만, 마르크스적 관점에서는 계급사회 내에서 이루어지는 민주주의적 실천에 상당한 한계가 존재한다. 우리는 프랑스 혁명과 영국 혁명의 상황을 떠올려볼 수 있으며 이른바 "고결한" 민주주의 형태를 이루려는 급진적 세력의 투쟁들을 떠올려 볼 수 있다. 14장에서 부르주아 혁명들을 살펴보면서 이러한 투쟁들의 실패를 살펴보고 계급사회 내에서 민주주의의 진보가 유토피아적 성격을 가질 수밖에 없음을 이야기했다. 민주주의의 세 가지 측면을 구별하지 않고는 이러한 논의를 진전시킬 수 없다. 1) 민중 계급들 또는 상위계급들과 같은 규정된 계급들 **내부**(계급 분파 사이)의 관계. 즉, 계급 간 민주주의intraclass democracy, 2) 서로 다른 상위계급들 사이의 관계, 3) "민주주의"의 고유한 의미에서 상위계

---

3 Rousseau. J.-J. *The Social Contract or Principles of Political Right* (1762). www.constitution.org/jjr/socon.htm

급들과 민중 계급들 사이의 관계. "계급 민주주의"로 앞의 두 형태를 이미 살펴본 바 있다(14장 첫 번째 절 "부르주아 혁명을 넘어선 프랑스 혁명").

마르크스는 《브뤼메르 18일》에서 상위계급들 내부의 민주주의 또는 더 일반적으로 상위계급 사이의 계급 민주주의를 중심으로 당시 상황을 분석한다(5장과 5장 부록을 참고하라). 마르크스는 부르주아 공화국을 이러한 계급들 내부의 모순들을 표현할 수 있는 부르주아 정부 형태라고 판단하였고, 상위계급들이 증대하는 사회적 위협에 대응하기 위해 권위주의적 정부에 의존할 필요가 있다고 보았다. 마르크스가 언급한 부르주아 공화국에 고유한 민주주의는 확실히 부르주아 내부의 민주주의였다. 하지만 우리는 마르크스의 분석을 통해 그러한 계급 민주주의가 동시에 상위계급의 경계를 넘어서는 자유의 확대, 종종 일시적인 것이기는 하지만 표현의 자유, 예를 들어 언론의 자유를 확대한다는 점을 이해할 수 있다(19세기 중반 부르주아 언론뿐만 아니라 공산주의 잡지를 포함하는 민중 언론 또한 등장했다).

따라서 계급 내 민주주의보다 더 느슨한 민주주의 개념을 통해 사회적 모순들을 표현하는 일련의 사회적 실천들에 대해 설명할 수 있다. 민중 계급들은 때때로 상당한 수준에서 자유선거제와 같은 형식적 민주주의 메커니즘을 통해 정책과 개혁에 영향을 미칠 수 있다. 그들은 법에 의해 정의된 규율 내에서 이루어지는 사회적 투쟁으로 그들의 요구를 표현할 수도 있다. 억압적 폭력 또한 서로 다른 역사적 환경 내에서 아주 다르게 나타난다. 이러한 의미에서 정치체제는 "더 민주주의적이거나 덜 민주주의적"일 수 있다.

계급 내 민주주의를 과소평가해서는 안 된다. 16장에서 자칭 사회주의 국가들의 개혁 실패를 이야기했다. 이 나라들에서는 상위계급들 내부의 민주주의가 부족했다(위에서 이야기한 더 일반적인 의미의 민주주의 부족과 마찬가지로). 그러나 민주주의 형태들에 대한 이러한 논의는 관리자본주의 국가들의 역사 동역학과도 관련이 있다. 두 가지 측면, 즉 상위계급들 사이의 민주주의(계급 내 민주주의, 앞에서 이야기한 민주주의의 세 측면 중 1)과 2) 그리고 바로 위에서 이야기한 의미(세 측면 중 3))는 신자유주의보다는 전후 타협 과정에서 더 높은 정도로 관찰할 수 있다.

1. 전후 타협 기간 동안, 다소 균형 잡힌 권력 양상이 관찰된다. 이러한 균형은 관리자 계급의 다양한 분파들(비금융 법인기업의 민간 관리자, 금융 법인기업의 관리자, 정부 관리자) 사이에서 유지되었다. 이러한 균형은 계급 내 민주주의(관리자 계급 내부)의 진보된 형태였다. 다른 한편으로 민중 계급과 관리자 계급 간의 동맹에 기초한 이러한 사회질서 속에서 "민주주의"는 예외적인 수준에 도달하였다. 특히 좌파 정당이 구성한 정부 또는 의회는 정책들에 상당한 영향을 미치면서 민중을 대표하였다. 여러 기업 또는 산업, 정부기관들의 영향권 아래서 전국적인 형태로 노동자들과 사용자들 간의 합의가 이루어졌다. 여기서는 노동조합이 중요한 역할을 하였다. 전후 타협 기간을 10장 끝에 정의한 의미로서 "좌파적인" "왼쪽으로 구부러진" 관리주의적 궤적이라고 해석할 수 있겠다. 이 기간은 적어도 그러한 관계(최근 정치적 맥락에서 긴급히 요구되는)를 지향하는 사회질서였다.

2. 그와는 달리 20세기 초와 1980년대 이후 신자유주의, 금융 헤게모니의 두 기간에는 상위계급들 사이의 동맹과 "덜 민주적인 민주주의"가 결합되어 있었다. 신자유주의 시대를 보면 더 강력한 금융 관리자들과 비금융 관리자들 사이의 권위주의적 위계관계가 관리자 계급 내에 형성되어 있다. 다른 관리자들에 비해 금융 관리자들에게 유리한 소유-통제 그리고 관리 사이의 인터페이스 내부로의 권력집중이 극심하다. 하지만 대칭적으로 민주주의 세 측면 중 3)의 의미에서 이전에 전후 타협 기간 도달한 "민주주의"는 엄청나게 축소되었다.

신자유주의에서 나타나고 있는 최근의 정치 추세를 살펴보는 데도 마르크스는 역시 도움을 준다. 사회적 대립으로 인한 위험을 통제할 수 없을 때, 상위계급들은 권위주의 정부 형태로 나아가며, 그들 내부의 분열을 자유롭게 표현할 수 있는 특권을 포기할 수 있다. (마르크스가 이미 소농과 빈민에게 호소하는 루이 나폴레옹 보나파르트에 대한 부르주아들의 사례에서 분석했듯이) 상위계급들이 점점 포퓰리즘을 용인하고 있다는 징후가 나타나고 있다. 주요 관리자본주의 국가들에서 어떤 단절이 나타난 것은 아니지만 점점 그 거리가 줄어들고 있으며, 만약 민중의 투쟁이 고조된다면 그 거리는 더 줄어들 것이다.

18
민중 투쟁의 잠재성

이번 장에서 우리는 가장 어려운 문제를 검토하려고 한다. 민중이 (앞에서 이야기한 여러 역사적 실험들을 전제한 채로) 역사를 진보의 방향으로 구부러뜨릴 수 있는지의 문제다. 위태로운 인류의 현재 상황과 미래를 이야기하겠지만, 이 책에서 일반적으로 취했던 접근 방식과는 다른, 투쟁과 관련된 실천적 조직화의 역량("무엇을 할 것인가?")이라는 관점을 취하지는 않을 것이다. 투쟁을 수행하는 데 필요한 정치 및 경제적 상황(어떤 "역사적 낙관주의"로의 여행)에 대해서만 이야기할 것이다.

마르크스와 엥겔스가 19세기에 그랬던 것처럼, 사회성의 역사 동역학과 계급사회의 역사 동역학 간의 상호관계, 21세기 초 이러한 관계들의 현재적 구조의 상호관계 속에서 해방의 미래를 바라볼 수 있는 기초들을 연구할 필요가 있다는 것이 핵심 이념이다. 하지만 이러한 주요 동역학들은 사회질서 내에서 계급 지배 및 동맹과 조합된다. 우리가 4부 서론에서 제시한 테제들을 살펴보자. 1) 생산양식들의 변화에 따라 쌓여나가는 사회의 진보, 2) 사회의 퇴보가 지속되는 국면, 3) 그러한 사건들을 지양하고 일반적 진전을 공고화하는 투쟁의 힘.

1. "해방과 퇴보의 역사 동역학"이라는 공통된 표제 아래 첫 두 절에서는 특히 생산관계의 역사 동역학 내에서 일어난 새로운 단계인 관리주의의 내재적 잠재성을 중심으로 생산양식의 변화에 대해 분석한다. 또한 사회성의 측면에서 "자본주의 현대성"에 도입된 "관리주의적 현대성"을 함께 살펴볼 것이다. 앙시앵레짐 내에서 출현한 자본주의적 관계와 같이,

계급 위계관계상 상위 분파 구성원들로의 경제 및 정치 권력과 주도권이 집중됨에 따라 "진보적" 발전(사회 진보의 방향으로 전진한다는 의미에서)이 차단되어 있기는 하지만, 관리주의로의 이행이라는 현재 상황 또한 이러한 발전 방향으로 이끄는 힘이다.

우리는 이러한 "차단"을 지배를 재건하고 유지하려는 상위계급들의 구조적 성향의 표현으로 해석한다. 역사는 반복되지만, 그 내용은 바뀐다. 지금부터는 이것을 지배의 공고화라는 관점에서 (상위계급 권력의 영구화라는 관점을 위협하는) 새로운 생산관계에 고유한 현대성의 표현으로 이야기되는 (계급지배의 재생산에 기초한 생산양식의 실천과는 모순적인) "능력주의"의 숭배라는, 사회적 가치와 관계의 결과들에 대한 반응으로 볼 필요가 있다.

2. 역사적 비교 분석이라는 측면에서, 세 번째 절에서는 반복된 "혁명"과 "반혁명"(14장의 영국 혁명과 프랑스 혁명에 대한 연구에서 정의됐듯이)의 계급적 기초를 분석한다. 여기서는 역사 동역학이 쟁점이다. 이에 기초하여 그다음 절에서는 10장에서 정의한 여러 사회질서들로 돌아가 현재 민중의 투쟁이 지향해야 하는 바를 검토할 것이다. 1970~1980년대에 일어난 신자유주의 반혁명을 통해 계급지배가 성공적으로 복귀했고, 새로운 퇴보의 국면이 나타났음을 볼 필요가 있다. 오늘날 민중의 투쟁은 여전히 이러한 역사적 장벽을 넘어야 할 거대한 임무를 지고 있다.

3. 어조를 바꾸어 이러한 투쟁들을 뒷받침할 수 있는 경제 및 정치 상황을 이야기한다. 먼저 경제적 조건들을 이야기하면, 2007~2008년 위기는 신자유주의적 궤도를 완전히 불안정화하지는 못했다. 하지만 상위계급들이 근본적 모순을 완전히 극복한 것도 아니다. 앞으로 새로운 위기들이 나타날 것이다. 정치적 측면에서 우리는 신자유주의의 아킬레스건을 연구할 필요가 있다고 본다. 과거에 일어났던 정치적 반동들에 주목해야 한다. 그리고 신자유주의의 경제와 정치는 포퓰리즘의 부상과 미국의 "장기불황" 위협이 조합되는 데서 알 수 있듯이, 나타난 결과들을 결합할 것이다.

4. "21세기를 위한 유토피아"라는 마지막 절에서는 결론을 제시한다. 우리
시대에 나타나고 있는 인간해방에 해로운 방향으로의 전진을 넘어서, 역
사의 방향을 구부릴 수 있는 민중 계급의 역량을 앞의 3부에서 분석된 인
간해방을 향한 이전 기획들에 기초하여 검토할 필요가 있다. 이 해방의 길
에는 대칭적인 두 가지 선택지만 있을 뿐이며 세 번째 선택지는 없다. 둘
중 하나를 선택해야 한다. 1) 이전 세기에 일어났던 주기적 형태의 "복고
주의적" 시도와 같은 생산양식의 역사적 운동을 멈추려는 시도. 2) 과감하
게 새로운 진로로 나아가기. 우리는 사회에서 벌어지는 투쟁들의 전개가
생산력과 생산관계의 역사 동역학과 "조응Faire écho"할 필요가 있다고(그
동역학의 전개를 멈추거나 전도시키려는 것이 아니라) 확신한다. 하지
만 확실히 수동적인 의미는 아니지만, "구부러뜨린다는 것"은 항상 상당
한 후퇴를 의미한다. 바로 이것이 앞 장 마지막 절에서 검토한 바와 같은
"관리주의를 왼쪽으로 구부러뜨린다infléchir"는 의미이며, 관리주의 **안에
서** 그리고 **그것을 넘어** 진보적 운동을 추진한다는 의미이다.

21세기 초 민중 계급이 직면하고 있는 역사적 도전의 두 가지 기본
적 측면에 대해 이야기할 필요가 있다. 1) 신자유주의의 퇴행적 추세를
뒤집기. 2) 관리주의 현대성에 내재한 특권들, 자본주의 소유권과 사회
위계관계(국가기관과 기업들) 상층부로의 의사결정 집중 및 주도권 독점
과 같은 것들을 폐지하면서 그 관리주의 현대성의 가장 진보적인 특징
들에서 출발하여 존엄한 미래를 건설하기.

해방과 퇴보의 역사 동역학 I: 자본주의 현대성

부르주아 혁명을 다룬 14장에서 강조한 것처럼, 자유와 평등(그리고
보편적 행복)의 시대를 선언한 자본주의 현대성은 "귀족 혈통"이라는 봉
건적 이데올로기와의 단절을 의미했고, 자본주의 생산관계의 등장에

의해 뒷받침되었다. 자본주의적 현대성으로 새로운 해방의 길이 선언되었다. 계몽철학은 보편성을 주장했다. 우리는 평등과 자유, 우애fraternité의 세계에서 모두 동등하게 태어난다. 이는 놀랄 만한 진전이었다.

새로 등장한 상위계급은 확실히 상당한 성취를 이루었다. 엄청난 진전을 이룬 부르주아들은 이전 사회에서 그들에게 부여한 한계로부터 발생하는 제약들에서 해방되었다. 이러한 진전은 그들의 자기애적 투자의 목적이었다. 우리는 이러한 자본주의 현대성과 그 가치를 계급모순적 측면을 제거한 자본주의 이데올로기 또는 14장에서 이야기한 것처럼 **사회성 이론의 관점**에서 본 자본주의 생산양식으로 해석할 수 있다. 하지만 명백한 정치적 위협이 존재했다. 이전에 빈틈이 없었던 계급지배 이데올로기의 정면에 틈이 생겼기 때문이었다. 새로운 상위계급은 그들의 지배를 확보하기 위한 모든 것이었고, 상상을 초월하는 폭력이 동반되었다.

"낙관적인 점"은 민중 계급이 수십 년 동안의 투쟁 끝에 마침내 그 투쟁의 끝에서 열린 틈새로 들어가는 길을 찾았다는 것이다. 다음 절에서 살펴볼 것처럼, 이러한 진전은 생산관계들이 전개되는 과정에 나오는 새로운 이행의 부산물이기도 하다.

부르주아 혁명에 뒤이은 산업혁명 기간을 과거에 일어난 가장 극적인 형태의 사회적 퇴보 기간으로 볼 수도 있다. 부르주아 혁명은 산업적 단계(공장제, 임금노동제에 기초한 잉여가치의 추출, 사회구성체 등) 이전에 일어난 자본주의 생산관계의 발전으로부터 가능했고, 우리가 사회적 "황폐화" 기간이라 지칭한 산업혁명(18세기 후반과 19세기 초반 영국, 대륙 유럽에서는 다소 늦게)으로 이어졌다. 우리는 봉건제의 잔존물들과 더불어 신흥 자본가계급의 손에 회피할 수 없는 강제의 도구를 쥐어지게 한 '커먼스commons'에 대한 몰수 및 기계화 과정이 결정적이었다는 점을 생각해 볼 수 있다. 공장제의 발전으로 도입된 자본주의 생산관계의 등장과 결합한 초기 착취 형태의 맥락에서 민중 계급에 부과된 압력으로 나타난 최악의 상황을 다시 언급할 필요는 없으며, 프리드리히 엥겔스의 《영국 노동자계급의 상태》나 E. P. 톰슨의 《영국 노동자계급의 형성》을 읽는 것으로 충분하다.[1] 그 시절의 노동 및 삶의 조건(여성 및 아동의 노동)에 대한 서술을 쉽게 찾아볼 수 있을 것이다. 이는 자본주의 현대성의 약속과는 정반대였다. 이 기간 사회주의-공산주의 사상 체계 그리고 1830년, 1848년, 1871년 혁명 속에서 사회적 대립이 그 정점에 이른 것은 우연이 아니다.

위에서 언급한 "낙관주의"로 돌아가서 충분한 역사적 거리를 감안해 보면, 민중 계급의 투쟁들로 인해 중요한 사회적 진전이 공고화되었고 몇 세기에 걸쳐 진보의 지층이 퇴적되었다는 점을 알 수 있다. 자본주의가 산업혁명 이후 수 세기 동안 자본주의 현대성의 기치 아래서 전진했지만, 액면 그대로 남아 있지는 않았다. 그렇지만 적어도 자본주의 현대성의 이데올로기와 실천의 특정한 측면들로 창조된 맥락 속에서 민중 계급이 새로운 길로 나아갈 수 있는 사회성과 생산력의 발전이 일어났다.[2] 산업혁명으로 사회적 황폐화가 진행되었기는 했지만, 19세기 전반 민중들의 투쟁은 극단적인 착취 형태를 극복하면서 자본주의 현대성의 약속을 실현하는 새로운 국면을 만들어 냈다. 민중은 상위계급의 정치권력 또는 생산수단에, 사적소유에 직접적으로 모순되지 않는 무상 기초교육이라든지 보통 선거권과 같은 것만을 쟁취했다. 이미 오래전부터 상위계급의 일부 분파들은 교육을 자본주의 생산관계의 발전에 기여(국제 경쟁에서 중요한 부분)하는 것으로 이해했다. 보통선거권으로부터 발생할 수 있는 위험 또한 교육과 정보의 통제를 통해 해결될 수

---

1 Engels. F. (2009). *The Condition of the Working Class in England* (1845). Oxford University Press, Oxford; Thompson. E. P. (2013). *The Making of the English Working Class*. Penguin Books, London, New York.

2 현대성의 이데올로기가 자본주의적이었던 것처럼 공산주의적 가치들이 관료적 관리주의와 연결되었다는 점을 강조할 수 있다. 공산주의적 가치들도 스탈린주의의 끔찍한 기간 이후 새로운 길로 이어지는 경향이 있었고, 유사한 사회 진보의 잠재력을 보였다.

있음이 명확하다. 민중 계급이 이룩한 사회적 쟁취는 진보적인 측면을 가지고 있었고 계급지배를 위협하는 요소였다. 하지만 "진보적 지층"의 축적은 새로운, 관리주의적 생산양식으로 이행하는 데 결정적 요소이기도 했다. 특히 모두를 위한 무상교육과 가장 높은 수준의 교육에 대한 접근권은 중요하다. 자본주의가 자본주의 현대성의 함정에 빠졌으며, 그 자신이 확대한 생산관계의 동역학에 위협받았는가?

해방과 퇴보의 역사 동역학 II: 관리주의 현대성

"계급모순을 배제한" 사회성 이론의 관점에서 관리주의를 지칭하는 용어는 알려진 바 없다. 따라서 우리는 자본주의 현대성 모델에 기초하여 "관리주의 현대성"이라는 용어를 사용하였다. 그 평행성을 다음과 같이 찾아볼 수 있다. 1) ("자유, 평등, 연대"의 기치 아래) 부르주아 혁명과 결합한 사회적 가치들과 생산양식으로서 자본주의. 2) 새로운 생산양식으로서의 자본주의와 관리주의 사회에 고유한 "능력주의" 가치의 시대(모두의 복지를 위한 더 나은 사람들의 지휘).

제2차 세계대전 이후, 초기에 새로운 사회주의 가치를 이끌어 나간 힘이었으며, 훨씬 더 진보된 조직화 형태로 이어지고 있는 관리주의적 추세가 관리자본주의 안에서 나타났다. 능력주의를 중심으로 새로운 생산관계의 부상과 결합한 관리주의적 성격의 진전이 있었으며, 이는 점진적으로 상속을 통한 부의 이전을 포함한 생산관계의 사적소유 이데올로기 및 자본가적 실천의 기초를 불안정화했다. 1970년대와 1980년대의 이행 과정에서 민중 계급이 패배하지 않았다면, 더 많은 것들이 주어졌을지 모른다.

신자유주의적 반동으로 인해 사회 진보를 향한 길은 다시 막혔다. 적어도 가장 선진국이라고 불릴 수 있는 나라들에서 일어난 신자유주의적인 폭력을 산업혁명 기간에 일어난 엄청난 폭력성에 비견할 수 있다고 주장하지는 않겠다. 18세기와 21세기 역사 동역학은 서로 다른 단계에 도달했다. 하지만 동일한 법칙이 서로 다르게 적용되면서mutatis mutandis 신자유주의를 통해 퇴행적 추세를 지탱할 수 있었고, 이는 여전히 지탱되고 있다.

민중 투쟁의 잠재력은 현대사회에서도 여전히 유효하다. 심지어 생산양식-사회화로서 관리주의적 기초(소수로의 주도권, 소득과 의사결정 과정의 집중)가 사회적 투쟁들로 전도되지 않았다 할지라도, 신자유주의를 넘어 많은 것들을 쟁취할 수 있다. 10장에서 이야기한 바와 같이, 전후 타협 기간에 나타났던 관리주의 궤적들을 연장할 수도 있다. 만약 민중의 투쟁으로 왼쪽으로 충분히 구부려졌다면, 개혁된 자칭 사회주의가 등장했을 수도 있었겠다고 생각해 볼 수 있다.

마르크스와 엥겔스가 생각했던 것처럼 해방의 길로 이어질 수 있는 유일한 사회적 힘은 민중 계급의 투쟁이다. 하지만 "사회적 조직화"와 "사회적 해방" 각각의 점진적인 수렴과 최종적인 수렴을 당연하게 여길 수는 없다. 마르크스와 엥겔스가 매우 낙관적으로 바라보고 결국 꿈꿨던 것처럼, 어떤 민중 계급도 혁명적 "행동coup"만으로는 두 가지 과업을 동시에 달성할 수 없을 것이며, 두 가지 목표를 달성할 수 있는 길 또한 확실히 열리지 않을 것이다.

이외에도 관리주의 현대성을 통해서, 하지만 그것을 **뛰어넘어** 지탱되고 있는 진보적 경향 속에서 개방될 수 있는, 훨씬 더 나아간 국면으로의 진입을 "추측spéculation"해 볼 수 있다. 특히 교육 수준의 강화와 긴밀한 사회적 상호작용을 고려할 때, 관리주의 방향을 사회 진보의 방향으로 구부릴 수 있다면, 소수의 사람들이 사회적 주도권을 독점하기가 점점 어렵게 될 수 있다. 그렇게 계급해방의 방향으로 역사의 새로운 길이 열린다.

결국 관리주의로 급격히 경도되어 버렸지만, 유토피아 또는 과학적 사회주의의 가장 야심 찬 계획도 이러한 것이었다. 특히 지적노동과 육

체노동 사이의 차이 극복에 관한 마르크스의 관점과 레닌이 문화적 혁명의 결과로서 모든 노동자가 잠재적인 미래 엔지니어가 될 것이라고 주장한 데서 이를 찾아볼 수 있다.

혁명과 반혁명의 계급적 기초

이와 관련된 정치 조건들이 존재한다. 자본주의와 관리주의적 관계들의 부상, 특히 계급 대립의 측면에서 이루어진 여러 사건 각각을 둘러싼 사회 대립들 사이를 비교하면 더 많은 교훈을 얻을 수 있다.

1. 14장에서 부르주아 혁명들에 대해 분석하면서 우리는 두 가지 범주의 사회적 세력들을 구분했다. 1) 자본의 집중과 축적의 소용돌이 속에서 연루된 엄격하게 부르주아적인 부분, 2) "빈자들"과 소규모 자영업자들에 기초한 더 급진적인 민주주의 세력. 혁명/반혁명의 과정을 이러한 두 세력 사이의 상호작용이라는 관점에서 논의했다. 소규모 자영업자와 대다수 민중 세력 뒤에 있는 중간계급들은 엄격한 의미에서 부르주아적인 쟁취 너머로 사회 동역학을 이끄는 투쟁의 전위 세력이었다. 우리는 그 불행한 결말을 알고 있다. 부르주아들이 승리하고, 자본주의 생산관계가 부상했으며, 산업혁명 기간에 민중 계급은 수탈당했다. 자본주의는 우리가 암시한 제도적 "성숙기"로 접어들었다.
2. 좀 더 자세히 분석하면 더 복잡한 문제들이 드러나며, 이는 위에서 이야기한 사회질서와 계급구조의 운동이 갖는 엄격한 자율성을 완화한다. 1) 17세기와 18세기에 신흥 부르주아 계급의 상위 분파들은 사회 위계관계 상층부에서 잔존하던 낡은 계급들(그때부터는 지주 또는 사업에 연관된 사람들로 존재한)과의 동맹을 주도적으로 공고화했다. 사실 이러한 동맹은 신흥 부르주아 계급 분파가 주도하는 과정에서 나온 "부산물"이었고, 원래의 경쟁관계를 대체했다. 2) 그보다 낮은 계급들은 한편으로는

관리자본주의: 소유, 관리, 미래의 새로운 생산양식

더 윤택한 중간계급 분파로, 다른 한편으로는 빈곤한 계급들로 갈라지게
되었다.

이러한 사회적 구조를 통해 14장에서 묘사한 동맹들(14장의 세 번째
절 "'반혁명'의 사회적 기초"를 보라)이 벌이는 게임에 따라 혁명의 최종적
인 부르주아적 결말을 인식할 수 있다. 상위 중간계급은 최종적으로 상
층부의 동맹에 가담하였다.

전후 타협과 신자유주의로의 변화 과정에서도 연속되는 유사한 사
건들을 확인할 수 있다. 20세기 전반에 관리주의가 점진적으로 자라났으
며, 대공황과 제2차 세계대전으로 (전 세계에서 벌어진 노동자 운동의 번성
과 함께) 사회질서 정치학에서의 급격한 변동으로 이어졌다. 이는 전후
타협으로까지 이어지기도 했다. 진정한 혁명이었던 이러한 급격한 사회
적 전환을 "혁명"(가장 높은 수준에서 좌파적으로 구부러진 관리주의적 정치
혁명)이라 부르지 않는 이유는, 아마도 성공적이었든 실패했든 간에 앞
서 벌어진 자칭 사회주의 혁명의 존재로부터 비롯된다고 할 수 있다.

하지만 비교는 계속된다. 신자유주의 혁명(전후 타협과 세계대전 사이
민중의 힘의 변화로 인해 "결국" 우파로 경도된 관리주의 혁명의 두 번째 국면)
으로의 명확한 사회적 추이가 나타났고, 이는 17·18세기 부르주아 혁명
의 결과와 유사한, 위에서 언급한 계급 세력과 계급구조의 재편과 직접
적으로 연결된다고 볼 수 있다.

1. 민중 계급과 관리자 계급 사이의 전후 타협에 기초한 사회적 추세는 여전
히 생산과 관련된 관리자 계급 중 하위 분파 및 이러한 계급들의 여러 분
파들과 긴밀히 연결되어 있다. 이들은 관리자본주의 생산관계 구조 속
에서 새롭게 나타난 "중간계급"이라고 불렸다.
2. 특히 관리주의 위계관계의 상층부인 금융 부문으로의 점진적인 권력집
중과 공고화 그리고 자본가계급과의 새로운 동맹을 통해 "신자유주의적

반혁명"의 실행 조건들이 만들어졌다. 사회 위계관계 상층부에서 동맹의 변화는 이전에 "중간"이라 불리던 사회적 계층들을 이끌면서, 사회적 퇴행의 실질적 국면이 그러한 방식으로 동맹 변화의 사회적 기초를 제공했다.

9장에서 이야기한 바와 같이 미국에서 대다수 임금 소득자 계층의 평균 구매력이 정체되는 소득불평등 추세가 나타났다. 동시에 관리자 계급의 소득이 엄청나게 증가했고(그림 9.2에서 볼 수 있는 바와 같이 관리 위계관계의 더 상층부에서 점점 더 그러한 현상이 뚜렷해졌다), 이는 강력한 사회적 양극화 과정으로 이어졌다(이를 중간계급의 "종말" 또는 "쇠퇴"로 평가하기도 한다). 이를 통해 동맹들 사이에서 "더 복잡한" 게임이 벌어지고 있음을 알 수 있다.

사회질서들이 변화하면서 나타나는 지배와 동맹의 위계관계 재편성과 결합된 계급구조의 변화는, 과거는 물론 오늘날에도 정치적 대립의 변화를 설명하는 핵심 부분이다. 이러한 이유로 신자유주의 반혁명의 퇴행적 결과들을 수정하기 위해서는 수십 년에 걸친 민중의 투쟁이 요구된다고 말할 수 있다.

사회질서의 분기: 두 역사

하지만 앞에서 말한 바와 같이 민중의 투쟁은 상층부의 동맹들을 불안정화시키면서 사회적 퇴행 국면을 끝내기도 했다. 부르주아 및 관리주의의 정치혁명 과정을 억제할 수는 없었지만, 그것으로 인해 사회질서 안에 여러 동맹과 지배관계가 형성되었다. 13장에서 이야기한 것처럼 바로 이러한 순간에 투쟁들은 어떤 우연한 계기들과 접합된다. 관리주의 궤적의 내용과 관점을 구부리기 위해, 신자유주의가 걸어온 과정과는 다른 방향으로 관리주의의 궤적을 추구하는 것이다.

19세기 산업혁명 기간에 일어났던, 적어도 더 심각했던 사회적 퇴행 국면을 되돌리게 한 정치 및 사회적 국면에 대한 분석은 이번 연구의 한계 밖에 위치한다. 특히 프랑스에서, 유토피아 사회주의와 무정부주의의 성장과 함께했던 "공화주의"라는 새로운 조류를 생각해 볼 수 있다. 이 조류는 파리 코뮌의 실패 후 프랑스 제3공화국에서 번성하였으며 정치에 깊은 영향을 끼쳤다.[3] 보통선거권과 무상교육를 넘어 유럽의 사회개혁 프로그램(1880년대에 독일제국의 비스마르크가 기획한) 또한 언급할 필요가 있다. 유럽의 계급투쟁과 노동자 운동이 이러한 새로운 추세의 핵심이었지만, 양차 세계대전의 발생은 역사의 운동에 더 큰 영향을 끼쳤다. 10장의 첫 번째 부록으로 돌아가 볼 필요가 있다. 그리고 미국에서 일어난 사회적 전환을 통해 유사한 역사의 또 다른 특징을 볼 수 있다. 어쨌든, 민중들은 완강히 투쟁했고, 이를 통해 산업혁명의 엄청난 폭력으로부터 벗어날 수 있었다. 억압과 양보를 거치면서 부르주아들은 프롤레타리아 혁명의 위협에서 벗어났다. 이에 적어도 수정주의로 빠져들지 않으려던 제2인터내셔널의 마르크스주의자들은 몹시 절망했다.

오늘날에 신자유주의 운동을 불안정화하려는 기획을 세우려면, 더 진보적인 사회구조로 이어졌던 전후 타협 과정에서 있었던 금융 헤게모니로부터의 첫 번째 분기bifurcation를 연상해 볼 필요가 있다. 우리는 여기서 1942년 조지프 슘페터의 평가, 즉 자본주의 경제의 실패뿐만 아니라 자본주의 생산양식 제도의 역사적 전환과 관련한 자본주의 생산관계의 미래와 사회주의로의 필연적 이행을 떠올릴 수 있다(7장 참고).[4]

앞에서 분석한 것처럼, 최종적으로 신자유주의로 이어진 경제 및 정치적 환경에도 불구하고, 전후 타협으로 이어진 적어도 네 가지 주요 조건들을 언급할 수 있다. 1) 집합적으로 고려된 관리자 계급들은 자본주의

---

3   Elwitt, S. (1975). *The making of the Third Republic. Class and politics in France, 1868-1884.* Lousiana State University Press, Baton Rouge.

4   Schumpeter. J. (1942). *Capitalism, Socialism, and Democracy.* Harper and Brothers, New York.

계급으로부터 진정한 자율성을 추구하면서 자신들의 활동을 확보하려고 했으며, 전통적 계급들과 더불어 역사 속에서 새로운 상위계급으로 등장하기 위해 노력했다. 2) 특히 금융 차원에서 1929년 위기를 자본주의 소유권과 그것을 관할하는 금융기관들 탓으로 돌리면서 관리자 계급과 자본가들 사이의 거리가 더없이 확대되었다. 3) 제2차 세계대전과 대공황으로 인해 공적 부문의 관리자 계급들이 전진했으며 이들은 민간 부문 관리자들보다 자본가들의 이익에 더 떨어져 있었다. 4) 노동자 운동과 자칭 사회주의 국가들의 발전이 여전히 상승 국면에 있었으며 민중 계급들도 점진적으로 뚜렷한 사회세력이 되었다. 자본가계급은 양보할 수밖에 없었다.

이러한 역사적 상황과 현재 상황 사이의 공통점과 차이를 균형 있게 평가할 필요가 있다. 처음 세 가지 조건 1), 2), 3)과 매우 유사한 상황이다. 오늘날 사회변화의 동역학에 가장 큰 미치는 요인은 위의 네 가지 조건 중에서도 마지막 4)의 정치적 조건 속에서 모색되어야만 한다. 자칭 사회주의의 혁명적 흐름이 실패하고 전후 타협이 해체된, 부정적인 조건으로부터 주어진 상황이다.

새로운 구조적 위기의 동시대적 위협과 상위계급들 사이의 다소 강고한 "응집력" 및 그들과 하위 분파들 사이에 유지되고 있는 연대라는 두 가지 중요한 결정 요소를 탐구해야만 한다.

구조적 위기는 도래하는가?

신자유주의의 모순은 2007~2008년 위기를 통해 나타났으며, 이때 급진 좌파 진영에서는 새로운 기회를 얻었다고 보았다.[5] 하지만 정부들과 중앙은행들은 광범위한 개입을 통해 효과적으로 위기를 처리했고 국제적 협력도 이루어졌다. 그럼에도 여전히 새로운 위협을 완전히 회

---

5 Duménil, G. and Lévy, D. (2011). *The Crisis of Neoliberalism*. Harvard University Press, Cambridge MA.

관리자본주의: 소유, 관리, 미래의 새로운 생산양식

피했다고 볼 근거는 없다.

19세기 후반 이래로 등장했던 네 번의 위기(1890년대와 1970년대 이윤율 하락의 위기와 1930년대 대공황과 2007~2008년 금융 헤게모니의 위기)를 살펴보자. 위기들에 대한 이러한 형태 구분에 기초하여 이후 도래할 것으로 예상되는 두 가지 시나리오를 제시할 수 있다. 물론 이러한 시나리오들을 조합해서 이야기할 수도 있다. 미국이 가진 국제 헤게모니의 쇠퇴와 새로운 위기들이 도래할 가능성을 살펴보면서, 우리는 세 가지 유형의 상황을 고려할 수 있다.

1. **이윤율.** 현대 경제처럼 관리주의적 성격이 발전된 경제 내에서는 이윤율 개념을 더 조심스럽게 다룰 필요가 있다. 관리주의적 동역학의 관점에서 주요 변수는 특히 위계관계 상층부에 있는 민간 관리자들 및 상위 임금 생활자들에게 지불될 수 있는 배당을 비롯한 "잉여"의 총액이다. 우리가《신자유주의의 위기》에서 주장한 것처럼, 2007~2008년 위기 과정에서는 배당이 줄어든 반면에 관리자들은 높은 수준의 임금과 보너스 등을 계속해서 챙겼다.[6] 이는 새로운 상위계급에 우호적인 상층부의 새로운 권력 균형을 보여주는 하나의 전개 과정이다.

    세금, 금융 소득, 관리자 계급에 속하지 않는 종업원들에 대한 임금 지급분, 이외의 잉여 대부분은 상위 임금 소득자들에 대한 고임금 지급이다. 하지만 그 상당 부분이 새로운 투자에 대한 자금 조달(점점 이 부분의 중요성이 줄어들기는 하지만)을 위해 기업 내에 남아 있다. 이와 같이 새로운 지배계급은 자신들의 미래를 확보한다. 관리자 계급의 임금과 보너스의 총량은 어떤 광범위한 의미에서 기업의 "성과"를 통해 제약받는다.

    13장에서 분석한 자본 및 노동생산성의 장기 추세와 같은 기술변화의 양상과 비-관리 노동자들의 임금 수준이 잉여를 결정하는 기본적 요소들의 조건이다. 우리는 새로운 "마르크스적 궤적"으로 표현되는 어떤 심상치

---

6 Duménil, G. and Lévy, D. (2011). Box 9.2, pp. 128-129.

않은 현실적 과정을 확인하였다. 만약 이러한 환경이 지속된다면, 이미 시들해진 투자를 확대하기는 점점 더 어려워질 것이고, 이러한 과정에서 고임금이 문제시될 수도 있다.

2. **금융 헤게모니.** 새로운 금융 헤게모니의 위기로 이어질 수도 있는 추세들이 여전히 작동 중이다. 그 첫 번째 장소는 미국이다. 풀리지 않은 문제들이 여전히 많다. 금융 메커니즘을 통제하기에는 여전히 우유부단한 시도들, 국제수지 적자, 정부 부채의 안정화 그리고 기업 부채의 증가 및 신자유주의 세계화 내에 있는 자본수출 및 국제무역에 대해서도 이야기할 수 있다.

3. **국제 헤게모니.** 미국 헤게모니가 현대 금융 네트워크의 중추를 이루고 있다. 이는 미국 금융의 세계적 지배력 및 국제 화폐 내에서 달러의 지위를 표현한다(11장 참고). 이는 저성장과 낮은 투자율(네거티브 축적을 뜻하는 기업들의 자사주 매입)에서 기인하는 미국 경제의 상대적 규모의 축소와는 뚜렷한 대조를 이룬다. 미국 경제는 1980년과 2016년 사이 구매력 평가로 측정된 GDP 규모가 전 세계의 22%에서 15%로 축소되었다.

우리가 지배의 경제 핵심이라고 부른 것과 미국이 전 세계에 대해 갖고 있는 권력의 토대가 점점 약화되고 있다. 새로운 지진이 밀어닥칠 것이다.

계급 내부의 응집력: 신자유주의의 정치적 위기?

우리는 신자유주의적 관리주의의 가장 심각한 결점을 영미권 국가들의 현재 정치적 조건에서 찾을 수 있다고 본다. 우리는 여기서 금융 관리자들의 주된 역할과 함께 다양한 관리자 계급과 자본가계급 층위들 사이의 동맹 및 관리자들과 자본가들의 이해관계들이 사회 위계관계 상층부에서 통합되고 있다는 점을 이야기할 것이다.

지금까지 관리자 계급 상층부의 매우 강력한 리더십 아래 이러한 세

관리자본주의: 소유, 관리, 미래의 새로운 생산양식

력관계들이 현실화되어 왔다. 관리자 계급 상층부로 관리주의적 과정을 통해 발생하는 혜택이 펼쳐져 나갔다. 하지만 관리자 계급 중 하위 분파 (소유권-통제/관리 인터페이스에 속하지 않은) 또한 더 낮은 정도이기는 하지만 새로운 흐름으로부터 혜택을 누릴 수 있었다. 9장에서 우리는 이러한 과정을 불평등의 극적인 증가를 통해 확인할 수 있었다. 가장 혜택을 입은 층위의 소득과 재산은 뚜렷이 증가하고 있으며, 더 낮은 층위의 상위계급들의 소득과 재산도 그보다는 덜하지만 함께 증가하고 있다(관리주의 사회의 진보로 미뤄 볼 때, 이러한 임금의 운동은 기대할 수 있는 수준이다).

신자유주의를 불안정화할 수도 있는 두 가지 유형의 전개 과정을 생각해 볼 수 있다.

1. 소득 및 권력의 집중과 관련된 상위계급들 내부의 내적 긴장(자본가들과 다양한 관리자 분파들)이 증가할 수 있다.
2. 상위계급 내부의 긴장으로 인해 민중 계급과 관리자 계급 분파들 사이에 새로운 관계가 수립될 수 있다. 불평등의 증가로 인한 모순의 확대로 인해 그러한 분파들 사이의 협력적 형태가 나타날 수 있다. 이러한 협력을 통해 계급 분파들 사이의 이해를 수렴시키는 방향으로 역사 동역학을 구부릴 수 있다. 이는 전후 타협과 같은 더 본질적인 동맹으로 이어질 것이다.

여기서 우리는 신자유주의 내에 새로운 질서를 부과했던 동맹들의 게임이 실질적으로 전복될 수 있는 가능성을 엿볼 수 있다.

첫 번째 유형의 전개 과정부터 고려해 보면, 기초적인 경제 조건 위에서 계급 내부의 응집력이 지탱될 수 있음을 알 수 있다. 앞에서 논의한 바와 같이, 구조적 위기가 닥치거나 경제적 추세의 변화로 인해 현재 상황status quo이 불안정화될 수 있을 것이다. 하지만 경제 조건만이 문제는 아니다. 앞에서 신자유주의를 관리자본주의의 맥락에서 분석하면서 강조했다시피 관리자 계급 내부의 강력한 위계관계와 계급 내 비민주성 증가로 인해 균열이 발생할 가능성은 증대한다. 이러한 균열을 1) 가장 상위 관리자 분파와 거대 자본가계급 사이, 2) 2장에서 소득분배 법칙을 분석하면서 이미 나타난 바와 같은(32쪽 그림 2.1) 관리자 계급 하위 분파들 사이의 분화로 이해할 수 있다. 이것이 우리가 "신자유주의의 정치적 위기"라고 부른 것이다. 이 위기는 자본주의에서 관리주의로 이행하는 **특정한 궤적** 속에서 발생하지만 모든 관리자들 사이의 필연적 연대로 이어지지는 않을 것이다.

그러나 쟁점 2)에서 볼 수 있는 것처럼, 하위 관리자 분파와 민중계급 중 상위 분파 사이의 경계는 불확실하다. 자본주의 메커니즘의 복원을 도모하는 의기양양한 신자유주의 이데올로기는 현재 관리자본주의 나라들에서 벌어지는 자본주의로부터 관리주의로의 이행을 지지하고 있다. 모든 것은 사회관계와 관련되어 있다. 하지만 관리자 계급이 부상함에 따라 관리주의 현대성에 고유한 새로운 사고 체계 또한 전면에 등장할 수밖에 없게 되었다. 점진적으로 상층부의 통합에 대한 과장이 있기는 하지만, 근본적으로 인구 대부분을 "배제"한다는 사실에도 불구하고 다양한 측면에서(삶의 방식, 도덕, 사회적 형태 등등) 우리는 특정 국가들 내에서 일어나는 관리자 계급의 하위 분파와 더 광범위한 인구 분파 사이의 특히, 복지와 교육 측면에서의 수렴을 관찰할 수 있다.

관리주의 사회 안에서 그러한 수렴의 한계는 분명 이데올로기와 그에 상응하는 능력주의적 실천을, 생산수단의 사적소유 이데올로기를 자본주의 사회 내에서 극복하는 것보다도 더 극복하기 어려워 보인다는 것이다. 관리주의에 대해서든 자본주의에 대해서든, 토대와 상부구조 사이의 핵심관계를 중심으로 생산관계와 이데올로기 사이의 조응관계를 통해서만 그 한계를 분석할 수 있다. 그러나 역량과 재능을 척도로 한다는 주장과는 현저히 모순되는, 새로운 관리주의-자본주의적 엘리트들의 사회 위계관계 상층부로의 집중이라는 현상으로부터 능력주의 이데올로기가 어떻게 살아남을 수 있을까?

전체적인 윤곽은 모호하다. 신자유주의 운동을 불안정화할 수 있는 많은 일을 할 수 있지만, 민중 계급과 적어도 관리자 중 일부 분파 간의 협력이 계급 간 관계의 형태를 띤다는 점을 명심해야 한다. 우리는 별개의 계급 사이에 이해가 일치하는 경우가 드물다는 점 또한 명심해야 한다. 상당 기간, 지상낙원은 없을 것이며 기업에는 관리자들이, 국가에는 고위 공무원들이 존재할 것이다. 하지만 마거릿 대처가 자본가들과 관리자들의 승리를 외치면서 말한, 대안은 없다는 말처럼, 관리자 계급과 민중 계급 사이의 동맹 말고는 대안이 없다. 현실적인 반동을 과거에 했던 것과 같이 하지만 훨씬 "더 일관성 있게" 막아 내야만 한다.

21세기를 위한 유토피아

서로 다른 시간대에 걸친 과업들 사이의 복잡한 상호작용으로 인해 급진 좌파의 정치 프로그램을 정의하기란 쉽지 않다. 계급해방은 생산양식들의 변화와 사회성의 진전에 따른 역사적 과정 속에서 일어난다. 신자유주의의 퇴행적 힘을 극복하고 혹독한 현재의 사회질서로부터 벗어나는 것이 그 시작이다.

퍼즐 조각들을 다음과 같이 조립해 보았다.

1. 자본주의는 계급 없는 사회를 "잉태"한 것이 아니라 또 다른 계급사회를 출산할 수 있는 "힘"을 낳았다(자본주의 생산관계의 배 속에서 사회주의가 출현한다는 마르크스의 말[7]을 다른 말로 바꾸어 보면). 적어도, 자본주의가 실제로 관리주의라는 새로운 계급사회를 만들어 냈기 때문에 직접적으로 계급 없는 사회를 낳을 수는 없다고 주장할 수 있으며, 이것이 책에서 한 중요한 주장이다.

2. 조직화의 새로운 시대와 해방은 일치하지 않으며, 계급투쟁이 요구될 것이다.

---

7   Marx, K. (1977). *Capital*, Volume I (1867). First Vintage Book Edition, New York, p. 916.

3. 3부에서 주장한 바와 같이 **역사 동역학을 멈추려고 하거나 역사 동역학의 주어진 조건 속에서 미래로의 발전을 기대**한 과거의 모든 시도는 실패했다. 1) 소규모 소유권을 바탕으로 한 자본주의의 역사 동역학을 암묵적으로 가정했던 영국 혁명과 프랑스 혁명 시기의 급진적 분파(수평파와 "빈자들", 자코뱅과 상퀼로트)들의 시도는 새롭고 더 효율적인 자본주의적 발전의 압력에 저항할 수 없었다. 2) 유토피아 사회주의 및 자칭 사회주의에서와 같이 그 당시 조직화와 해방의 수준에서 미래를 쟁취하려고 했던 시도들은 새로운 조직화 형태가 스스로 도달한 관리주의의 계급적 특징들과 역량이라는 이중적 무게를 견뎌 내지 못했다.

4. 상위계급들은 사회적 퇴행 기간에 나타나는 반동적 행동을 통해 새로운 생산양식으로의 진입 과정에서 나타날 수 있는 잠재력을 방해하고 "자본주의 현대성" 또는 "관리주의 현대성"이라는 새로운 사회성의 실현을 지연시킨다. 지금까지 19세기 중후반 동안 일어난 부르주아 혁명 직후 나타났던 퇴행적인 사회적 추이(적어도 19세기 초중반에 있었던 산업 자본주의 초기의 극단적인 폭력들을 고려할 때)의 완화를 바로 그러한 바로잡기의 주요한 역사적 사례라고 할 수 있다. 특히 유럽에서 19세기 후반부터 20세기 초반까지 수십 년에 걸친 계급투쟁의 거대한 파고가 일어났고, 이를 통해 퇴행을 바로잡을 수 있었다. 우리는 신자유주의라는 현재의 퇴행적 국면 또한 비슷한 방식으로 바로잡을 수 있을 것이라 낙관적으로 생각해 볼 수 있다. 따라서 좌파적 관리주의로의 운동을 떠받치는 더 우호적인 조건들을 만들어 낼 수 있다.

분명, 인류의 빛나는 미래를 여는, 계급지배의 지양을 목표로 한 마르크스와 엥겔스(그리고 유토피아 사상가들, 혁명가들 또는 개혁가들)의 프로젝트를 여기서 포기할 필요는 없다. 우리는 이 책에서 자칭 사회주의 세계를 탄생시켰던 것과는 거리가 먼, 끈질긴 계급투쟁을 통해 충분하게 그리고 일관성 있게 "왼쪽으로 구부린" 관리주의 외에는 대안이 없을 것이라고 주장한다. 그러나 마르크스와 엥겔스가 예상한 것처럼 조직화와 해방은 결합되어야만 한다. 그러한 길을 발견할 필요가 있다.

　해방된 미래라는 관점에서, 이번 장 맨 앞에서 이야기한 "사회적 주도권의 독점"을 점진적으로 완화하는 사회적 운동을 만들어 낼 수 있는지가 "좌파적인" 관리주의를 식별할 수 있는 궁극적 기준이다. 우리는 사회주의라는 용어의 남용과 왜곡에도 불구하고, 그 초기 시도들을 계승한다는 의미에서 이러한 흐름을 "사회주의"라고 부를 수 있다.

옮긴이의 말

이 책은 플루토 출판사에서 2018년 출간된 *Managerial Capitalism: Owner-ship, Management and the Coming New Mode of Production*을 번역한 것이다. 하지만 이 한국어판은 저자들(제라르 뒤메닐과 도미니크 레비)이 프랑스어로 쓴 새로운 원고에도 기초하고 있기 때문에 기존 영어판과는 내용이 약간 다르다. 이를테면, 저자들은 영어판에 존재하는 오류(수치 또는 데이터)를 수정하였고, 내용을 추가하거나 서술 형태를 바꾸었다. 따라서 한국어판은 어떤 의미에서 영어로 출간된 책의 개정판이라고 해도 무방하다.

옮긴이는 오랫동안 저자들의 저서를 국내에 소개해 왔고, 옮긴이의 연구도 대부분 저자들의 논지에 기초하고 있다. 제라르 뒤메닐이 항상 이야기하듯이, 저자들을 마르크스주의의 근본주의적 수정주의자라고 부를 수 있겠다. "근본주의적"이란 저자들이 여전히 마르크스주의 또는 마르크스 경제학의 근본 개념들을 사용하고 있으며 이에 기초하여 연구한다는 점이다. "수정주의"라는 말은 저자들이 사용하는 방법은 물론이고 마르크스주의에 입각한 현대 자본주의 연구를 수정 또는 갱신하고 있다는 점에서 사용한다. 이 "수정 및 갱신"에는 여러 가지 측면이 있지만, 이번 책에서 이들은 "관리주의manageralism"를 주장한다. 저자 중 제라르 뒤메닐은 이 책의 원래 제목이 "관리주의"였다는 뒷얘기를 옮긴이에게 들려주기도 했다.

"관리주의"를 통해 저자들이 이야기하고자 하는 핵심은 현대 자본주의가 이미 20세기에 들어서면서 관리자본주의로 변화하였고, 무엇보다도 현대 자본주의의 귀결이 이른바 "계급 없는 사회로서" 사회주의가 아니라 새로운 계급이 들어선 계급적 생산양식으로서 "관리주의"로 귀결될 것이라는 점이다. 이 관리주의에 대한 저자들의 관심, 그중 제라르 뒤메닐의 관심은 잘 알려져 있다시피 오래된 것이다. 저자들이 마르크스 가치론이나 이윤율, 신자유주의에 대한 연구를 본격적으로 수행하기 이전부터 관리주의에 대한 고민을 가지고 있었다는 것을 이 책에서 확인할 수 있다. 제라르 뒤메닐은 군 대체복무를 하던 아주 젊은 시절에 "관리자 또는 관리주의"에 대한 관심이 생겼다는 것을 개인적으로 들려주었다.

한국에서 "관리주의"에 대한 관심은 그다지 없다. 일부 문헌들에서 "관리주의"에 대한 언급이 있지만, 광범위하지는 않다. 옮긴이는 한국이든 어느 나라든 "관리주의"에 대한 관심 부족이 우선 마르크스 경제학에 대한 관심 부족 또는 마르크스 경제학 논의의 소멸에서 비롯된다고 본다. 이러한 관심 부족, 논의 소멸은 비판적 사회과학 또는 비주류 경제학 연구라 할지라도 최근에는 대체로 현상 서술이나 정책 효과와 제언 등으로 가득 차 있다는 점과 일맥상통한다. 이는 아마도 이 책에서도 이야기하는 "유토피아"의 소멸 그리고 생산양식과 계급 개념에 입각한 마르크스 경제학 연구를 대부분 포기했다는 점과 관련되어 있다.

두 번째는 현상적으로 현대 자본주의의 진행에 따라 마르크스 경제학에서 다루지 않았거나 다룰 수 없는 문제들이 주요 사회문제로 떠오르고 있다는 점이다. 바로 젠더와 지구 환경에 대한 문제이다. 마르크스 경제학에는 생산양식과 계급, 젠더와 지구 환경 변화를 포괄하는 이론이 아직 없다. 결론적으로 유토피아의 소멸과 생산양식과 계급 개념에 대한 무관심, 젠더와 지구 환경 변화에 대한 대응의 시급성이 결국 마르크스 경제학뿐만 아니라 "계급 및 생산양식"과 같은 전통적인 사회과학 개념들을 소외시키고 "관리주의"라는 개념을 논의할 수 있는 기회를 줄이고 있다.

이 책에서 관리주의 또는 생산양식 및 계급, 정치와 제도의 상호관계를 설명하기 위해 "사회화socialization"와 "사회성sociality"이라는 개념을 도입하고 있다는 점에 주목할 만하다. 이는 계급에 기초한 생산양식들의 변화와 이를 가로지르는trans-modes는 사회화 및 이로 인한 사회성의 증대를 말한다. 예를 들어 국가는 이전부터 존재하였으며 권력 또한 인류 역사 문명 초기부터 존재하였다. 이는 계급사회, 계급적 생산양식을 지지한다. 이러한 지배와 권력, 계급들은 새롭게 현대사회에서 나타난 것이 아니다. 하지만 이러한 계급적 생산양식의 기술적 측면들, 조직화 과정들, 이를 조정하거나 지지하는 국가와 같은 제도 또는 그와 연관된 권력의 성격은 끊임없이 변화하고 복잡화 또는 세련화되었다. 바로 사회화의 진전으로 사회성이 증대되어 왔다. 젠더와 기후변화에 대응하는 과정, 젠더와 환경의 변화가 우리에게 도래하는 과정 또한 이러한 사회화와 사회성의 발전이라는 측면을 우회하지 않는다.

독자들은 이 책에서 "자본주의 현대성capitalist modernity"과 "관리주의 현대성managerial modernity"이라는 개념을 확인할 수 있을 것이다. 이 개념들은 이른바 "이데올로기"를 지칭한다. 사실 이러한 자본주의 현대성과 관리주의 현대성은 각각 생산관계와 상호적이다. 이러한 논의를 통해 우리가 생산관계의 변모와는 괴리된 보수주의, 자유주의, 사회주의에 대한 정치 자율성 또는 자율성의 정치를 비판하고 극복할 수 있으리라 생각한다.

이 새로운 책에서 저자들은 새로운 데이터들을 확보하고 현대 자본주의의 변화 및 관리주의로의 전환을 증명하려고 한다. 독자들은 저자들이 소개하는 새로운 데이터들과 그러한 데이터들이 어떤 식으로 만들어졌으며 데이터를 통해 무엇을 할 수 있는지를 이 책을 통해 확인할 수 있을 것이다.

옮긴이는 경상국립대학교 학부와 대학원에서 이러한 논의를 소개하고 함께 연구하기 위해 이 책을 번역하였다. 이 책의 내용은 물론이고 사회성과 사회화의 역사를 학생들과 공유하고 토론하기 위해 더 길고

깊은 역사를 강의하고 토론하고 있다. 이 책의 번역 과정에서 두번째테제 장원 편집장의 도움이 컸다. 이 책의 출판을 적극적으로 도와주었고, 편집 과정의 소통도 매우 원활하였다. 마지막으로 제라르 뒤메닐과 도미니크 레비는 앞서 소개한 바와 같이 한국어판을 위해 새롭게 수정한 원고를 옮긴이에게 전달하고, 한국어판 서문 또한 출간 이후의 새로운 상황들을 반영하여 작성해 주었다. 특히 개인적으로 이들의 늙어 감이 어느 때보다도 안타깝다.

2023년 8월 25일 경상남도 진주에서
김덕민

찾아보기

관리자본주의: 소유, 관리, 미래의 새로운 생산양식

관리자본주의: 소유, 관리, 미래의 새로운 생산양식

관리자본주의: 소유, 관리, 미래의 새로운 생산양식

관리자본주의: 소유, 관리, 미래의 새로운 생산양식